层主政的同志有所启迪。更想以此抛砖引玉，看到更多的佳作出现。

荆孔荣

2013. 9

志，一定要有明确的江山意识，惕励谨慎，按照中央的部署安排，解决好每一个群众的积怨，回答好每一个群众的问题，办好每一个涉民案件，落实好每一项惠民政策、改革措施。以实际行动支持以习近平同志为总书记的党中央。

治国之道，重在于人。回顾人类走过的漫长岁月，有兴盛与衰微，有辉煌与悲怆，有风和日丽的和谐，亦有腥风血雨的斗争。凡政治清明、官员清正、政府清廉时就民风淳朴、民富国强、四海升平；凡政治昏庸、暴戾专横、官员贪腐时就民怨国衰。

我们正践行着中国特色社会主义的伟大事业，全国上下都在为实现国家富强、民族振兴、人民幸福而竭力奉献。我们每一个从政者，应该清楚，执政或从事政务工作，是一个十分严肃谨慎的职业。要做到执政为民、清正廉法，不仅要有明确的从政目的和意义，还要有从政的基本条件，以及完成职责的技能和科学的方法，更要有高尚的官德作基础。

党的十八大科学地把握国际国内大势，有针对性地作出了一系列重大战略决策。对干部人事制度的改革和干部素质的提升也作了明确的要求。

“郡县治，天下安。”基层工作好坏，对中央的路线、方针、政策，能否落地、生根、开花、结果，起着举足轻重的作用……我仅根据自己几十年经过的，看到、听到的和在基层工作的亲身感悟，写出这一己之见的《从政九鉴》，想对时下从事政务的同志尤其是在基

自　序

改革开放30多年来，我国取得了举世瞩目的发展成就，经济保持了年近10%的快速增长，成为世界第二大经济体和第二大贸易国，国际地位不断提高，人民生活实现了从温饱不足到基本小康的历史性跨越，并正在向全面小康迈进。

但随着对外开放、经济快速发展、人民生活水平的不断提高，在一些干部中，理想信念日益淡薄，脱离群众的特权思想、享乐主义、奢侈腐化、违法乱纪现象不断蔓延。这些损害干部队伍形象的行为不仅使其本人过早结束了政治生涯，也威胁着我们政权的稳固……

国人有幸，中国有幸。党的十八大召开后，以习近平同志为总书记的中央领导集体，带领全党全国人民积极应对前进道路上的困难和挑战，以壮士断腕的决心和勇气与全国人民一起肃贪官、抑权贵、平民怨、惠民生。以气势恢宏坚定不移的深化改革、波澜壮阔的反腐和革故鼎新的作风建设，深得全国广大人民群众的拥护。

深化改革，将涉深水、过险滩，反腐形势依然严峻。我们每一个有良知的从政者，尤其是基层的主政同

目　录

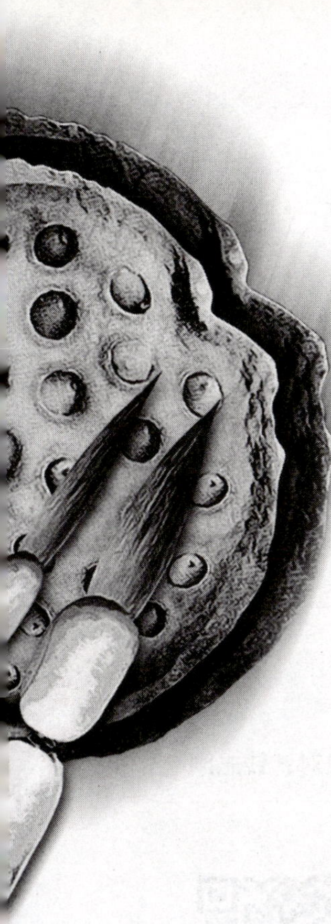

从政九鉴

CONGZHENGJIUJIAN

荆孔荣 //著

中国社会出版社

国家一级出版社·全国百佳图书出版单位

图书在版编目(CIP)数据

从政九鉴/荆孔荣著．—北京：中国社会出版社，2015.12

ISBN 978－7－5087－5198－6

Ⅰ.①从…　Ⅱ.①荆…　Ⅲ.①行政管理—中国—通俗读物　Ⅳ.①D63－49

中国版本图书馆 CIP 数据核字（2015）第 278426 号

书　　名：从政九鉴
著　　者：荆孔荣

出 版 人：浦善新
终 审 人：李　浩
责任编辑：陈　琛
助理编辑：郭晋慧　　　　责任校对：钱志刚

出版发行：中国社会出版社　邮政编码：100032
通联方法：北京市西城区二龙路甲 33 号
电　　话：编辑室：（010）58124854
　　　　　销售部：（010）58124841
　　　　　　　　　（010）58124842
网　　址：www.shcbs.com.cn
　　　　　shcbs.mca.gov.cn
经　　销：各地新华书店

中国社会出版社天猫旗舰店

印刷装订：北京富泰印刷有限责任公司
开　　本：148mm×210mm 1/32
印　　张：11.00
字　　数：260 千字
版　　次：2015 年 12 月第 1 版
印　　次：2015 年 12 月第 1 次印刷
定　　价：28.00 元

中国社会出版社微信公众号

一鉴　勤俭廉政

勤俭廉政，就是勤奋节俭，廉洁从政。它是从政者必须具有的首位道德，也是为官执政的支撑点。从政者都有一定的权力，但权力≠权威。勤出威，俭增威，廉生威，公壮威。权力是国家授予你的，你是否能有权威，则主要就看你是否勤俭廉政，得到同事和广大群众的拥戴。而要做到勤俭廉政，就必须明确从政的目的意义，不断加强理想信念、道德情操的修养，始终勤俭养廉，节欲杜渐，秉公理政。

（一）勤俭养廉

"历览前贤国与家，成由勤俭败由奢"。这是唐代诗人李商隐对历史经验教训的概括总结。勤俭不仅是做人的基础道德，也是从政为官的首要品德。因为，一个勤于政事的人，一个节俭的人，就没有时间、精力去搞一些非分之事，也不会去追求奢侈堕落的生活，不会贪污腐败、怠政违纪。"物必先腐，而后生虫"。勤俭养廉就是为官从政者，不仅自奉勤俭，而且公务从俭，还要俭于社会。

1. 自奉勤俭

【三过家门而不入】　尧帝在位时，洪水漫天，无边无际，人民痛苦不堪。禹的父亲鲧受命治水，9年不成而被诛。尧将位置禅让给舜后，舜又让禹去治水。禹认真总结父亲的教训，改筑堤围堵为开道疏通的方法，一举成功。他为了治水离家在外奔波13年，勤勉敬谨。他对自己要求十分严格，衣着饮食不讲究，居室简陋低矮，日日夜夜勤于治水。他陆地乘车，水行乘舟，遇到泥泞道路，就踩着橇行走。13 年，把全部精力都投入到治水之中，勤于公务，三过家门而不入。终于带领人民群众疏通了许多河道，填塞了很多沼泽，使洪水得到治理，并划分了九州。他勤政廉洁、节俭奉公的故事，一直从古流传至今。

古罗马人有两座圣殿：一座是勤奋的圣殿，另一座是荣誉的圣殿。他们在安排座位时有一个秩序，就是人们必须经过前者，才能到达后者。它的寓意是：勤奋是通往荣誉的必经之路。勤奋不仅是成功的桥梁，也是人气的良方，更是生活的必需。天下之事，以难不成者十之有一，以惰不成者十之有九。天道酬勤，业精于勤。从政者，只要敬职守责，勤奋不息，事业一定有成。

【50 年的手表】 1984 年 6 月 28 日，全国政协主席邓颖超到天津市会见在津的全国政协委员。当时天津市亨得利钟表店的经理孟文标也是全国政协委员，对钟表是内行。他与邓主席在闲谈中发现邓颖超戴的手表是 30 年代买的，当时在场的政协委员都感到十分吃惊。这块手表伴随着邓大姐经过了抗日战争、解放战争、新中国成立、人民公社、“文化大革命”到改革开放，这么多年的沧桑巨变，全国在变，世界在变，但老一辈革命家的艰苦朴素、清正廉洁的本色始终没有变。像邓颖超这样德高望重、享誉中外的国家领导人，半个世纪一直戴着一块旧表，这在全世界的领导人中恐怕也是少有，怎么能不让人肃然起敬?

前辈的故事，应该对现在从政作领导的同志有所启示、借鉴。

我们平时在果园里会看到果树，枝疏者果多，枝密者果少。这种大自然的现象不也启示我们：简洁而执着者常有充实的人生吗?

一位哲人说过："一个人的生活，每增加一份奢侈，就会给自己套上一具枷锁。"现实中就有些同志，在提拔前，还比较勤俭朴素，也能平易近人，一旦提拔，不仅在穿戴上讲究起来，就连行为举止、语言腔调也变了，唯恐有碍身份。结果，他不仅陷入无聊的深渊，而且和同志、群众之间有了无形的隔膜，更使人们对他失去了往日的情感。

自奉勤俭，就是自觉勤奋俭朴。"克俭节用，实弘道之源；崇侈恣情，乃败德之本。"即：勤俭节用，确实是弘扬正道的起源；追求奢侈，放纵性情，那就是败坏道德的根本。一个勤俭廉洁的人，不贪不淫可以养德；淡泊慎用可以养寿；肠胃清虚，可以养神；无求无愧，可以养气，而且很容易团结群众，聚集人气，也是事业有成的基础。

我们国家，不是一个自然条件优越、物产资源丰富的国家。要建成具有中国特色的社会主义，每个从政者都应该始终承传我们中华民族勤俭治国的优良传统。尤其在经济飞速发展、奢靡之风日渐浓郁的社会环境中，应始终保持艰苦朴素的作风。这样不仅能使自己远离奢侈放纵的深渊，还能以自己的行为影响带动人民群众保持勤劳俭朴的风气。

2. 公务从俭

【毛泽东反对迎来送往】　在延安时期，一次延安马列学院请毛泽东去作报告，因学院距他住处有5公里，学院就派四个人去接他。四个人正好在半路上碰上了毛泽东，毛泽东知道四个人是专门去接他时就幽默地说：一人作报告要四个人接，要不得！要不得！下次给你领导说再来四个人抬个八抬大轿，又体面又威风，要是还有人，再有几个鸣锣开道的，有几个摇旗呐喊的，你说好不好？四个人听了都笑起来。接着毛泽东又说，我们是共产党人，不能像封建皇帝那样，前呼后拥，摆威风，要发扬延安作风，不能沾染官僚作风，不要迎来送往。

【周总理反对浪费】 1960年12月，柬埔寨西哈努克亲王、宾努首相访问中国，周恩来总理陪同他们到南京、杭州参观。江苏省政府宴请贵宾时，上菜较多。在离开南京的列车上，周总理和陈毅副总理召开各部门负责人会议，对浪费现象提出批评。周总理说："在我的车厢，服务员给我泡了茶，我到西哈努克亲王和宾努首相车厢时又给我们每人泡了一杯茶，有的只喝了一口，有的就根本没喝，这不是浪费？我一个总理浪费不了多少，但这是个风气。"接着就批评了南京宴会上菜太多……

【刘少奇四不准】 刘少奇为了公务从俭，他对外出视察的随从人员作了四个不准的规定：(1) 每到一地不要地方接送；(2) 在国内任何地方，不准请客吃饭，不得铺张浪费；(3) 不准接受人家的东西，人家送上门来要婉言拒收；(4) 下去视察时不准前呼后拥地陪同，有个向导引路就行，不能影响地方负责人的工作。

【董老撤宴】 1964年，董必武到旅顺海军基地视察。吃饭时，董老走进餐厅一看，餐桌上摆了名酒名菜，就又返回休息房间。部队同志见状，不知如何是好，就问董老的秘书，董老秘书说：中央明文规定工作接待不得大摆宴席，不把名酒名菜撤掉，董老是不会吃饭的。基地的领导忙向董老赔礼解释说，我们也没什么特殊准备，那些海味都不是花钱买的，是潜水训练时，战士们从海里捞的，平时给同志们改善生活。董老听了，仍表示自己要按国家对领导人的规定来要求自己，至于战士改善生活，他不反对，但改善生活与摆宴席是两回事，这样的宴席他是坐不住的。这样搞，是会吃坏作风的。基地的领导被董老的精神所感动，就把名酒名菜撤走，董老这才吃了饭。

以上几位革命前辈不论反对迎来送往，不满浪费，还是"四不准"或撤宴，透过这些小事都可以看出老一代革命家的高尚品质。从中我们悟出了一个深刻的道理：作为领导干部应该有什么样的作风，应该如何对待人民给予的地位和权力，如何把好生活关。

【土坯房里办公】 原来有一个报道：河南卢氏县委还在56年前建的土坯房里办公。群众要见哪个县委常委都不用登记畅通无阻。县委书记王战方认为：山区农民有的土坯房都要塌了，有的还喝不上自来水，有的雨雪天还在走“水泥”路，所以有钱不能先改善我们的办公用房和条件，要先尽着老百姓。土坯房里办公，冬暖夏凉，群众来办事，心里也平衡。我们在这里办公，既不高尚，又不窝囊。

【四任局长连用一桌】 我看过一个报道：山西代县地税局局长的办公桌是1994年5月县税务局分家时，李建国局长带过来的。1999年1月冯志勇接李建国同志的班时，办公室的同志要为他换个新桌，冯志勇制止说：“干部交流改换门庭、更新装备，这不应该是我们地税人的作风。”2000年李海明又接冯志勇局长，他只让木工把抽屉盒锁扣修理一下，照旧使用8年。2008年3月马春雨接李海明局长仍然继续使用。就这样，从李建国、冯志勇、李海明到马春雨将近20个年头。这张办公桌没变换，依然摆在局长办公室，但代县地税局的税收工作却由1994年的2600多万元猛增到2012年的5.6亿元，他们先后荣获省、市、县各类荣誉200余项，荣立省集体一等功，被代县人民代表大会授予“人民公仆”光荣称号。2013年办公桌又与马春雨同志相伴5个年头，马春雨同志针对是否更换办公桌的议论，语重心长地对同志们说：“这张办公桌是前三任局长留下的宝贵财富，现在我们虽然不差钱，但我在任一天就要用一天，绝不会更换。我建议，即使有一天实在不能用了，也不要扔掉，它可是一份艰苦奋斗精神教育的好教材呀……”马春雨推心置腹的一番话，说得大家心悦诚服，点头称是，敬佩之情油然而生。

河南卢氏县委把可用的财力用于民生，还在56年前盖的土坯房里办公，真可谓“富不修衙”的典范。

山西代县地税局局长那款式陈旧、漆皮剥落的办公桌，已成代县地税人眼里一面飘扬的旗帜，它传承着一种俭朴精神，诠释着一种信念和使命，更是一种和谐团结的象征。

【我脸发烧】 20世纪60年代，兰考工作成绩出色，省里、地区给兰考两辆吉普车，县长张钦礼都转手卖了。当时兰考2564个生产小队，就有42个小队群众口粮不足。张钦礼用卖车钱，为这些小队打机井，配了8马力的柴油机，旱时浇地，不旱搞副业，解决群众的温饱。省委书记问卖车事，他说：一个县委书记，坐着小汽车开到吃不饱肚子的群众面前，我脸发烧。群众当面不说什么，背后一定戳共产党的脊梁骨。

近年来，不仅三公经费剧增，而且一些地方政府部门，无视中央三令五申，在庆典、剪彩、奠基等方面，规模越来越大，奢侈之风越来越飙。一次大型庆典晚会动辄就要花费上亿元。就在一些不发达或者欠发达地区，在庆典活动中也一个劲儿地赶时尚、追奢靡。即使是勒紧裤带、寅吃卯粮的地方也要“显摆”。不少地方以工作为由，将“摆阔”当成一种常态，不以为耻，反以为荣，自认为是实力的见证，面子光荣。

党的十八大召开，新的中央领导集体组建后，立即率先垂范改变作风。12月4日，中央下发了“关于改进工作作风，密切联系群众的八项规定”，12月27日习近平同志到广州、深圳考察时，没有入住深圳宾馆1号楼，而选择了位于市中心的福田区深南大道上的五洲宾馆普通的商务套间，吃饭是六菜一汤的自助餐。于是，席卷全国的反腐从俭风潮，带来的政风转变，赢得了民间一片叫好。但从报刊揭露的现象中，仍有一些地方、部门领导我行我素，寻找借口或将公款消费由明转暗。下基层依然清道封路、摆鲜花、挂标语，前呼后拥威风不减；酒宴由宾馆移到会所、寺院、家里，档次不亚于星级酒店……这些同志可曾知道在基层群众眼里，你们已不是公仆，而是混入政界的“蝗虫”。试问你在随意烧钱，你在私人会所享受人均几千元的公款酒宴时，想没想过那些在蔬菜批发市场拾菜叶的白发老人？想没想过那些贫困山区因无钱架桥，孩子们常年靠索道过江，跋涉山路去上学？知不知道就因为你们为了“滋补、好奇、有味道、有面子”吃野味，使多少珍稀物种惨遭灭绝？你们应该想到：你们每日怠于政事，沉湎奢靡，不仅使你本人的威信扫地，而且还会使我们政府的信任度，在群众中日益减低……

《管子·牧民》中说：“上无量则民乃妄，文巧不禁则民乃淫，不障两原则刑乃繁。”即：主政者挥霍无度，人民就胡作非为；不禁止奢侈，人民就放纵淫荡。不堵塞这两个根源，国家犯罪的人就多了。

《资治通鉴·汉纪五》中说：“淫奢之俗，日日以长，是天下之大贼也。”即：淫荡奢侈的风气，一天天地在增长，这是国家的大祸害。

我国还有一亿多农村扶贫对象，几千万城市低保人口，贫富差距已超过国际警戒线；人均耕地不足1.5亩，不到世界平均水平的1/2，发达国家的1/4，2013年粮食进口同比增长了294.5%；人均GDP仅为美国的十分之一。我们现在没有理由骄奢浪费，就是达到小康也要坚持公务从俭，永葆艰苦朴素作风。

纵观古今中外，因奢侈身败名裂、失政亡国的大有人在。每一个从政者，都应以史为鉴，以人为鉴。在开展群众路线教育活动中，多深入基层，看看广大老百姓的生活，听听广大群众的心声。继承发扬勤劳俭朴的优良传统。尤其在一切公务活动中要节俭办事。通过我们的行动作风，带动全国人民勤勉节俭，奋发向上，只有这样，我们的小康社会才会建成。

3. 俭于社会

【勤俭于社会】　召信臣字翁卿，西汉中晚期九江郡寿昌人。他任南阳太守时，亲自劝农导耕，经常深入田间地头，巡视在阡陌之间，有时就在田边村舍休息，很少在太守府安居。为了解除当地干旱的困扰，他亲自寻找水源、查看水情，率领群众开渠引水灌田达三万多顷，使当地农业得到发展。随着群众生活的提高，民间红白喜事也讲究起来。风俗之奢靡、破费之巨大，日益严重。百姓为嫁女娶媳安葬老人都要花费大量钱财，贫困家户借贷负债，甚至忍痛借高利贷，以图一时颜面好看，相互攀比之风日盛，因此而破产者频频出现。召信臣于是下令禁止嫁娶送终时的铺张浪费，深受百姓的拥戴，不到几年南阳风气大变。

【太宗禁奢葬】　贞观十一年，唐太宗下诏说："把铺张厚葬当作用礼埋葬，把修建高大的坟墓当作孝敬。衣食棺椁，极尽雕刻的华丽；灵车葬器，尽用金银珠宝作装饰。富贵人家超过法度而相互炫耀，贫寒人家尽钱财也无法办到。这只是破坏教化的规矩，对地下死者毫无好处，对生者为害很深，应当把它废除。王公到平民今后埋葬有不依法令的要以情节按律定罪。对京城五品以上官员及勋贵皇亲之家也要记录情况上奏。"

【四菜一汤】　由于常年战乱和灾荒，明朝建立时，百姓生活十分贫困。从社会底层上来的朱元璋深知民间的疾苦。一天，他下旨宴请文武群臣，为皇后祝寿。可群臣谁也没有想到，宴会只有四道菜。第一道菜是炒萝卜，第二道菜是炒韭菜，第三道菜是两大碗青菜，第四道菜是葱花豆腐汤。朱元璋对四个菜一个汤大赞："萝卜上了街，药店无买卖"；"韭菜青又青，长治久安定人心"；"两碗青菜一样香，两袖清风喜洋洋"；"小葱豆腐青又白，公正廉洁如日月"。群臣听了，顿时恍然大悟，朱元璋就当场宣布："今后众卿请客，最多只能'四菜一汤'，这次皇后的寿筵即是榜样，谁若违反，严惩不贷”

以上三位前贤倡导节俭办事，禁止社会上婚丧嫁娶的奢侈之风，值得我们基层主政者借鉴。

所以，俭于社会，首先要求，作为一个区域、部门领导，一定要守土有责，引导教育广大人民群众发扬勤俭节约的传统，保持富而不奢的品质。尤其是我们在基层的从政者、主政者，要适时提出些倡俭节奢的要求、定些规章制度，督促执行。

【谢老劝乡亲】 谢觉哉1913年曾在宁乡云山一带教书，后来参加革命，几十年没回故乡。1957年春他回到了阔别30年的故乡——湖南省宁乡县兰馥冲。家乡的亲友为了欢迎在中央担任内务部部长的他，凑钱买了一头猪杀掉，准备宴请他。谢觉哉得知后，心里十分不安，他就把乡亲们叫到他的堂屋里，诚恳地对大家说：“我回来，一来是探亲访友；二来是感谢家乡父老乡亲当年对我的支持，对我的帮助。现在你们又请厨师，又杀猪，办啥酒席？这只能使我脱离乡亲，促长奢侈浪费……”他的一席话使乡亲们深受感动，大家都同意筵席不办了，把杀了的猪肉卖给了供销社，然后在一起吃了顿普通饭，畅谈了心里话。

【吴官正的叮嘱】 吴官正同志父亲去世时，他在给家人的信中再三叮嘱：“丧事一切从简，决不能大操大办，决不要收受任何人的钱财，决不可劳烦当地政府。”

以上前辈不论是“谢绝宴请”还是“再三叮嘱”，既反映出他们为政清廉，也体现出他们以身为范倡俭节奢的表率作用。所以，俭于社会第二个要求就是希望从政者，尤其是担任领导职务的，都应从自身和家里或亲属做起，倡俭节奢，不要因自家或亲属的一些行为对奢侈之风起到推波助澜的作用。

【好看不适用】 从前有一个猎手，有一张祖传的好弓。这张弓射得又远又准。随着人们的赞扬声，他似乎感到弓有些笨重，外观也不好看。于是他就专门请了个艺术工匠进行修饰。工匠不仅把弓修饰轻了。还在弓上雕了幅行猎图。他见到修饰后的弓，心里充满了喜悦。他一边欣赏，一边就试着拉弓，谁知还未等拉圆满时，弓弦就断了……

【四十年的痰盂】 一个朋友，1973 年掏 1.8 元从百货公司买到一个蓝边全白的多处碰掉瓷而减价的搪瓷痰盂。他用瓷漆将掉瓷的地方抹了一下，晚上当尿盆，就一直用到现在。他在 2001 年搬家时，一次性就买了 6 个图案鲜艳美丽的痰盂，用不到 6 年就全不能用了。他又买了 4 个新的，现在看来也快不能用了。他说："现在很多日用品中看不中用，就我这个痰盂，只要我不死，至少还能用 10 年没问题。"

厂家制造的各种用具，应以耐用、实用为主，在耐用、实用的基础上再讲究外形的美观大方。但现在一些制造企业，却本末倒置，一切用具的设计制作以外观华丽为主，而不顾实用不实用、耐用不耐用。平时也看到，一些低收入家庭，在迁居时，本来没有钱买新家具，可是旧家具搬搬动动就零散了。无奈只得买新的，而将旧的家具当垃圾处理掉。

【包装不一价不同】 2007 年临近中秋节，江波和老张去市里开会，会议结束后，他们就顺便去食品店买月饼。食品店里一大盒一大盒月饼堆满柜台，问价格时，售货员反问要那种包装的。原来，一般月饼都因包装不同，价格从几元到一百多元不等，当然档次再高的还有高价的。江波看了一下，价格高的包装上很是讲究，每一块月饼都装在一个小塑料盒内，小塑料盒月饼又装进一大塑料盒中，中间还有个小玩意，再装入一个讲究的硬纸盒中，硬纸盒外还套一个印染华丽的硬纸提兜，提兜上系有手提的彩丝绳……江波对老张说："咱们吃月饼，又不吃包装，就买纸包的吧。"于是两人就买了八九元纸包的。前来买月饼的也有买纸包的，但大多数都是要买包装盒的，尤其那些买多的都要包装好的。江波不解地说："现在人是怎么啦，都成了'买椟还珠'的人了?"……

现在商场的一些商品包装越来越精美，层数越来越多。但是，这有什么用呢？就拿吃的穿的来说，包装再多、再好，衣服一穿，食品一吃，这些辛苦做出的包装不就又成为垃圾需要处理……

随着奢靡之风的弥漫，一次性用品也越来越多：一次性筷子，一次性饭盒，一次性纸杯，一次性牙刷、牙膏、香皂，一次性刮胡刀，一次性毛巾、搓澡巾，一次性拖鞋……就连为舞台量体定做的灯光道具，甚至连多媒体都成了一次性用品，更不要说为舞台搭建应景部分等就更不能利用了……

我们想一下，做这些家具、用具、包装盒，一次性用品的材料，哪一种不是用社会的有限资源变为材料，由材料变为家具、用具、包装；不经用的用具和包装成为垃圾，在清运处理过程中，哪个环节能不耗费人力、物力、能源，能不给环境造成污染？对有些不能处理的垃圾，要为后代留下多少隐患？

东汉哲学家王符在《潜夫论·务本》里就说过：各种用具，应结实、美观、耐用。而现在的工匠却喜欢制作雕琢过分而不耐用的家具、用具。商家也争相出售那些外观华丽，但实际用途不大的奢侈品，以此来迷惑百姓，巧取钱财。这样，工商企业利润越多，国家的资源、能源，损失就越大。

奢侈造成浪费比天灾更严重。所以，俭于社会第三就是各级主政者一定要在权力所辖区域加强对从事加工、制造、流通领域的干部职工教育、引导。制定一些限制企业追求奢华而不注重实用，偷工减料、制作伪劣产品的法规制度。主政者绝不能为了当地 GDP 增长，而无视人力、财力、资源的浪费，无视环境的污染，无视给后代留下的隐患。

改革开放以来，我国的经济有了很大的发展，GDP 排名世界第二，但人均GDP仍远远小于大多数国家。随着经济的发展，外来文化的影响，社会上奢靡之风越来越惊人。一年餐桌上浪费的粮食相当于2亿人口一年的粮食。再如：拿不少城市亮化工程来说，每年运行和维护那些景观灯的费用就是个巨额数字。除前期大量投资，电的消耗量也不可忽视。据科技局公布的《全民节能减排手册》显示，如果全国户外景观灯在午夜至凌晨时熄灭，每年可节电88亿度，相当减排二氧化碳846万吨。一次性消费，导致了对自然资源的疯狂掠夺，有数据显示，我国仅为生产一次性筷子，一年就失去500万立方米木材。现在在一些人的眼里，奢侈品成了社会地位财富的显示器，只要知道了奢侈品的品牌名字，就在国内外市场上疯抢，使我国奢侈品年销售额达到20亿美元，仅次于美国，消费支出比例已达20%，而西方国家的比例通常不超过4%。

经济学家叶楚华先生2009年就曾指出："奢侈品是精神鸦片。""奢侈品其实是'高雅'国家对相对'低俗'国家的一种剥夺，因为这种高价值的东西，可以一夜之间剥夺掉他国的巨额财富。""奢侈品就是始终把人维持在乞丐状态，却给他做皇帝的错觉。"随着实践的检验，奢靡之风带来的危害也日益明显：奢靡之风一是造成社会资源极大浪费，导致非常紧缺的资金大量投入非关键性和纯消费领域，延缓现代化建设步伐；二是腐蚀人们灵魂，污染社会风气；三是影响了政府在群众中的光辉形象，失民心、遭民怨、激民愤，损害政府同人民群众的关系。

古人说过，"强本而节用，则天下不能贫"。现在我们在"强本"上虽取得了明显成效。但要清醒地认识到，在很多基层，这"本"有他们创造的财富，而大多是他们胡挖乱采自然界储蓄的、应逐步供给后人的财富。从目前看，制约我们经济发展的资源、环境等因素矛盾已很突出。建设资源节约型和环境优化型的社会任务还十分艰巨。我们每一个从政者，都应该发扬勤俭节约、艰苦奋斗的优良传统，自奉勤俭，公务从俭，俭于社会。尤其是各级主政的领导，要有“浪费也是腐败，节约也是政绩”的意识。不仅自觉做勤俭节约的表率，使所管辖区域的政府机关走在建设节约型社会的前列，还要在充分发挥舆论引导基础上，制定一些制度法规，旗帜鲜明地反对奢侈浪费，彰扬勤俭节约。并将勤俭办事，节约资源责任和实际效果纳入各级干部考核体系中。2005 年 3 月 20 日，上海市“约定适度包装暂行办法”和 2013 年 3 月 15 日“黑龙江循环经济促进条例”率先给全国走出了路子，只要我们真抓敢管，改革开放后飞来的奢侈之蝇一定能消灭，勤俭朴素的风气一定能在中华大地重新形成。

（二）节欲杜渐

1. 节制贪欲

欲望是人的一种生理本能。正因为人们有欲望，人们才会勤奋拼搏，推陈出新，不断促进社会发展，推进人类社会进步。但，欲望是一把“双刃剑”，“欲炽则身亡”。也就是说，欲望如果不受理智的控制，就会成为损人利己、伤天害理的贪欲。从政为官，一旦有了贪欲，就会被权力、金钱、美色所迷惑心志，失去本性，胡作非为，最终必落个“贪心不足蛇吞象”的结局。

【居功不摆谱】　宋仁宗在位一直没有儿子。一次他患了重病，文彦博和韩琦等大臣建议他早立储君，这样英宗就当上了皇帝。英宗后来得知此事曾当面对文彦博说：“我能登上皇位，都是仰仗你的力量啊。”文彦博连连推辞说：“陛下能够登基，完全是先皇和皇太后的意思，而我怎敢自居功劳？”英宗把皇位传给神宗后，一天神宗又对文彦博说：“在我先父继位上你的功劳是很大的啊!”并下旨加封他为节度使，文彦博婉言谢绝推辞不受。1069年宋神宗任命陈升之为宰相时，要将担任枢密使（最高军事长官）的文彦博排在陈升之前面，理由是文彦博是朝廷重臣。而文彦博对这种既特殊又在情理之中的优待又选择了谢绝。文彦博先后在仁宗、英宗、神宗、哲宗手下工作，德高望重，但他始终尽心尽力为朝廷做事，从不争胜、抢风头，而是居功不自傲甘当绿叶，自然也就远离非议和嫉妒，赢得上下拥护，在仕途中立于不败之地。

【位置的谦让（二则）】 在中共第八次全国代表大会上，李先念同志被列为政治局委员候选人，但当他看到徐向前、聂荣臻、叶剑英三位开国元帅以及党内王稼祥、邓子恢等诸多老资格的革命家都不在政治局委员候选人之中，便感到压力沉重。于是他就给中央写信，要求中央慎重考虑：无论从哪方面来讲，能力和资历都不应将自己列为政治局委员候选人，应该让比自己能力强、资历深和在中央长久工作的同志当。自己年龄虽小一些，但身体也不好，经常头痛，真心请求中央将自己名字删掉。

同样是在中共八大会议上，胡耀邦被列入中央委员候选人名单，他看到1955年前后授衔的57名上将中只有极少数进入中央委员名单，近半数连中央候补委员都未列入，就给中央写信说：我做梦也没想到，我会被提名为中央委员，这样做使我太没脸面对那些无论是过去和现在对党贡献都比我大几倍的候选委员，对我的压力实在是太大了，无论如何请把我的名字摆在候补委员的名单里去。

以上文彦博居功不摆谱，李先念、胡耀邦同志对名位的谦让的广阔胸怀，值得我们从政者学习、借鉴。现实中，跑官要官起源于20世纪90年代左右，随着时间的推移，这股风在政界刮得越来越大、越来越烈。一些人由跑官要官发展到行贿买官，由行贿买官，甚至发展到残杀同事，县长残害书记，副县长杀害县长……

人在仕途，想施展才华、为社会多作贡献，而对权力有欲望，也是正常的，人们也可以理解。但在实现愿望时，必须经过自己勤奋努力，提升素质，使自己在德、才、能上被群众承认，再通过竞争获得社会认同。这样你在职位上既能展施才华，又让群众从心里服你。如果行贿买官，甚至阴谋欺骗、巧取豪夺，得来的官你终究心灵不安，群众也看不起，最终必然败露祸及自身。

【晏子节贪自律】 晏子即晏婴，字平仲，他虽是春秋时期齐国的正卿，却在生活上严格要求自己，过着清贫俭朴的生活。一次，齐景公奖赏他，派人给他送了不少钱和一领很昂贵的狐皮袍子，但连送三次都被他谢绝不收。他进宫对齐景公说："我家并不穷，我平时的俸禄足够我一家人吃用了，有时还将多余的资助一些家贫的亲友。你再赏我大批钱，我收下如果拿去救济百姓，那就是拿你的赏赐给自己买好名声，忠臣是不能这样做的；如果我把钱存起来，那不成了吝啬鬼了？明智的人也不会这样做。"一番话说得齐景公也没办法，只好罢休。

晏子平息崔杼杀君的动乱后，齐景公封给晏子60个城邑，晏子还是不要。有人问他为何不要呢？晏子说：满足了私欲，离逃亡的日子就不远了，私利过了头就要走向败坏。因此，吾不敢贪多。

齐景公看到晏子的居所又狭小，又潮湿，喧闹多尘，就想替他更宅。他认为不需要，能住上这样住宅就满足了。齐景公就利用他出使晋国之机，派人将他的旧住宅进行了扩建，晏子回来谢过景公后，就又让人拆掉了扩建部分，恢复了原貌。

晏子身为正卿，皇帝奖赏不要，赐邑不受，给他扩建的房子也被他谢绝拆掉，他这种生活上知足，节制贪欲的精神实为难能可贵。

【齐人攫金】 从前，齐国有个很想得到金子的人。一天清早，他赶到集市上，走到卖金子的地方，伸手抓起一块金子就走。管理市场的官员把他抓住，拷问他："大家都在这里，你竟敢抢人家的金子，是什么缘故？"他说："我拿金子的时候，就没有见人，只看见金子！"

贪欲，可以蒙蔽人的眼睛，冲昏人的头脑。见金不见人，这是贪欲熏心者的普遍心理状态。顾头不顾腚，"掩耳盗铃"，这是利欲熏心者常做的蠢事。

【父亲成了敛财工具】 某省国土资源厅副厅长张某某为其父70~86岁举办了16次生日庆典，收受185万元礼金，在其父葬礼上又收了149万元礼金，在为其父过一周年、三周年的忌日上又收了40万元礼金……最终，他因利用职务之便收受贿赂而落入法网。

【不平衡贪欲激增】 某市原市委常委、政法委书记叶某某，也曾是个为平常日子而满足的人。但当他看到一些老板素质、能力都不如自己，却可以通过各种手段发财，过着挥金如土的生活时，心理上逐渐产生失衡、认知偏差，认知偏差刺激他贪欲激增……他为自己制定了3个2000万元的"宏伟目标"。即：给儿子留2000万元，给女儿女婿留2000万元，给自己留2000万元安度晚年。然而，他的目标还未实现，就落入了法网。经查，他受贿港币1800万元，另有1600多万元人民币财产来源不明……

古人说："贤而多财，则损其志；愚而多财，则益其过。"即贤良的人拥有多余的钱财，容易销蚀他的志向；愚庸的人拥有多余的财物，容易给他增加过失，带来灾害。人生下来都是两手紧握空拳，人死时都是两手摊开，在世的权力、财富一点都带不走，能留下的只能是声誉。以上故事的主人公可曾想过，死后能给后人留下些什么？他们可能不曾想到，人生最大的悲剧：莫过于人没有把金钱带进坟墓，金钱反而将人送进了坟墓。

过去有首古诗《十不足》中说：终日奔忙只为饥，才得有食又思衣。置下绫罗身上穿，抬头又嫌房屋低。盖下高楼并大厦，床前缺少美貌妻。娇妻美妾都娶下，又虑出门没马骑。将钱买下高头马，马前马后少跟随。家人招下数十个，有钱没势被人欺。一铨铨到知县位，又说官小职位卑。一攀攀到阁老位，每日思想要登基。一日南面坐天下，又想神仙来下棋。洞宾与他把棋下，又问哪是上天梯。上天梯子未做下，阎王发牌鬼来催。若非此人大限到，上到天上还嫌低。

这是对贪欲难尽的生动写照。有贪欲的人，必然见钱眼开，因物仰俯，贪污受贿，巧取豪夺。可逞欲时就放弃原则，有利可图时就见利忘义。现在社会上有一些不法分子，公然贴出“世路难行钱作马，愁城欲破酒为军”的对联。而他们正是凭着“钱马”、“酒军”，使我们一些贪欲激增的官员成了他们的俘虏，拜倒在他的膝下。不该办的事“办”，不该批的条“批”，不允许的事，一路大放绿灯，自觉自愿地为其大效其劳。最终自己也成为犯罪分子的殉葬人。

【冯玉祥巧拒礼】　1938年9月，冯玉祥的二女儿冯弗伐结婚时，那些善于投机钻营的人知道他是蒋介石的盟兄，都纷纷登门送礼巴结。冯玉祥外出归来，女儿胆怯地告诉他，许多达官贵人登门送贺礼，她惹不起，只好收下。冯玉祥看了一笔笔丰厚的礼金，想了想，高兴地对女儿说，这些礼金都交给我处理。父亲此举就连女儿都有些奇怪，谁知冯玉祥把礼金全部买了公债券，又如数退寄给了送礼者。并写了感谢信：国难当头，匹夫有责，为了抗战，有钱的出钱，有力的出力，你送的礼我替你买了国债券。那些送礼的看后哭笑不得。

天下没有无缘无故的爱，也没有无缘无故的恨。养马是为了骑，养狗是为了护院。凡给掌权人送礼行贿者均有目的，“下套”的手段也很奇妙。唯有心中有戒、“无欲则刚”，才能筑牢防线。大凡为官者，身败名裂的原因一般都不在身外，都是自己的欲望脱离了理智的控制而造成的。

【用好人生的减法】 吉姆·特纳是一个美国富人，当他40岁时，继承了30亿美元资产的莱斯勒石油公司。人们都以为新上任的总裁会大干一番，但他却在盘点公司资产后，只留下维持公司正常运营和保障自己家庭正常生活必需，就把剩余的钱全捐给了社会。他说：“这些钱对我已没有实质意义，减去它就是减去了我生命中的负担。”

在员工的眼中，永远看不到吉姆·特纳有愁眉苦脸的时候。当加勒比海海啸给公司造成1亿多美元损失时，他在董事会上依然谈笑风生地说：“纵然减去1亿多美元，我还是比你们富有10倍，因为我有多余你们10倍的快乐。”他的一个孩子在车祸中不幸身亡，他说：“我有5个孩子，少了一个痛苦，还有4个幸福。”吉姆·特纳活了85岁，他给自己的墓碑上留下这样一行字：我最欣慰的是用好人生的减法。

其实，我们人毕生追求的快乐也很简单，那就是做好人生的减法，减去那些繁杂无用的东西，减轻烦恼，减去痛苦，我们的生活就会变得轻松而快乐。

古人就说过：贪恋五花八门的色彩，会使人精气神外散，视觉迟钝；过度追求音乐的刺激，会使人心中失去平和中正之气，听觉迟钝；太讲究食物的美味，会使人味觉迟钝；沉溺于玩乐的快意，会使人心神狂妄暴躁；一味追求奢华名牌的商品，会使人贪心增长，而造成行为偏差。

一位哲人说过：“假如人能够遏制住自己的种种欲望，过着无求的生活，那么，他才算真正主宰了自己的生活，掌握了自己的命运。”人有七情六欲，断情绝欲则无趣，纵情极欲必速祸，其奥妙就在于对欲望的控制，严于自律、戒除非分，就会始终在大道上行进。

当官莫发财，发财莫当官。从政为官是个诱惑极多、风险极高的职业。贪字形似“贫”，婪字形似“焚”，若贪图享乐，便会精神贫穷、萌生贪念、玩火自焚，筑牢心中的“底线”尤为重要。为官者就要明白什么该做，什么不该做。要是抵制不住功利的诱惑，突破“底线”，最终必落个身败名裂下场。朱元璋曾对他的臣役说过：老老实实当官，守着自己的俸禄过日子，就好像家守着“一口井”，井水虽不满，但可天天汲取，用之不尽。然而，古今的贪官，都是守不住自己的那口“井”，利用手中权力，不择手段地谋取“身外之物”，当“洪水猛兽”般的钱财向他袭来时，地狱之门也就向他打开了。清代纪晓岚的老师陈自崖写有一副对联：“事缘知足心常惬，人到无求品自高。”这里的无求，并不是一无所求，不食人间烟火，与世无争的消极哲学，而是节制贪欲，无非分、过度之求。从政为官者，只有保持“无求”的境界，才能守住道德的精神家园，守住自己心中的一份坦然与淡定。

山林再大，也经不住野火的焚烧；水缸再满，也灌不满有漏洞的水壶。“知足者富，知止者久”。为官者，对待权力一定要如履薄冰，如临深渊，要慎用权、用好权，既要自己节制贪欲，还要防止亲友或他人利用自己的权力和职务影响索取非法利益，始终坚守道德底线。

2. 防微杜渐

防微杜渐，就是当错误、坏事或邪念刚现萌芽就能及时去除，不让它产生发展。

【善于自控】 明代一个叫曹鼎的人，年轻时任典吏。一次他抓了一个漂亮的女小偷，由于离县城路途很远，中途只得在一个庙里夜宿。不料那个女贼不时以色相引诱他，开始他还能严词拒绝，后来他就有些抵不住了。于是，他就在纸片上写四个字：曹鼎不可。贴在他眼前，一会儿揭掉烧毁，烧了又写再贴上，如此反复，一夜过去，终于平安无事。

平心而论，曹鼎面对"可餐的秀色"，并不是稳如泰山，也有心猿意马的萌动，但他终于保住了自己清白的名声。这就是他知道行所当行，止所当止，有防微杜渐、善于自控的理智。

【把握嗜好】 清道光年间，时任刑部尚书冯志圻特别喜爱碑帖字画，但他从不在人前提此爱好，以防不良之人投其所好。一次，有一下属送他一本宋拓碑帖，他则原封不动退回。有人劝他打开看看再退，他说：这种古物乃稀世珍品，我一旦打开，就可能爱不释手。不打开，还可能认为是赝品，"封其心眼，断其诱惑，怎奈我何？"

人都有嗜好与欲望，把握得当无损做人及事业；反之必然玩物丧志，身败名裂。远华特大走私案主犯赖昌星就有一句"名言"：官场上的制度、条例，再严我也不怕，就怕领导干部没有爱好。他发现某海关关长杨某贪慕女色，就送去一位风尘绝色女士。于是他走私货物出入口岸，如入无人之境。某海关副关长接某，心高气傲，曾对赖不屑一顾，认为赖是"文盲加流氓"，并时时警惕。但他喜好字画和书法的嗜好被赖发现后终于将他拿下，使他拜倒在其脚下。

世上没有免费的午餐，只要有人向你投之以桃，必然想要你报之以李。这一点，从政者尤其是主政者，一定要认识清楚，如此才能始终保持防微杜渐的自控心境。与人交往时，要小心谨慎，心中有戒，谨防踩上"地雷"，掉进"陷阱"。

【不能收】 某年秋天，一个大军区的两位同志来到陈云住所，向他汇报军事演习的情况并带了当地产的两盒葡萄。他们汇报完后起身告辞时，陈云让他们把两盒葡萄拿回去，说："我是中央纪委书记，不能收。”两位同志忙解释说：“这值不了几个钱。不是送礼，只是让您尝尝。”陈云接受了他们的心意，说：“我吃10颗叫‘十全十美’，剩下的你们带回去。”军区两位同志，只好又将两盒葡萄拿走。

陈云似乎不近人情的廉洁自守的品质实在令人敬仰，也不难想象，送礼者以后不会再给领导送土特产了。而且随着事情的传开，也会影响其他人不再做出类似的事，长此以往我们的政治环境一定能风清气正。

当然，并不是说一入政界就不讲人情。从政者也讲人情，每逢年节，自己也要去看望父母长辈，兄弟姊妹，亲朋好友和有恩于自己的人；儿女也要看咱，都会根据自己的实际情况带些礼品。但对纯属工作关系，尤其是单位下属和一些群众，决不能接受他们的任何馈赠和礼品。谢绝礼物时要真诚，只有这样，你才能在他们心中树起威信，他们才会从心底敬佩你、服从你。

【缘于“小”礼不拒的腐败】　某市地税局原副局长刘某某走上领导岗位后，每逢年节，干部职工登门拜访都不会空手而来。刚开始他不愿收礼，在长久形成的社会风气以及似乎与民俗相关的氛围中，他不得不接受些“小”礼……随着担任领导职务的越来越高，送礼的圈子越来越大，越来越复杂。从最初的小礼到几千元、几万元到后来的几十万元甚至一套房子都敢“笑纳”。就这样一步步陷入受贿千万元的泥潭，最后被判22年徒刑。人们都说，他陷入腐败深渊，就缘于当初对“小”礼的不拒。

【可怕的邪路】　某镇原党委书记赵某某，1983年7月中专毕业后，分配在区统计局工作。他工作勤勉，热情爽快，文章写得又好，深得领导和同志好评。1986年23岁的他被提拔为团区委青工部部长。此后先后在物价、计生、乡镇人大工作过。

2007年他44岁就担任了镇党委书记。上任后他拓宽街道、开发农贸市场、投资发展乡镇企业，工作可谓风生水起，得到区委和群众的称赞。随着地位变化，在工作中不仅要招待上级，还要接待客商，应酬几乎天天有。时间一长，他就和一些企业老板熟悉起来，更少不了吃喝应酬，有时还得陪玩玩麻将赌上一阵。一次赵某某在赌博时，不仅输掉了身上的现金，还欠了别人1.6万元。他很不甘心，认为自己为了工作拉关系，让自己个人出钱舍不得。左思右想后，就想出了从招待吃喝费中开支……刚开始第一次得手后，他还有些后怕，但随着一次、二次……他也就心安理得了。而且慢慢就将家里的开支全都用公款报销。终于在2012年3月，在区纪委协同审计部门对全区招待费审计检查中发现了他贪污公款……

人们常把公款吃喝说成“舌尖上的腐败”。政界公款吃喝不仅大量占用国家公共费用，引发人民群众对党和政府的不满，更是滋生贪污腐败犯罪的温床。

大千世界，无奇不有，花花绿绿，令人眩晕。其实不只是炫目的金钱，还有那更诱人的权位、美丽的色相、奢华的享受。从政为官，自控力强，就不会以私欲而废公法。如果内功不深，修养不高，或许能抵挡“香风”一时，却不能抵挡“糖衣炮弹”的频频进攻，或许也有瞬间的犹豫和惶恐，也想到可怕的后果，但最终还是在推杯换盏中放松了警惕，在小恩小惠面前丢失了原则，以致逐步陷入堕落、罪恶的泥潭而不能自拔。酒、色、财、气、赌、毒，人生六大陷阱，它有误国、败家、毁友、丢官、亡身之危害。国门打开，商潮澎湃，为官者更应心中有戒，自警自律。特别是与企业界交往中，要支持企业发展，给企业创造安定的环境，但一定要掌握分寸，公私分明，慎小事，拘小节，谨防步入不法商贩的圈套……

一般来说，人在逆境时，往往比较谨慎、小心，因而常会平安无恙；而在顺境中，则容易麻痹、骄傲，也容易出问题。所以为官从政者，越是身居高位，官运亨通顺利之时，越要保持清醒头脑，允中守直，激浊扬清、谨慎从事，常以“蝼蚁之穴，溃堤千里”的忧患之心对待自己的一思一念，以“如履薄冰、如临深渊”的谨慎之心对待自己的一言一行，以“夙夜在公，寝食不安”的公仆之心对待自己的一职一责，始终保持良好的品行、先进的表率。政治底线，用忠诚守卫；思想底线，用信念守卫；道德底线，用良心守卫；生活底线，用健康守卫。

（三）秉公理政

秉公理政就是坚持原则，主持公道，不迎合，办理政务不偏袒。

1. 不畏权势

【税赋平等】 战国时期，赵奢还是一个赵国收税小官时。一天他收税收到赵国国王弟弟平原君赵胜的门上，赵家家人拒不交税，态度还十分蛮横。赵奢为了严肃税纪就制裁了赵家九个家人。平原君得知后大怒，发话要杀死赵奢，维护其颜面……

赵奢被带来后，毫无畏惧，理直气壮地说：“你是赵国的贵公子，如果纵容家人不奉公守法，法纪就会削弱，法纪削弱国家就会随着衰弱。国家衰弱各国就会来犯，赵国都不存在了，你还在哪里找你现在的富贵？以你的尊贵地位，若带头奉公守法，影响带动社会上下一心，上下一心则国家就强大，国家一强大，则赵国的江山就会稳固，而你作为王族贵戚，还会被人轻视吗？”平原君听了觉得赵奢讲得很在理，不仅没杀他，还积极向赵王推荐，提升他负责全国税收工作。

【不看司令信】 1927 年，钱基博任南京东南大学国文系主任时，有一天，文学院长梅光逝带来一位支先生对他说：他是蒋总司令介绍来的。且有蒋介石的亲笔信，要举荐支先生当教授。钱基博连信看也不看就说："总司令可以委任军长、师长，而没资格聘用哪怕是一个小学教员，因为不在他职权之内。教授需要哪种人，哪种知识，做总司令的不会了解。""如果不符合条件，有总司令的信也难以从命。"最终没有让那位支先生当上教授。

【唯实不唯上】 大炼钢铁时，有一天，胡华林正在炼铁第一线，公社社长打电话说晚稻已成熟，下了一场大雨。稻子都卧倒在田里，如不抢收，就怕发芽、烂掉。胡听了，就从炼铁大军中抽出部分人返乡抢收晚稻。这事被负责炼铁的副县长知道后，在电话上批评他，并要求他立即把放回去的劳力全部叫回来炼铁。胡不同意说："那稻子烂在田里，将来社员吃什么?"副县长说："现在大炼钢铁是压倒一切的中心任务。"胡华林则说："压倒一切不等于压掉一切。"他就不让抢收水稻的劳力回来炼铁，继续抢收成熟的稻谷……

【唯一没举手的人】 陈少敏大姐在抗日战争和解放战争的沙场上，是一员杰出的女将，是中原解放区的开拓者之一。晚年她尽管年老体弱，但仍保持铮铮铁骨，一身正气。1968年10月13—31日，中共中央八届扩大的十二中全会在北京召开，195名中央委员、候补委员有71%被剥夺了出席会议的权利。97名中央委员中除10人去世外，允许参加会议的只有40人，开会时从候补委员中有选择性地补了10人才勉强过半。允许出席会议的候补委员只有9人，而扩大进来出席会议的各省市负责人，军队代表及红卫兵领袖就有74人。当时会议的紧张气氛令人窒息。会议有一个议程，通过《关于叛徒、内奸、工贼刘少奇的审查报告》。在表决"永远开除"刘少奇党籍的决议时，当代表们齐刷刷的手臂举起时，只有陈少敏大姐趴在桌上，用庄严的右手捂住左胸，以这种特定的方式，表示自己明确的态度和无愧良心……当时大红大紫的康生阴沉着脸找到陈大姐问：

“你为什么不举手？”陈大姐果敢地回答：“这是我的权利！”话虽不多，足以令人震撼。

第二天当套红的《人民日报》、《解放军报》等首都大报都刊登了八届十二中全会公报，全国的宣传机器，宣传“一致通过”时，像农村老太太打扮的陈大姐，用手中的拐杖敲着地，对前来探望她的老同志说：“一致个屁，我就没有举手！”

以上志士前辈不畏权势，唯实不唯上，对正义的坚守，对良知的无愧，值得我们敬佩、学习、借鉴。

现实中，有些畏惧权势的人，一味唯上是从，在理政时，是非不敢分，青白不能辨，使有理者，不得理，让无理者，理常在。这样就给群众一个法规形同虚设的认识，使人民群众对政府失去信任。

其实，凡唯上不唯实的人，都是为了取宠上司，进而实现自己的谋图。这些人，在政界也活得可怜。本人有脑子不能独立思考，有主见不敢大胆张扬，有目标不能直接奔赴，有理想无法奋力实现。一生也只能是个随在权势身后，仰人鼻息的应声虫……

要做一个秉公理政、刚正不阿、自尊自爱轻松自主的人，就不能仰附权势鼻息，必须唯实不唯上，依法不畏权。

2. 不徇私情

【不因人情选士】　宋朝元丰二年，苏东坡被贬黄州。当地有一名秀才叫李方叔，十分同情他，并经常看望、陪伴他。二人感情十分密切结为至交。后来苏东坡被召回朝廷重新启用，任翰林学士。适逢开科取士，李方叔也参加考试，考得不好。当时有个知情人去找苏东坡，想请他通融一下，让李方叔中个进士。当时，苏东坡作为主考稍加照顾便可使好友如愿。但苏东坡秉公正派地对知情人说：“为国造才，岂能为私而忘公。”并给李方叔写了封信，信中劝他不要用私人交情走后门，污损了自己的品行，应做一个大义凛然的君子。李方叔读后深为感动，并回书感谢他的开导。从此二人情感更加深厚。

【正直的王翱】 明朝王翱任吏部尚书十五年，始终保持公正、廉洁、刚介的品质。他执法公正，任贤报国，治家有方。王翱有一女，嫁与贾杰为妻。贾杰在京郊做官，王翱夫人十分喜爱女儿，不时去京郊接女儿回家省亲。贾杰便对妻子说："岳父是吏部尚书，将我由京郊调到京师任职，还不是举手之劳，易如反掌，这样就免得岳母来往麻烦接你了。"女儿见到母亲就将此意禀告于母亲，母亲也觉得有道理，因为在封建社会一人得道，鸡犬升天，比比皆是。于是一天王翱夫人备了一桌好饭，乘王翱开怀畅饮之际，很婉转地请求丈夫将女婿调到京师任职。谁知王翱一听大怒，仍然坚持原则，不给调任。

【痛恶民蠹】 在"中华民国"的奠基者中有一个与孙中山齐名的民主志士——伍廷芳先生，中华民国临时政府成立时，以自由派专家身份出任司法总长。1915 年反对袁世凯称帝，1916 年出任北京政府外交部长，次年代国务院总理。

在护法军政府期间，他对政界卖官鬻爵的腐败现象非常厌恶，一次他的一个亲戚受别人委托找他拉关系求官。伍廷芳一听，就很严肃地说：这种事我向来不干，而且痛绝鄙恶。官缺既从金钱上得来，那当官的人格卑污就可想而知了，将来少不了刻毒老百姓，对这种社会之蠹，我不能扫除就已深感惭愧，如果反而助纣为虐，那我成了什么人了？那个亲戚听了伍廷芳的一席话，只好离去。伍廷芳先生宦海沉浮几十年，一直洁身自好，为官清廉。他不仅在建设民主政治方面是一面旗帜，而且在倡导政治昌明方面也是一面旗帜。他去世后，人们给予很高的评价：在中国今日政治途中，能具确实主张始终不易者固不数见，能以德行纳政治于轨者尤不数见。伍廷芳先生兼而能焉。

【陈云教育后代】 1957年陈云收到革命后代上海松江县小学教师姜爱华的一封信……（姜爱华的父亲是陈云的老战友，1949年离世）陈云在回信中写道："我希望你不要对'革命后代'这几个字抱着不适当的想法，在现代社会中只能自己努力，自己奋斗。从革命后代方面得到优待对于一个自立人来说，并不是好东西，'自力更生'这是最可靠的，初次通信，我就这样说。似乎不客气，但是作为你父亲的朋友，我有义务提醒你，希望你像过去一样继续努力奋斗。"姜爱华收到信后，始终牢记着陈云的话，严格地要求自己和子女。

"私义行则乱，公义行则治"。回顾历史，哪一个时代，若以公心为重，就能上下同心，政通人和；如果挟私成风，必然上下异志，官腐民怨，政息国亡。现实中，为什么贪官"前赴后继"？其中不乏考察、任用缺乏科学性，但有相当因素是一些决定干部人选的主政者不能公正选人、徇私所致；为什么群众反响强烈的案子，久拖不立或久侦不破？就是一些司法人员徇私枉法，或一些人顾及私情不实述、不作证；为什么在一些竞争中出现一些不公平、不公开现象？也就是一些主政者徇私所为……所以，从政者，为了国家的安定，民族的昌盛。我们都应该摒弃徇私选仕、徇私枉法、以私损公、以私损他的丑恶现象。做一个刚正不阿、不徇私情、以民为本，捍卫正义，扬善抑恶、秉公理政的人。

3. 坚守规则

【敢冒天下大不韪】 1962年5月，最高法院院长谢觉哉到山西视察工作，在抽查法院案卷时发现"王为业反革命案"有可疑之处。

此案一审是某县人民法院。案卷说王犯趁我党整风之机，向毛主席、周总理和全国人大常委会写了十几封信，"谩骂领袖"、"攻击党的政策"，被判处10年有期徒刑。王不服判决，上诉到中级人民法院，中院反而认为判决过轻，改判为20年。后由于王“抗拒改造”，又被加刑四年。王仍然不服，又向省高级人民法院写申诉书，结果，省高院将其改判为死刑。

这种层层加码的判决，立即引起谢觉哉的警觉。他将该案的案卷看了又看，说：“人民群众对公社化、“大跃进”有不同意见，向中央和毛主席、周总理写信，这有什么罪？”便建议，各级法院对此案重新审判。

在当时“左”风日盛的情况下，重审这个案子，有人怕犯“右倾”错误，更怕将来追查责任。谢觉哉说：“如果不重审，这样的案卷存在档案室，几十年以后，我们这些人都死了，后人翻阅案卷时，会提出质问。写信都有罪，上诉还要加刑，这可怎么得了！”

王为业终于被改为无罪释放。谢觉哉为了不影响他人，对此事负责，特地在案卷上注明：“此案是谢觉哉改的！”

【不该发生的血案】 2012年8月27日，某市自来水公司内退职工石某因不满公司未同意招收其第二个孩子（第一个孩子已安排进公司工作）进公司工作，就乘公司领导成员正在开会时，冲进会议室，将汽油洒向领导成员并点火成灾，造成3死4伤。

血案发生根源何在？如果自来水公司坚持原则，不把就业岗位用于内部分配，而是公开、公平、公正地把机会公开给所有的竞争者，石某也许无话可说，此案也就不会发生……

这起血案提醒我们，一个单位、一个区域、一个国家，人们的不公平感越强，建立在不公平感基础上的要求就越多，因为只有提出更多的要求，才可能弥补面对不公平产生的那种巨大的心理落差。我们从政者，只有坚持原则、维护普遍的公平、正义、权利，才能驱散人们那种无处不在的戾气和焦虑。

【不该发生的围攻】 湖北钟祥县这个“高考强县”过去

几年高考舞弊泛滥，使人们把作弊当成了正常，上上下下都不以作弊为耻，反把作弊当作必须有的通行证。谁料2013年由于异地监考老师“不通情理”，导致一些家长在子女高考作弊上的前期巨大投入打了水漂。于是就发生了这年6月高考最后一天，愤怒的考生家长就高喊“我们要的是公平，不让作弊就没法公平”的口号并围攻殴打监考老师，差点演变成群体性事件。

几年高考舞弊泛滥，原因肯定不少。从一般考场作弊的情况看，主要原因可能是主政者为提升本地高考名次，主张监考勿严，再就是监考者受人之托，或怕惹麻烦，放弃责任，对现场作弊者视而不见，闻而不管……自然就催生出“不让作弊就没法公平”的畸形公平观。

当一个社会失去原则，出现礼崩乐坏的现象，规则被随意践踏，就会滋生这种让人匪夷所思的公平观：当人人不思生产而偷盗成风时，人们就会失去对偷窃的羞耻感，而觉得让其勤劳工作就是不公平，让其偷窃才公平；当浮躁虚夸成风气，求真务实就成为不正常了……这里的“公平”、“正常”已经失去了正义的价值内涵，没有了是非，完全沦为一种“无论好坏必须一样”的公平作恶权。

让人担忧的是，现实中有多少这种无原则、无是非的公平观，在人们心中飘荡。求人办事不送礼，就觉得不安心；做手术不送礼，就不敢上手术台；孩子上学不走后门，就觉得对不起孩子；想提拔不走门子，就睡不着觉……这样没有是非的规则，人们不以耻为耻，带来的必然是人们安全感的缺乏。人们一没有安全感，势必会以另一种打破规则的方式去寻求安全感。这样带来的另一种恶果是社会底线的沉沦。近年来，频频出现的群体打砸事件和个人纵火、凶杀报复案，就是例证。

无私才能无畏，无畏才能镇邪，镇邪才能扬善。从政者，一定要依宪治国，依法理政，坚守规则，保护法规，死守社会道德底线。使广大群众感觉在法律面前人人平等，给他们一个安全感，他们才会按照社会法律规则去做，依照社会公德要求去行。

4. 克急制怒

【急则无智】 1951年4月，日本横滨市某车站的电车突然起火。同车之中有106个乘客罹难，仅有少数几个幸运者得以逃生。根据逃生者说，车内一起火，由于车内人“过度恐惧”而着急慌张，很多人都将头先伸出车外逃生，结果大多都遭殃了……只有少数人沉着生智，运用杠杆原理，把自己悬挂在行李架上，然后把脚先伸出窗外，得以逃生……

【怒中覆灭】 第四次中东战争中，以色列一九0装甲旅旅长阿萨夫·亚古力与埃及第二步兵师先头部队遭遇时，三次进攻均被埃及军击退，便恼羞成怒，不计利害，要把剩余的85辆坦克孤注一掷，一决雌雄。埃及第二步兵师师长阿布·萨德见状，故意示弱诱敌，亚古力不知是计，冲进埃及预设的伏击圈，只20分钟，便全被埃及军包了饺子。

【急怒无好果（三则）】 三国时，东吴孙权联合魏国夺去了荆州，又将荆州守将——刘备的结义兄弟关羽杀死。刘备得知后，心中十分愤怒。他急于为关羽报仇，就不顾多年苦心建立的蜀吴联盟，对诸葛亮和群臣的劝告根本听不进去，亲率75万大军沿江东进伐吴。孙权得知后，立即派人向他求和，并自愿交还荆州，送还夫人（孙权的妹妹是刘备的妻子），缚还降将，和蜀国联盟，共灭曹丕。他都加以拒绝，一心只想报仇。孙权无奈就拜陆逊为大都督率兵迎敌。陆逊见刘备大军东进，士气旺盛，急于求战，就采取以逸待劳。双方对峙七八个月之后，刘备军队的供给困难，士气低落。当时正处伏天，刘备为了防止炎热和取水方便，便将营寨转移到山林茂密，取水方便的地方。陆逊根据刘备兵力分散的弱点，突然发动火攻，烧毁蜀军连营，蜀军大败，刘备突围退到白帝城，心情郁闷，一病不起，不久就离世而去。

张飞也为急于给关羽报仇，命令范疆、张达三天内办齐白旗白甲，两人觉得时间不够，要求放宽时间，张飞便怒火冲天，下令将二人打得浑身流血，仍令他们完成，若三天内办不齐白旗白甲，就要他们的命。范疆、张达私下商议，与其等张飞杀咱，还不如咱杀了他。于是二人便乘夜静更深，潜入军帐杀害了张飞，带上首级和一些亲信投奔了东吴。

一天，两个人绑了一个嘴被塞住的年轻人来见县官，说是个不孝之子，因为他打骂亲娘，才把他捆绑来。县官一听是不孝之子，怒火心头起，立即下令重打50大板。刚打完，一个老太太前来哭诉道：刚才有两个强盗把我儿子绑走了……原来，刚才打的就是她的儿子。

人生是买不到返程车票的。急怒的人一旦将理智的灯吹熄，绝不会循真理而行。历史上因急怒，致己疾病，亵己威信，取人贱恶，招人仇憾，损业丧身，酿成祸端的事例很多。现实中因一毫之拂、率众械斗，致人伤残、死亡；因一事之违，纵火投毒、凶杀，使自己身陷囹圄的也不少。

【情绪不好影响工作】　奥斯特瓦尔德是德国著名的化学家。一天，他由于牙病发作，疼痛难忍，情绪很坏。他痛得直转圈，走到书桌前，见邮来一位不知名的青年寄来的稿件，就拆封粗略看了一下，觉得全是奇谈怪论，就顺手扔进废纸篓里……几天后，他牙痛好了，又想起那篇论文中的“奇谈怪论”，就顺手又从废纸篓中找了出来，重读一遍时，感到很有价值，马上就给一家科学杂志社推荐。论文一发表轰动了学术界，后来竟然还获得了诺贝尔奖。

【心情沮丧勿决断】一个年轻人，冬天在森林中砍伐枯树作为取暖的木柴。春天他惊讶地发现那些被他认为是“枯树”而砍了的树居然在根部又长出了绿芽。他正后悔不已时，一位老人对他说："要记住，不要在冬天砍树，因为你那时看不到生机；也不要在心情沮丧时作决定，因为你那时看不到光明的前景。"

《孙子兵法·火攻》中就说："主不可以怒而兴师，将不可以愠而致战，合于利而动，不合利而止。怒可以复喜，愠可以复悦，亡国不可以复存，死而不可以复生，故明君慎之，良将警之。"人要做到清正不枉，就必须克急制怒。所以从政者，尤其是主政者，当心境不好时，不要作任何决定或决断政务，因为在不良的心境时，很容易使你判断出现偏差、失误。真正遇到急怒或心境不好时，要静静心，用冷水洗洗头，控制好自己情绪后再处置公务。

5. 谨防谗谄

【谗言亡国（二则）】 伍子胥原来是春秋时期楚国人，因楚平王听信了费无极的谗言，要杀害他全家，他才一人逃跑出来，投奔了吴国。在吴国他受到吴王阖闾的重用，辅佐吴王五战五捷，击败楚国的攻击。在攻击越国的战争中，吴王不幸受伤死于途中，他又以最大的努力，扶持吴王之子夫差继承了王位。当时夫差就提出要把吴国的一半江山送给他，都被他谢绝。伯嚭也是楚国人，也因受到费无极的迫害而出逃，在走投无路的情况下，听说伍子胥投奔吴国受到重用，也就投奔伍子胥。伯嚭到了吴国，在伍子胥的引荐下，竟然当上了吴国的太宰。一次伯嚭带兵与秦兵交战中，连战连败，险些被秦兵捉住，多亏伍子胥驰兵相救，使他得以逃脱。吴王当时要治他误军之罪，伍子胥又是极力劝阻，吴王才赦免了他。就这样一个被伍子胥举荐、相救的人，在收受越国送来的珍宝、美女的贿赂后，就一直在吴王面前进谗言，陷害伍子胥，终使吴王将伍子胥杀害。伍子胥被害不久，吴国就被越国打败，吴王面对败局长叹：悔不听子胥之言，致有今日之败，有何颜面去见子胥！便自刎而死。伯嚭自以为越王能赏赐他，而越王勾践则认为像他这样以怨报德、卖主求荣、贪财恋色的小人，绝不能留在身边，就让刀斧手将他斩首。

隋文帝原来是立长子杨勇为太子的，次子杨广因想谋夺太子地位，于是他投父母所好，使尽招数，博取父母的信任和宠爱。每当父母去他府上，他都将娇妻美妾藏于密室，只留老丑妇人穿上粗布衣侍候自己；撤去华丽屏帐，改用廉价素布；弄断乐器丝弦，撒上一层尘土。因母亲反对男人与妾生子养女，他就把庶出子女掐死，以示自己只和正妻生儿育女，处处显示以父母为榜样，勤俭度日，不近声色。就是父母身边的人来了，也丝毫不马虎，每次都到门口迎送，好生招待，又赠厚礼。所以凡来者，无不在其父母面前称其仁爱孝敬。另一方面，他用珍宝贿赂一些朝廷重臣，让这些大臣不时在文帝面前吹捧赞誉他，贬侮杨勇。他又用重金买通杨勇的近臣，让他们捕风捉影罗列一些罪名，在皇上面前告发杨勇……就这样，在一片谗言声中，隋文帝便将勤奋好学、善于词赋、宽仁和厚的太子杨勇给废了，反而把阴险毒辣，穷奢极侈，淫乱残暴的杨广册立为太子。杨广杀父欺母登基后，他奢侈腐败，好大喜功，大兴土木，役民劳众，穷兵黩武，军疲民惫，骄奢淫逸，游乐无度，周游全国……隋王朝也就很快灭亡了。

从政者，不要无故猜忌怀疑他人。用人不疑，谗言就很难入耳。当然最根本的办法，还是各级主政者，都应在自己权力范围内完善民主法治建设，以民主取代专制，以法治取代人治，从体制上设防谗言，才是最根本的保证。

【喜谄无好果】　易牙是春秋时期齐桓公身边主管“割烹之事”的小官，他使出浑身解数为桓公烹制各种美味佳肴。一天闲聊时，齐桓公说“惟烹婴儿之未尝”。这本是桓公信口而言，但易牙回家就把自己的亲生儿子弄死，做了一盘蒸肉，献给齐桓公品尝。桓公深为易牙忠心胜过爱子而感动，从此便对易牙另眼看待……相国管仲临终前告诫他要远离易牙、竖刁、开方这三个人。齐桓公还不解地问：我无意中说我未尝过人肉，易牙就将爱子杀了让我尝；竖刁为了侍奉我，不惜毁体净身为太监；开方放着卫国太子不当，甘愿做我的臣下，父母亲去世也不回去奔丧。他们这样忠于我，还不该重用么？管仲说："人至爱者，莫过于子，易牙为了讨你欢心，而杀其子；人至贵者，莫过于体，竖刁为了讨好你，而自残其体；人至亲者，莫过于父母，开方为得到宠位，致父母于不顾。他们三人舍弃至爱、至贵、至亲，连天性都没有，怎会对你有真爱？主公若不听臣忠告，将来后悔就来不及了。"桓公听了仍不解，问管仲，你为什么原来不说？管仲说："我原来不说，是因为你对他们很喜爱，怕给我带来麻烦。况且有我在，他三人虽如洪水，我如筑好的堤防，他们难以泛滥，如今堤防一去，恐有横流之患，故请主公及早罢斥他们。"管仲去世后，齐桓公也远离了三人一段。但身边无谄媚者，似乎不舒服，随着时间推移，就忘了管仲的忠告，又拒听鲍叔牙劝谏，重新任用了三人。很快齐国失去霸主地位，内乱不断。齐桓公年老有病后，三人在他寝宫周围筑起高墙，将他与外界隔离起来，只在墙脚开个小洞，早晚派人进去看他是死是活。齐桓公就是在这又饥又渴中孤独离世，死后由于内乱不止，70 多天不得下丧，尸体腐烂，臭气熏天，蛆虫乱爬，惨状目不忍睹……

【不慎成傻帽】 咸丰皇帝临死前，意识到慈禧对国家是个潜在危险，于是留了一道诏书给慈安：如果慈禧对国家大事乱发言，就把她处死。慈禧得知后十分惧怕，就极力讨好慈安。一次慈安得了重病，慈禧听说要喝人肉汤才能治好，就从自己的胳膊上割下一块肉熬成肉药汤，亲自送给慈安服用。慈安看到慈禧竟能割她的肉给自己熬药，十分感动。在慈禧的迷惑下，慈安竟成了大傻帽，反认为咸丰帝留给自己的诏书是多余的，就当着慈禧的面把诏书给烧了。从此，慈禧毫无顾忌，飞扬跋扈起来，慈安也命丧于她手……

慈安就不想，拍马屁的慈禧言行举止是否合乎常理……首先，一个人连自己的身体都不爱惜，还能真心爱惜别人？再者，当一个人爱惜别人到了血腥的程度，这种爱惜明显就变质了……

趋附谄媚导致惑上、乱政、误国、败法，加剧群体矛盾，加速政界道德沦丧，对政权稳固危害很大。所以主政者都应谨防谗谄之徒。

【狐狸与乌鸦】　一只乌鸦从一户人家叼出了一块相当大的干酪，飞上了一棵高树，想歇息一下再享享口福，吃掉这块美食。这时一只狐狸发现了它口衔的食物，很想吃到，可乌鸦在树上，不容易得到，于是就慢慢和它套近乎。“喔，乌鸦，”狐狸说，“你的翅膀多么漂亮呵！你的眼睛多么明亮！你的脖子多么娇美！你的胸脯和鹰的一样！你的爪子足以和所有的野兽对抗。哦，只可惜，你是一个哑巴，只缺少一副歌喉了！”乌鸦听了这甜言蜜语，心里很高兴。它得意地想，如果我呱呱地叫起来，将使狐狸感到多么惊奇。于是就张开了嘴，干酪啪地掉下去了！狐狸叼起干酪，飞快跑去……

【李沆做事无私】　李沆是宋真宗时的宰相，他为官正直，做事无私。在朝为官的都单独拜见过真宗进行过密谈，唯他没有。真宗不解，就问他何故。李沆说：“我任宰相，有公事就在朝堂向你公开申奏，为什么要密谈呢？那些约你密谈的，一种是进谗言的人，另一种是巧言献媚有图谋的人。我对这种作法极为反感，为什么去效仿他们呢？”

从政者，都应该明白：拍你马屁的人，私底下就根本看不起你。狐狸赞美树上口衔干酪的乌鸦，是为了吃到乌鸦嘴里叼的干酪。凡趋炎附势，阿谀谄媚者，都是奸佞之徒，谄媚的特征主要是利己性、实用性、欺骗性和无耻性。谄媚者用卑贱的态度向你讨好都是有所图谋的。历史上的谄媚者，有烹子进食的，有献女为妾的，有吮痈舐痔的，有喝尿尝粪的，有歌功颂德的，有鼓吹迷信的……都会使尽招数，用百倍的媚情去逢迎吹捧主子，甚至充当主子的鹰犬去诽谤陷害主子的异己。一旦他的图谋实现，他很可能做出过河拆桥的事；如果图谋不达，他可能会由自卑到仇恨，在扭曲心理驱使下，以十分冷酷残忍的方式加害于你。

谗言实可恶，谗言不会绝。但谗言可以防，谗言可不信。

【拒谗不枉】 宋代李沆当了参知政事，专门以方正重厚镇服浮躁，很反感人吹捧自己。秘书监胡旦曾与李沆同为知制诰，后来被贬到商州，他听说李沆当了参知政事，便立即写了一封信表示祝贺。信中攻击前四任参知政事，极力赞誉李沆，目的想要依附于他。李沆看后很不高兴地说："我真的比他们都优秀吗？这不过是遇到机会罢了。"在李沆任宰相期间，胡旦一直没有被起用。

【贬斥谄媚者（二则）】 南宋孝宗乾道八年端午节，光州知州滕瑞上书孝宗皇帝，他亲自写了"圣寿万岁"四个大字，约二丈余，用绢装裱奉献给皇上。孝宗说："滕瑞不修地方政治，专思谄媚于上，特降官一级。"

明嘉靖十三年，朝天宫道士张振通作《中兴》颂诗二十一首献给世宗，乞求皇帝恩赐序文。原想歌功颂德，献谄希恩，结果皇帝不仅不赏脸，反而以"僭越狂悖、希图进用"的罪名，命令逮捕讯问，最后遣遣。嘉靖二十六年，给事中陈棐作《箴诗》十章献给世宗，想借此献媚拍马。不料皇上大怒，认为陈棐是舞弄文墨，妄将此诗比同天语，甚为狂僭。陈棐诚惶诚恐，急忙服罪，最后被调外任，可谓求荣得辱了。

【上司放个屁下属唱台戏】 明朝的万历皇帝，登基时年方十岁。朝中大事，全委于他老师、文渊阁大学士沈鲤阁老处理。一次，沈鲤代万历巡视江南。回京时，准备顺便到归德府（今河南商丘）老家看看。为了不惊动地方官府，他青衣小帽，轻车简从只带了几个贴身护卫，悄悄回到家中。

第二天，归德府知府便知道了沈鲤返乡的消息，急忙备上一份厚礼，到沈府拜见。沈鲤因知府是当地父母官，来了不见不妥，便接见了他。知府呈上礼单，被沈鲤婉言谢绝。二人扯了一阵闲话，沈鲤正想送客，忽觉肚子发胀，浊气下降，想要放屁。考虑到自己官居极品，在下属面前放屁有失尊严，沈鲤只好强忍着慢慢将屁放出。

知府惯于溜须拍马，察言观色，忽见沈鲤面有难色，如坐针毡，忙问："阁老大人有何为难之事，可否与卑职讲明？"沈鲤摆摆手，说："不妨，老夫不过想通通气而已。"沈鲤年迈古稀，说话跑风，知府将"通通气"听成了"听听戏"，忙一揖到地，说："阁老大人放心，卑职敢不从命？一定照办。"沈鲤心想：我放个屁，你照办什么？忍住笑，送走知府。

知府回衙后，马上传令，在衙门里搭上了戏台，又命全城所有的戏班子都到衙门，专拣拿手戏演，由他亲自选几出好戏，好请阁老大人来听戏。一时间衙门里锣鼓喧天，丝竹齐鸣。戏子们一个个粉墨登场，舒水袖，放歌喉，闹得比戏园子还热闹几分。

三天后，知府选好了戏，忙去请沈鲤。谁料沈鲤两天前就走了，并给他留下一封书信。他拆开一看，不由得愣了。原来，信上写的是一首打油诗："上司放个屁，下属唱台戏。奉劝贵知府，拍马需仔细。"

以上故事的主人翁，他们身边的"马屁精"不敢说绝迹，至少不会兴盛。现实中为什么在一些地区、部门奉承拍马之风那么盛行？在一些官场圈内，出现骨鲠正直者受排斥；阿谀谄媚者得重用。这恐怕就是有些“马”爱让人拍。如果“马”不吃拍，拍一下就给拍者一蹄子，拍者何敢再拍？相反，喜欢人拍者，拍马者必聚其周围，争相竞拍。因为拍马奉承者无须投入什么，只是要耍嘴皮，讲些甜言蜜语，就能得到上司赏识重用，何乐而不为呢？一旦拍马谄媚之流得到提升，他也必然喜欢唯唯诺诺，奴气十足的拍马者，照此蔓延，无须太长时间，许多领导岗位不就都被奴才占据，那我们祖国未来将会怎样？因此，不论是谄媚者，或是喜人谄媚者，不仅有损自己的人格尊严，而且毒化社会风气，侵蚀国家肌体，乱政殃民。所以，从政者都应该做一个自尊自强，勿媚于人，又不喜人媚的正直人。不为私利而取悦于人，不惧权势而奉承于人，不昧良心而讨好于人，不图虚荣而喜欢谄媚之人，保持人格而斥责谄媚之人。为了实现祖国富强、民族振兴、人民幸福，就必须远离趋附之人。

【狗凶酒酸】 宋国有个酒家，买卖公平，对人恭敬，酒很醇美，人们都愿意去买他的酒。但突然近来没有人去买他的酒了，使他的好酒因贮积得时间长都变酸了。酒家询问原因时，一长者才告诉他说：你家最近养的狗太凶了。酒家问狗凶与卖酒有啥关系？长者说：谁愿意冒着被凶狗咬伤的危险去买酒喝？

防止谗言、谄言入耳，就要远离那些嫉贤妒能、反复无常、阴险狡诈的奸佞之人。常说人是非，必是是非人。当面说你好的人，不一定是好人；能当面给你提意见的人，一定是好人。要明白：服从命令而有利于人民的叫服从，服从命令而不利于人民的叫谄媚；违反命令有利于人民的叫忠职，违反命令而不利于民众的叫叛变。

从政者，尤其是主政者，首先，一定要“近贤臣，远小人”。对那些与你套近乎，讨你喜欢，拨弄是非的人，要加以提防，多接近那些人品高尚、公道正派的人，多听取他们对人际、事理的意见，使自己的言行决策，尽量少出错误。

其次，要警惕容易养成的三种习气：一、不爱听逆耳之言。因为刚上任的领导，都很谦虚谨慎理政，差错就少，征求意见时，人们也说不出意见、建议，多是称赞之词。这样你听习惯了赞扬，就听不得批评，随着时间延长，甚至把给自己提意见的人当成不支持自己的人。开始只是疏远敢于谏言的人，进而就会发展到讨厌正直敢于直言的人，久而久之就连不称赞你的人也会遭到贬斥，这就是耳朵听惯了赞扬，就容易形成喜欢阿谀奉承而厌恶逆耳之忠言。二、不爱见刚直之举。因为求真务实的领导，下属敬从的就多，这使得你就习惯于下属对你毕恭毕敬的态度，时间一长，对不毕恭毕敬的下属就会视为不尊重自己，接着就会疏远他们，这样久而久之必然形成喜欢柔顺而厌恶刚直之举。三、不喜欢违背自己决定的人。因为能力强而且英明的领导，下属和群众常会有发自内心的称赞，长期在称颂声中，就会恃才傲物掉以轻心，久而久之，就会把自己的想法当作是正确的，把自己的决策看作是真理，不愿听到不同意见，就形成一种喜欢顺从者，厌恶不同意自己决定的正直之人的习气。一个主政者，一旦养成这三种习气，必然喜欢小人而厌恶君子。

最后，要时刻做到“三自”：自知、自重、自爱。

一、自知，老子说过“知人者智，自知者明；胜人者有力，自胜者强”。人贵有自知之明，自知就是实事求是地、辩证地看待自己。自知与进步结伴，不自知与落后同行。小至个人，大至群体、国家、民族，当一种社会力量处在上升时期，总有一批自知之明的人，引领、促进事业、社会的发展；反之，没落时期，也总有一批缺乏自知之明的人，加速事业、社会的崩溃与灭亡。所以，一个主政者，要做出有益于人民的建树，心中必须有一把客观的尺子，既不能妄自菲薄，又不可夜郎自大，真正使自己成为一个虚心纳谏的人，一个有作为的人，一个有益于人民的人，这才是自知的真正含义。

二、自重，就是要恪尽职守，忠于自己的职责，时时出以公心，克制贪欲，行己有耻，不图虚荣，不谋私利，就自然“壁立千仞，无欲则刚”。

三、自爱，就是要珍视群众的信任，爱护自己的声誉。千万不能一听吹捧就忘乎所以。要时刻牢记“棒能杀人，捧也能杀人”的哲理。更不可一有威信就狂妄无忌，只许奉承，不许谏言。

6. 忌偏细察

【偏见使农业落后】 原来，在生物遗传学上存在两大派别：一派是以1933年获诺贝尔生理学和医学奖的美国摩尔根（1866~1945）为首，创立了基因学说，提出基因控制着生物的遗传与变异。一派是以苏联米丘林（1855~1935）为首，致力于通过外界环境的作用，定向地培育新品种的研究，如用嫁接的方法培育新品种。他们的主要分歧还在于：摩尔根学派认为生物体中存在一种叫基因的遗传特殊物质；而米丘林学派则否认这种物质。摩尔根学派认为后天获得性不可遗传；而米丘林学派则认为生物的后天获得性可以遗传。前苏联农业科学院院士李森科（1898~1976），打着“米丘林遗传学”的旗号，给摩尔根学派戴上“反动的”、“资产阶级”等政治帽子，倚仗政治权势，压制和排斥持不同学术观点的学派，使学术争论变成阶级斗争。他把前苏联著名的摩尔根学派的瓦维洛夫逮捕入狱，（使其死于牢中），在高教部门开除了一批反李森科观点的教授，关闭了摩尔根学派的实验室，取消了一切摩尔根学派的课程。

由于这场闹剧，严重影响了当时苏联的农业生产，以致在“二战”期间苏联闹了粮荒。当时有人就说：李森科间接地帮助了法西斯希特勒，李森科是苏联人民的罪人，是生物科学界的敌人。因为中国当时是一边倒，因此，也排斥了摩尔根遗传学，同样农业生产也遭到严重损失。苏联和中国两个“兄弟国家”也因此拉开了与世界农业科学发展水平的差距。

争论的目的是通过争论而发现事物的规律和本质；争论的结果会使人类越来越聪明，使知识成为无穷无尽的力量。前苏联挑起的所谓遗传学争论，其实不是什么争论，而是带有狭隘的阶级偏见、依靠权力围剿不同学术观点的闹剧，是十足的霸权主义、个人崇拜、狭隘的民族主义在学术上的一场表演。

《贞观政要》中记有这样一段话：“明君为之明，在于博采众议；昏君为之昏，在于误信偏颇之辞。”偏见就是没有正当充足的理由，凭自己的想象而把对方想得很坏或很好。一个主政者有了偏见，就会导致行为的偏颇和事业的偏废。回顾我们国家，不论是20世纪50年代的反右、反右倾。还是“文革”十年内乱的发生，都是由于偏见造成的行为决策失误而形成的。所以说，“偏见比无知离真理更远”。

在现实中，我们有些领导新到一个部门，往往爱搞一朝天子一朝臣，本任不用上任人。必然形成部门人才资源整合不好。使一些遭贬斥的贤良之辈发挥不了作用，用一些无能之人又无作用可发挥，这样奸佞之徒极有可能乘机得势，部门工作也就势必出现日渐衰败。

所以一个从政者、主政者，防止偏见不仅是与人相处的需要，也是一个部门、群体、国家用人决策的需要。尤其一个部门、区域的主政者，在用人决策上，千万不可先入为主，凭空想象，防止偏见。

【孔子错怪学生】 孔子率领他的学生到列国周游讲道。在去蔡国和陈国的路上被困，一连几天都没吃上饭。颜回只好向人乞讨，碰上一个好心肠的老大娘给了他几盒白米。颜回拿回去，一会儿就把饭煮熟了。孔子刚好睡醒过来，闻到饭香，就出房探望。刚出房门，就看见颜回正从锅里抓了一把米饭往嘴里送。孔子当时很不高兴，认为颜回竟如此无礼，饭熟了竟一人抢先吃起来。孔子返身回到屋子里，一会儿颜回就端了一大碗白米饭送到孔子面前说："请老师先食用。"孔子说："刚才我睡梦中见到去世的父亲，让我先用这洁白的米饭来祭奠一下他老人家。"颜回听了急忙阻挡说："不行，这米饭正煮时，不小心把一块炭灰掉到上面，我想倒掉，觉得太可惜，又不能把弄脏的饭给老师吃，我刚才只好将沾上灰的米抓来自己吃了。这掉过灰的米饭是不能用来祭奠的，何况我已先吃了一口。"孔子听了，才恍然大悟，他感慨地对弟子们说："要认识一个人可不容易，不要被表面现象所蒙蔽，一定要究根问底，这才是做学问、认识问题的根本方式。"

社会上，现象和本质、真情和假象、说的和做的、明的和暗的，有时可能正好相反。世上的话，有人把笑话当真话讲，有人把假话当笑话说，不论真话假说，假话真讲，都需要深入、细察地了解，才能得其真谛，切不可听风就是雨，妄加武断。

【细察清源】 澄波在乡镇工作，一年正值村级"两委"换届，一天一个村民反映，他村的村委李主任从村办厂往家里拉过一车木板。为了对干部负责，澄波就带上小赵到村里调查。他先找到那位村民，村民说他并未亲眼见，只是听厂里一位工人说。他又找到那位工人，工人说他也未亲眼见，只是听厂里的门卫说，李主任从厂里拉了一平车木板。他们又找到工厂门卫，门卫说，那天快下班，李主任从厂里拉走一辆平车，手里还拿了一小块木板，他已经写到登记簿上了。澄波又找到保管和厂长了解后，才真相大白：小平车是前几天厂里清理卫生借李主任的，用完未给李主任送去，李主任用车时才来取的；那块小木板，是一个订货单位急需一批小风扇底座，李主任原来在厂里拉过膜胚，出活快，厂长求他帮忙救个急，李主任才将一尺见方的核桃木板拿回家，连夜做好膜胚，第二天一大早交给厂长，才保证如期交货……后来，澄波在换届领导组会上讲了对此事的调查经过后，深情地对同志们说：李主任将私车借给集体用，又义务加班给厂里做膜胚，却三传两传，以讹传讹，竟成了他的一桩恶行。我们吃的、穿的、用的，哪样不是来自劳动群众？我们能为他们办多少好事，那有个能力问题，但绝不能因为我们疏忽、懒惰、怕麻烦，听讹信讹而给基层干部造成伤害、遗患，这可是自己的良知问题啊！

澄波能得出李主任是善行不是恶行，就是他深入细察了解的结果。在现实生活中，有一些官僚主义领导，对下属的工作情况不深入了解，全凭下边上报材料认定优劣，以致形成“官出数字，数字出官”的现象，一些假大空者，得宠提升，笃功务实者挨批遭贬。还有些地方，下去检查也不少，只是做样子，不深入群众了解，只是看看被检查部门准备上报的材料，听听被检查部门的汇报。更有的检查组到下边，不看工作实情如何，在评分、排名次时的依据主要看地方招待的标准高低、让玩的尽意程度，以及走时赠送的礼品贵贱如何……这样不仅不能对下属工作评出令人信服的好坏优劣，还会败坏政界的风气。古人管子说过：“不审不明则谬，不察不聪则过。”所以从政的领导，一定要克服官僚主义的习气。不论对下属工作的考核，还是对人的评价，或对事理的判断，一定要深入实际，深入群众，审慎细察。

纵观古今中外，不论是王朝的覆灭还是官员的落马，无不与其当政时不立德、不修德、不践德有关。无不与官僚主义、脱离群众有关；无不与其奢侈腐败、贪占纵欲、徇私枉法、作风不正、丧失人心有关。

所以，每位从政者，尤其是领导者，一定要以史为鉴，以人为鉴。勤俭廉政，“贵而不骄，富而不奢，行理而不惰”。即：职位高，权力大而不骄横，家室富裕而不奢华，做事理政遵循正理而不松懈。常修为政之德，常思贪欲之害，常怀律己之心，把做官的过程当作提升自身政德境界、践行为人民服务宗旨的过程，密切联系群众，真正做一个廉洁清正、高尚纯粹、行大道的具有中国特色社会主义的实践者、建设者、奉献者。

二鉴　用贤任能

“得到贤能的人，国家就会昌盛；失掉贤能的人，国家就会衰亡。”从古到今，没有不是这样的。一个从政者，不论你主政一个单位、一个系统、一个区域，乃至一个国家，能否治理好，事业能否兴旺，关键就在于你的助手和下属的管理者是否是贤能之人。所以，从政者，尤其是主政者，一定要用贤任能。一定要用那些道德崇高、理想远大、信念坚定、世界观价值观正确的人，再在这些人中选用能力强善管理的人担任领导者。要做到用贤任能，就必须重视人才，善辨人才，使用人才，爱护人才。

（一）重视人才

1. 尊重人才

【月下追韩信】　韩信自幼熟读兵书，很有将才。刘邦与项羽争夺天下时，项羽的叔父项梁带兵路过淮阴，韩信就投奔了项梁当了兵。项梁死后，韩信就跟随项羽当了一名小军官，他曾多次为项羽献计献策，项羽都不重视，韩信感到十分失望，就投奔了刘邦，刘邦也只让他当了名小官。一次，丞相萧何遇到韩信，俩人谈得很投机，萧何认为韩信是个将帅之才，并三番五次给刘邦推荐，但没有引起刘邦的重视。韩信得知刘邦不肯重用自己，一天，就趁着无人注意时逃离了。那天刚从外面因公务回来的萧何得到韩信离走的消息后，就不顾疲劳、不顾天黑，连夜骑马乘着月色追赶，辛苦追了两天，才把韩信追了回来。刘邦在萧何苦苦举荐下，才筑坛拜韩信为大将。韩信智勇双全，在楚汉相争时立下赫赫战功，使刘邦夺得天下，建立了汉朝。

【三请诸葛亮】 刘备很注意选用人才，一段时间，他手下虽有关羽、张飞、赵云等猛将，但没一个善于出谋划策的人。他经常走访名士，寻求人才来辅佐自己。当他得知隆中卧龙岗卧龙先生诸葛亮见识不凡，胸怀大略，是杰出人才时，就选一个好日子，备好礼品。带上关羽、张飞前去请他。去后才知道，卧龙先生外出未归，只好怅然若失地回来。第二次刘备带关羽、张飞去请时，正值隆冬时节，路上寒风刺骨，大雪纷飞。三人到了诸葛亮家，才知道先生回来后又出门去了，又失望而归。第三次去请时，已是风和日丽的春季，到卧龙先生家门口，书童说先生正在午休，要他们等候一时。当时刘备已有很高的声望，关羽、张飞见义兄受到如此冷落，很不高兴，但刘备脸上毫无不快的神色，他让关、张留在院门口，自己静候屋外台阶下，直到诸葛亮睡醒后，漱洗更衣完才得相见。刘备极其谦逊诚恳地请诸葛亮出山，帮他实现宏大抱负。诸葛亮早就听说刘备礼贤下士的名声，又听书童说他三次前来的情况，便慨然应允。从此，卧龙先生就投身于政治军事斗争中，成为蜀汉栋梁，使刘备打下了光复汉室的根基。

我国历史上凡是取得成功的明君，在用人问题上都是能够做到用贤任能的，他们不仅把重视和选拔贤能作为安邦治国的一项国策，而且都能礼贤下士，对贤能人才都很尊重。纵观历史，商汤礼贤伊尹，文王渭水尊吕尚，周公“一沐三捉发，一饭三吐哺”，齐桓公拜仇人管仲为相，唐太宗以人为鉴重用魏徵等，都是礼贤下士尊重人才的明君。他们之所以能留下辉煌的业绩，也都是在礼贤下士、重贤任能的基础上取得的。

古人云：没有始终安定的国家，也没有永远顺服的百姓。

得到贤人辅佐就安定昌盛，失去贤人就导致灭亡。所以，从政者，尤其是主政者一定要尊重人才。只有你尊重人才，你才能得到人才。如果你像对奴仆那样对待人才，那你得到的人才也会是奴仆。所以，各级主政者不要轻视一句请坐、一个微笑、一杯开水，它都是你尊重人才的广告……

2. 广揽人才

【不拒一技之长的人】　公孙龙在赵国的时候，曾经对他的学生说："无能的人，我是不交的。"一天，有一个人，穿着布衣服，系着破腰带，登门向公孙龙自荐说："我有个绝技，擅长呼喊。"公孙龙便问他的学生："你们当中有善于大声呼喊的人吗?"学生们回答："没有。"于是公孙龙就说："那就收下他吧，把他登记在学生名册上。"过了几天，公孙龙前去游说燕王。走到一条大河边上，渡船却停在对岸，公孙龙就叫新来的学生呼喊，那人只喊了一声，渡船人就听见了，便将船摇了过来。

【礼遇小才大贤必至】　齐桓公为了得到天下贤士辅佐，费尽心机，他在宫廷前燃起巨大的火炬，表示日夜随时迎见各地前来投奔的贤能之士，可火炬点起很长时间，没一个人来投奔。一天，一个自称贤者的乡下人前来。齐桓公立即接见，恭敬地问："先生有何见教?"乡下人挑起大拇指说："我会念算术口诀'小九九'!"齐桓公就觉得好笑地说："小九九口诀，乃末流小技，也配前来?"乡下人严肃地说："大王，你的过错就在这里!我听说你宫廷前求贤火炬点燃很长时间，没有人来，这是因为大王是贤能君主，广大贤士觉得自己不如你，所以就不敢来，我会'小九九'，大王如能以礼相待，还愁其他贤士不来吗?高耸巍峨的泰山是由颗颗砾石组成；江海浩瀚，是因为聚集了涓水细流。诗经上说：英明的国君有事能请教农夫，这样才能集思广益，治国有方。"乡下人的一席话，说得齐桓公心服口服，立即以隆重的礼节接待了乡下人，并安排好食宿，以礼相待。这件事传开后，不到一个月，果然有许多贤士能人前来投奔。

俗话说：烂棉套也有堵墙缝之用，况人乎。圣人处世，不拒有一技之长的人。现在招揽人才方式有鼓励举荐的，有张榜招贤的，有考试竞赛的，有利用伯乐辨才的和通过信息渠道的等等。在应招的人才中，不仅有高级的、中级的、低级的之差；还会有管理型、研究型、操作型等，这就要求我们人力资源部门的同志，绝对不能有“嫌低爱高”、“看文凭，轻能力”、“重管理，轻研究”、“赏识领导层，低视操作者”，对一时用不上的有一技之长者，也要以礼相待，纳入人才库，以备需要时用。

广揽人才是愿望，人才济济是目的。广揽人才，是每一个主政者，尤其是组工干部的主要职责，这就要经常深入基层，深入群众，什么人才都要发现。就像药店人员上山采药，什么药材都采，回来再分类、加工保存，有需用的就能信手拈来。

3. 贤能是举

【奴隶任国相】 商王盘庚的侄子武丁，从小就被父亲小乙送到民间生活。他不仅学会了种田等生产技能，养成了俭朴的生活习惯，还结识了不少能人，并和一个名叫傅说的奴隶交上了朋友。傅说见武丁没贵族架子，能吃苦耐劳，不歧视奴隶，就把自己所知都讲给武丁，武丁也很喜欢傅说聪明、能干，学识渊博。盘庚死后13年，武丁成了商朝第22个国王。他深知想治理好国家，一定要有贤臣辅佐，他就想到了比自己大二十多岁的朋友傅说。但傅说是奴隶，一下让他主持朝政，又怕贵族大臣反对。于是他以在梦中见到先王商汤给他推荐一个贤人为名，按梦中所见贤人的形象，让人画出画像，四处寻找。终于在傅岩山（山西平陆）找到一个和画像一样夯士筑墙的奴隶。特使将傅说带到京城让武丁一看，武丁眉开眼笑，连连点头说：“正是此人。”第二天武丁就在朝堂上宣布解除傅说奴隶身份，任命他为国相。傅说也很朋友的感激知遇之情，他殚精竭虑，为国操劳，短短3年时间，就使商朝国富民强，人丁兴旺，盗贼绝迹；对外战争每战必胜，众国宾服。原来不服的贵族大臣，也都心悦诚服了。

【“四善”就用】　唐太宗认为理想的人才应该是德才兼备的四善之人。即“德义有闻”、“清慎明著”、“公平可称”、“恪勤匪懈”。“为官择人，唯才是举，苟或不才，虽亲不用，如其有才，虽仇不弃”。“赏赐不避仇敌，刑罚不避亲戚”，才能把国家治理好。

唐高祖在位时封为郡王的几十个皇亲国戚，太宗登基后，除了有功勋者仍保留郡王外，其他一律降为县令，对具四善者，则大胆使用：

李渊起兵入关后，见王珪有气度、有见识，便让他做世子府咨议参军，成为李建成属下。李建成被立为太子后，王珪担任太子中舍人，不久转任太子中允，很受太子礼遇。玄武门之变李建成被杀后，太宗因王珪有德有才，就任命他为谏议大夫。

冯立，原来也是李建成部下，玄武门之变后，他很快向太宗请罪，太宗责备他说：“你在东宫，暗中离间我手足，这是你第一罪；玄武之变中你出兵杀伤我很多将士，这是你的第二罪，难逃死罪。”冯立伏地哭泣说：“各为其主，为主效命，职责所在，无所顾忌……”太宗见他诚心认错，就安慰勉励一番。不久突厥来犯，冯立对亲人说：“莫大之恩，有幸获免，终当以死报答。”就立率数百骑前去迎战，杀俘多人。太宗听说十分高兴，就委任他为广州都督。广州前任都督多半都贪赃，危害百姓。冯立到任后，不经营产业，勤政敬业，对百姓很体贴、实惠。

在唐太宗任用的宰相中，魏徵原来是瓦岗寨义军，后在李建成手下，并一再劝告太子早对太宗下手；李世勣、张亮原来也是瓦岗寨义军；宇文士及、封德彝，原在宇文化及部下；杜淹、戴胄、杨师道，原是王世充部下；刘洎、岑文本原是萧铣部下；温彦博原是罗艺部下；褚遂良原是薛举部下。

在贞观24名功臣中，程知节、秦叔宝原是瓦岗寨的；虞世南原是窦建德部下；尉迟恭原是刘武周部下；张公谨原是王世充部下。

在著名的18学士中，李玄道、许敬宗原是瓦岗寨的；苏世长、孔颖达、李守素、刘考孙原是王世充部下的；褚亮原是薛举部下的；蔡允恭原是宇文化及部下的。至于功臣、宰相、学士中原来是隋朝旧臣的那就更多了。唐太宗作为一个胸怀宽阔的大政治家用人没有门户之见，不拉帮结伙，不搞山头主义，而搞五湖四海。只要是德才兼备的贤人，就大胆提拔，充分信任，放手使用。他用人既十分广泛、又非常全面的，从他任用的人中可以看出：

（一）不分亲仇。既有亲友，又有过去对立面、仇人。

（二）不分民族。既有汉族，又有少数民族。

（三）不分地域。既有北方人，又有南方人。

（四）不分门第。既有世家大族，又有寒门子弟。

（五）不分文武。既有文臣，又有武将。

（六）不分新老。既有新提拔的，又有元勋老臣。

唐太宗的用人理念，值得我们各级从政者、主政者借鉴。回顾我们的用人路线，自20世纪50年代后期开始，虽然讲的是“有成分，不唯成分，重在政治表现”，但实际下面在执行过程中，成分、社会关系对一个人的提干、使用起到了举足轻重的作用。形而上学的血统论，使大批德才兼备的知识分子受到不公正的待遇，人才被浪费……这不仅是个人的不幸，也是国家和民族的不幸。在以阶级斗争为纲，突出政治的年代，尤其十年“文革”中，将刻苦钻研、踏实肯干为发展生产力，为人类造福的人才，当作“修正主义”、“白专”加以批判，而使一些缺少真才实学的政治投机分子，只会“积极表态”、“斗争”的人，品质低劣的人被轻易选拔上来，进入干部队伍中。十一届三中全会后，虽然提出从组织上进行清理，但在一些区域、部门、基层则落实很差……这部分人，有些在领导岗位上，多年接受教育培训，也为人民做些尽职尽责的事，成为合格干部。但有些在政界多年正面的没学多少，反面的学的不少，以致成为政界蛀虫。

人才的标准就是德才兼备，以德为帅，以才为资。凡能实实在在为人民造福，为发展生产力，为社会事业作出积极贡献，为人类前进作出奉献的人就是人才。

对于人才，不分地域、民族、出身、贫富，贤能是举，使他才尽其用，用得适时，才华展尽，就是对人才的重视。要是人为设置一些条条框框去限制人才的成长，阻止对人才的使用，让人才难尽其才，就是对人才的轻蔑和无视。各级领导和组工干部应该清楚明白。

4. 秉公用人

【让贤无私】　楚庄王的令尹虞丘子为政十年，很有政绩，但他自觉年迈，从国家长远考虑，向庄王推荐孙叔敖接替自己职位。孙叔敖上任后也不负所望，办事公正，执法严明。一次虞丘子的管家勾结坏人打死了人，被官府抓住。这时有人对孙叔敖说：“你能当上令尹，都是虞丘子的推荐，现在他的管家犯了法，在处理上你应照顾一点。”孙叔敖说：“有法不依，执法不严，恐怕虞丘子也不会同意吧？”孙叔敖依法惩处了虞丘子的管家。有一个想当令尹，且一直对孙叔敖嫉妒的人，跑去见虞丘子，挑拨说：孙叔敖严惩了你的管家。虞丘子听了，就立即见楚庄王说：“怎么样，我说孙叔敖能当大任，你信服了吧。”

虞丘子无私让贤，不仅使孙叔敖才华得到施展，对他秉公执法的支持，更是对人才的一种尊重。

【任人唯亲，乌江自刎】 秦朝末年，刘邦和项羽起义反秦。刘邦广集英才，任人唯贤，而项羽却搞任人唯亲，他所任用的不是他姓项的宗亲，就是他妻子的弟兄。陈平一开始也是敬佩项羽的威望而投奔他，想在他手下施展才华，实现抱负。但当陈平看清项羽不能任人唯贤的缺点，就又投奔了刘邦。在刘邦建立汉王朝中，建立了不少功勋。项羽终因兵败乌江自刎而亡。

“得人才者得天下”。楚汉相争，楚败汉胜，因素固然很多，但项羽任人唯亲、弃才不用是他兵败于汉，乌江自刎的一个重要原因。

【用人不徇私（二则）】 宋璟是唐玄宗的宰相，他以身作则，奉公守法，任人唯贤，在历史上很有影响。一年冬天，朝廷依例选拔官员。有一个叫宋元超的人，自称是宋璟的堂叔父，公然提出要一个肥缺职务。吏部为了讨好宰相，便立即呈报相府。宋璟看到后，就立即提笔给吏部写了一道公文：宋元超确实是我长辈，然而国家任用官吏，决不能徇私情，望你们秉公处理。文件刚发出，宋璟又想，自己虽不以私害公，但下属仍有可能顺水推舟，照顾人情。于是又将文件收回改为：从前宋元超不提起与我的关系，自然要公事公办，依例授职，现在他既已讲明条件，“事须矫枉”，应当免去他的官职，以儆其余，避免此类事件再发生。吏部接到公文，只好依宋璟意见办理。

1930年杨虎城出任陆军整编第十七师师长。他的亲弟弟杨茂三便从家乡来找他，求他在部队里给个副官差事。杨虎城感到弟弟虽然为人诚实可靠，但他文化低，少机变，怎么能随便任人唯亲呢？于是就让弟弟去骑兵团喂马。杨茂三认为哥哥不办事，一气之下竟不辞而别，回老家去了。

【赐钱不许位（二则）】　东汉孝明帝在位时，他的姐姐馆陶公主想为自己的儿子谋个一官半职，就去找孝明帝让给她儿子一个郎官职位。明帝不答应，但却赐给她千万钱，说："郎官派到地方就是一县之长，如果任人不当，那当地人民就要受其害，所以我不能答应你的要求。"

柳直荀烈士遗孀李淑一女士，解放后以教书为业，随着年龄增长课程繁多，身体难支。有人求毛泽东将她推荐到北京文史馆当馆员。毛泽东以文史馆资历颇严，曾荐了几人没被录取，未便再荐，加以拒绝，只以自己稿费给以资助。

宋璟身居相位，不仅没让叔父谋上肥缺，还免去了现有官职。杨虎城用人无私，不给弟弟任副官，反让其喂马。孝明帝不给外甥一个郎官做，却赐姐姐千万钱。毛泽东以稿费资助对革命有功，与本人熟识的李淑一女士，却不推荐她去文史馆工作。说明了他们不以私谊而废公事，不因感情而弃原则的奉公境界。他们之所以"轻厚赐"而"重薄位"，不任人唯亲，是他们明白：为官失才，祸害百姓的道理。以上秉公用人的前贤，很值得我们现在主政者学习、借鉴。

重视人才，就要秉公用人。这既是治国的需要，也是对人才的尊重。你如果只是口头上重视人才，而实际工作中任人唯亲、用人徇私，弃才不用，不仅是对人才的蔑视和不敬；而且真正的人才也不会接近你，更不会真心为你出力。

司马光在《资治通鉴》中说："臣闻用人者，无亲疏新故之殊，惟贤不肖之为察。"司马光在这里提出了一个是任人唯贤还是任人唯亲的标准——选贤，还是选不肖。选拔干部时，不论关系亲疏、远近，德才兼备的就任用，就是任人唯贤。不以德才为准，只找亲属、亲近者任用，就是任人唯亲。

任人唯亲，从本质上讲是封建思想的产物。社会发展到现在，就是资本主义社会开明的资本家，如果子女不肖，宁把他养起来，也不肯把企业交给他。而我们一些领导干部却置国家利益于不顾，围绕个人利益精心编织关系网，任人唯亲。这样“官员世袭”、“权力集团化”就日渐显现，这种腐败现象，不仅使广大干部群众对政府的公信力锐减，而且大大挫伤了平民出身的人才的自尊心和积极性、向上性、奉献性。

当然，理性地说，官员的后代、亲属不是不能从政当官，只是有些官员的亲属提拔，既缺乏合法性，又缺乏科学性。认真反思主要原因有：

其一，现时制度，有权力提拔干部的是少数主政者，不是广大干部群众，所以就使一些主政者，在选拔干部时，无视那些德能勤绩的佼佼者，一味斜着眼从自己的子女，亲属中选择。自己能做主，就拍板；不能做主的，就上蹿下跳求上司、找同级、给下属打招呼，让其提拔子女、亲属。这样势必出现“官员世袭”、“权力集团化”的现象。

其二，现在各县市的书记、县长、副书记、组宣部长、纪检书记是外地人，其余常委、副县长、人大、政协班子成员全是本县人，而且他们都是在本县从基层上来的，工作了20多年，影响力很大的干部。也会使一些外地主政者处于无奈之下，为了稳定地方势力，也只得从他们的子女亲属中提拔一些人。这一届提几个，下一届又提几个……被动性地提高同僚下属的积极性，彼此影响，长此以往就会形成一种风气。

要扭转这种现象和风气，除了加强教育外，其一，一定要在干部选拔上清除一切背离民主的思想、体制和做法。使党管干部在符合民主基本规则的范围内运行，以接受群众监督，取信于民，获得更多的执政合法性。其二，“千里做官”值得借鉴。上世纪改革开放初，就有副县级以上干部不得在原籍任职的规定……

重视人才，不是说说而已，而是体现在实实在在的行为举止中。主政者尊重人才，一定要贤能是举，秉公任用。

（二）善辨人才

1. 善于发现

【兵营识帅才】　汉文帝一天到京城长安周围慰劳将士，鼓舞士气。先到灞上，文帝的随从车马飞驰入军营，无人过问，驻地的将士，无不毕恭毕敬列队迎送。又到棘门驻地，文帝的随行车马长驱直入，畅通无阻，将军率领部下，诚惶诚恐，小心接待伺候，忙个不停。最后文帝到了周亚夫驻地细柳。细柳驻军身披铠甲，手持刀枪，个个威武雄壮，处于戒备状态。文帝的先导先到，守卫不准他们进入营门。先导说："皇上马上就到，我们是先导，要早进入安排。"但军门都尉说："将军有令：军营里只听将军命令，不听其他人指挥。"一会儿，文帝的车马到了营门口，军门都尉还是不让进入。文帝也未发火，只派一个使臣拿着符节传旨给周亚夫。周亚夫见到符节，立即传令："大开营门。"军门都尉这才让文帝的车马进入营门，并对文帝的车骑说："将军规定，在军营内不准车马疾驰奔跑。"文帝就令勒紧马缰，慢慢行走……慰问完毕，文帝把细柳的驻军和霸上、棘门的驻军作了对比，他感慨地说："灞上和棘门的驻军，对待外来进入军营的车马，好像儿童做游戏那样随便，这样毫无戒备的军队，是很容易被敌人偷袭的。周亚夫治军严谨，军纪严明，戒备森严，敌人很难战胜他们。"不久，文帝就拜任周亚夫为保护京师的武官。在文帝临终时，还一再叮嘱太子说："如果将来国家发生紧急情况，只有周亚夫能担当领兵的重任。"后来，在景帝前元三年，发生了吴楚七国之乱。景帝遵照文帝的遗言，提升周亚夫为太尉。周亚夫不辱使命，只用三个月便平息了七国之乱。

【以文察人】　马周（字宾王），自小父亲去世，家境贫寒，但好学不倦。他寄宿在中郎将常何家，当时太宗命文武百官上书谈论治国得失。马周就给常何陈述国家应办的二十多件事情，并替常何写成奏章。常何呈上奏章，太宗看了很有新意，对常何有这种才能感到奇怪。太宗问常何，常何才说出是家客马周所写。太宗当天就召见马周，交谈了解之后，确实能力不凡，就将他安置在门下省授予监察御史之职。并因常何发现人才有功，赐帛三百匹。马周上任后，果敢、机敏、正直，敢于谏诤，后来位至宰相，备受朝中众臣赞誉。

【过路识好官】 北宋大中祥符三年，殿直范延贵为天使在执行公务时，路过金陵。金陵知府张咏问他："天使大人，沿途可曾发现有好官吗?"范延贵说："我经过萍乡，发现了一个好官。"张咏又问："何以见得?"范延贵说："我一踏入这个县境，看到道路桥梁修整得很好，休耕的田地都耕过了。我到茶馆酒楼看了看，也没有见有赌博的，集市贸易井然有序。到了夜间，更鼓准时分明。所以我感到萍乡县宰治理政事不错。"张咏听了笑着说："萍乡县宰张希颜是个好官。"于是就上书朝廷推荐了张希颜。

文帝慰劳将士发现帅才、太宗以文察人发现相才、天使范延贵路过以实绩选拔人才，都很实在。

我们现在一些组工干部，考核干部不知该怎样考核，考核什么。就知道听汇报看材料，召开座谈会……程序都对，内容变味，这样考核出的优秀干部很难说是优秀的。

唐代韩愈说过："世有伯乐，然后有千里马。千里马常有，而伯乐不常有。"他把贤能之人比作千里马，把好的管理者比喻为善于相马的伯乐。在这里韩愈既强调了杰出人才，更强调要有善于发现人才的管理者。以上故事中的主人公，值得当政者学习借鉴。主政者重视人才，不仅尊重人才还要善于发现人才，只有这样，人才才能成为人才。否则，人才再多，主政者不能发现，那人才也会被埋没而白白浪费。

2. 善于识别

【闲聊的发现】 宋朝仇泰然，大观年间任明州知府时，很欣赏府中一幕僚，想向上举荐。一天他在闲聊中问这位幕僚："你一天花费要多少？"幕僚说，家中十口人，一天要用一千钱。泰然吃惊地想：我一郡之长，费用都没有这么多。一个幕僚家境不裕，又不节俭，花费比我多一倍，岂有不贪？所以就放弃了举荐的念头。

【三千步里识人】 晚清曾国藩颇有善察人之名，一次，李鸿章带了三个人向他推荐请他任命差遣，当时曾国藩刚吃过饭正在散步。他有饭后缓行三千步的习惯，所以那三个人都随行恭候。

散完步后，李鸿章请他接见那三个人，曾国藩说，不必了。在散步时，三个人我都观察了，第一个人低头不敢仰视，是一个忠厚之人，可以给他一个保守的工作；第二个人喜欢作假，在人面前很恭敬，等我一转身便左顾右盼，将来必定阳奉阴违，不可任用；第三个人双目注视，始终挺立不动，他的功名，将来不在你我之下，可以委以重任。后来三人发展，果然不出所料，而第三个人就是后来开发台湾有功的刘铭传。

缓行三千步，就能看出三个人的品质、能力。其实，一个人的品性，是可以从他细微的形态动作中看出来的。曾国藩高明就在于，散步中不动声色地仔细观察三个人，这是一场未事前通知的考试，因此，三个人的表现也都发乎本性，没有矫揉造作之态。

【无意的表现】 十个优秀的大学生去应聘，经过层层选拔，就剩下最后一道关口：见董事长。他们一起来到董事长办公室，董事长向他们问好后，就说自己先出去办点事，十分钟就回来，让他们先等一下。董事长走后，十个大学生就开始在董事长办公室乱翻，有翻看书的，有翻看报纸的，有翻看资料的……十分钟后，董事长回来，一见此情景，就说："你们最后一关结束了，你们都回去吧。"结果十个所谓的优秀大学生一个也未被聘用。

【手势的显示】 《聊斋志异》里讲一个故事：一个青年向一位老者借钱，老者答应了。青年取钱时，老者与他聊一会儿后，便找了个理由拒绝了。青年走后，有人问老者，为何答应了又不借呢？老者说：闲聊之间，他发现那青年手的动作老是赌博的手势，我要是把钱借给他，不放心。

【八观六验】 古人对考察人提出了八观六验。

八观，即：

一观他显达时，看他尊重的是哪些人；

二观他荣贵时，观察他所任用的是什么样的人；

三观他富有时，观察他所供养款待的是哪些人；

四观他平常言行是否一致；

五观他业余时，嗜好是否正当合法；

六观他得到信用时，观察他的言谈是否与正道相应；

七观他困苦时，观察他是否对非分之财有所不受；

八观他卑贱时，是否对非义之事有所不为。

六验，即：

一验，使他喜悦，考验他能否保持操守；

二验，使他快乐，检验他是否有邪念恶行；

三验，使他发怒，检验他能否节制怒气；

四验，使他恐惧，观察他能否自持；

五验，使他哀伤，检验他能否自制；

六验，使他困苦，考验他是否能坚守其志。

以上故事主人公识人之术和古人提出的"八观六验"，从生活举止细微处发现、识别人的真伪、善恶，很值得组工干部借鉴。

识人、识面、难识心。识别人，不仅听其言，更要观其行。尤其善于发现，在有意时掩饰、伪装的，在无意中暴露出的致命缺点。

3. 深入考察

【问计察人】　三国时，郭嘉投奔袁绍，但过了一段时间，他发现袁绍“好谋无决”，难济天下大事，就又投奔曹操。曹操召见后，就与之“论天下事”。曹操问：“袁绍占有冀州、青州、并州，地广兵强，却多次对我有不逊行为。我想攻打他，但兵力不如他，我该怎么办?”郭嘉答道：“刘邦、项羽相争，兵力悬殊，但刘邦智慧比项羽强，到头项羽还是败于刘邦。以我之见，袁绍有十条必败之由，你有十条必胜之据。”接着郭嘉从“道胜”、“义胜”、“治胜”、“度胜”、“谋胜”、“德胜”、“仁胜”、“明胜”、“文胜”、“武胜”十个方面分析了曹优袁劣，并进一步为曹操献计说：“现在，袁绍正在北击公孙瓒，可利用他远征的机会，东取吕布。如不先取吕布，吕布会帮助袁绍，这是一大害啊!”曹操听了，连声称是，高兴地说：“使孤成大业者，必此人也。”

【让群众裁判】　厂长负责制实行不久，一个工厂在厂长的人选上报了两个人，从系统报来的材料看，两人基本上是旗鼓相当，组织部长就决定亲自到厂里考察。到厂里，他先在全厂干部职工大会上讲明了来意，并诚恳希望大家一定要说实话，选好人，大家才能在好人的带领下把厂里的生产搞好，厂里生产一好，同志们的生活才会好。讲完后，就随机按厂里在册人员的顺序逢单号都亲自逐个谈话。一整天不休息才谈近半数人，第二天，他就接着让逢5号、10号的人谈。谈完后，正要离开，厂里有人反映说：名册上老职工都在前面，所以找老工人谈得多，新工人谈得少，怕意见听不全面。于是部长就又从名册上从后往前逢单的再叫谈，除已谈过的，又叫到第一天的一半为止，才整个结束。原来，两个竞争者中有一个在工人中散布说，县上某领导已表态让他干厂长，因此给系统领导和一些职工心中投下了一个阴影，大家在公开场合都不敢明确表态。还是在部长逐一谈话时，才说出内心话……根据多数职工意见，新厂长上任后，工厂生产、销售形势很好。

以上故事不论是问计察人还是让群众裁判，全是随意、单个面谈、直接听到的结论。这比听间接汇报要直观可信得多。

《贞观政要》中说：正确地了解人自古以来就是难事。要真正了解一个人，就必须到他工作、活动区域的基层群众中去深入考察，广泛征求民意。既要看到他公开的一面，又要看到他隐蔽的一面；既要看到他的外在表现，又要看到他的内心世界；既要看他疏远什么人，还要看他亲近什么人……才能对其德、能、勤、绩，有所了解。

然而，在现实生活中，有些地方对干部的考察了解，缺乏深入广泛、求实的精神。上级对下级推荐干部的考察时，只到下级看看报告，即使召开座谈会，也是由下级找些“听话”的人参加说说好话，就是有些人有不同看法，因担心给自己惹下“麻烦”也不愿说。这样很容易使一些缺德少才的人堂而皇之地得到提拔。

试想，这样走过场的考察，对被考察者能有多深刻的了解？难怪现在纷纷落马的贪官半数以上都是原来考察不科学，“带病提拔”的。

“带病提拔”是吏治的严重失误，也是为腐败推波助澜，造成腐败升级的主要原因之一。因为“带病提拔”，给了腐败分子更高职位、更大权力、更广平台，使得他们的胆子更大、条件更优、贪心更重。

认真反思“带病提拔”，当然与带病官员善于伪装、擅长潜伏有关，但主要还是组织部门考核干部民主不到位、缺乏科学机制所致……

白居易在《放言》诗中云："赠君一法决狐疑，不用占龟与祝蓍；试玉要烧三日满，辨才须待七年期。周公恐惧流言日，王莽谦恭未篡时；向使当初身便死，一生真伪复谁知。"白居易在这里强调鉴别人才的两个基本方法，第一，试玉要烧三日满——实践；第二，辨才须待七年期——时间。这是符合唯物主义认识论原理的。所以我们组工干部部门的同志，在考察干部时，为了真正了解被考察者的社会公德、职业道德、个人品德、家庭美德。一定要扩大干部选拔上的民主，多让群众参与，这样才能详细了解，不被假象迷惑，做到用人无误。

近年来，随着以经济建设为中心的发展，一些主政者对"发展"经济认识上产生了误区，把"发展是硬道理"片面理解为"经济增长是硬道理"，又把经济增长简单化为"GDP决定一切"。在这种片面发展观的指导下，一些地方出现了以经济数据、经济指标选干部的片面政绩观。造成一些地方政府专搞一些"形象工程"、"政绩工程"、"虚假现象"，结果给地方发展带来了包袱和遗患，并引发了诸多的社会矛盾和问题。再如："稳定压倒一切"也是近年来最时髦的话，也是考核下级时"一票否决"的内容。一些地方为了达到"零上访"，往往采取"人民战争"的方式保重点，可以不顾给正常工作、发展、社会带来不便和负面效应，诉诸各种维稳行动，形成一种压力维稳。还有些领导认为任期有限，更不想花大力气从根本上化解矛盾，解决纠纷，而是掩盖矛盾、压制矛盾，维持现状。致使基层群众的诉求得不到解决，形成对抗政府的群体事件发生。因此，组工部门在考核衡量干部政绩时，除了坚持群众公议，注重实绩的原则，还要完善考评内容。比如：对主政领导的考核，应把发展思路是否正确，发展战略是否合理，能否处理好数量与质量，速度与效益，物质与精神的关系，作为主要内容。在考评中既要看经济增长，也要看政治、社会、文化建设的成果和生态文明建设的指标完成情况。因为各地实际情况各异，考评也应有不同要求。我在基层工作多年，深感在贫困地区基层工作的同志更吃苦。如若唯 GDP，那富裕地区干部年年能评上，贫困地方的干部终生无望。所以考评干部时，经济增长是政绩，生态保护和建设也是政绩，为后任做基础的铺垫工作，更应是政绩；拓宽城市道路、建设市民游乐公园是政绩，改造棚户区，解决山区百姓出行难、吃水难、危房改造，更是得民心的政绩。因为这更能反映主政者笃功务实的品质。

古人云：听取言论不如观察事情，观察事情不如观察行为。听取言论必须审查其来源、动机，观察事情必验证实际情况，观察行为必须考证事情的前因后果。把这三方面综合起来分析，才会少出差错。所以，我们组工干部一定要以古今的经验、教训为鉴，在考评干部时，下沉一级，采取个别谈话，重视来信来访。真正深入到民众之中，查验询问。不能像井里的葫芦，看似深入，实际仍在水面，怎能了解到水下实情？只有沉下去，深入底层，深入百姓之间，广闻博察，才能辨评出真正的以民为本，廉洁从政，笃功务实，情为民所系，利为民所谋的焦裕禄式的好干部。不至于把一些人的潜伏着后患的工程、有损于整体利益的局部工程、有损于长远发展的眼前工程和纯为搞形式的“花架子”工程视为政绩而妄加任用。只有这样，才能让有为者有位、使吃苦者吃香，让诚信务实者有誉。才能使投机者无隙，遏制住社会上的跑官要官现象。才能在政界形成一种勤政为民、笃功务实、廉洁公正的良好风气。

4. 层层筛选

【“霍布森选择”】 霍布森是一个英国商人的名字，1631年他在卖马时声称要把马放出栅圈，供买家任意挑选。可是他还附加有一个条件：只准挑最靠近门边的那一匹。这个条件的提出，就等于不准人家挑选。于是缺少选择的选择，国外就称之为“霍布森选择”。

选拔人才，一定要扩大视野，依靠群众。不能神秘化，只在熟悉的面孔中兜圈子、就地打转。也不能只凭个别领导提名或少数决策者提名，让群众投票表决。应该动员群众在群众推荐的基础上，进行“宝塔形筛选”，一层一层都有一个淘汰过程。据说国外对体育运动人才的选拔有的就是这样（巴西足球运动员）。

【自下而上层层筛选】　昕江县在20世纪80年代中期，改变了在干部调整中，提拔谁才考察谁的做法，对干部实行了半年普遍定期考核一次，使组织部随时掌握干部的思想、工作、作风情况。调整干部时，不再临时下去考察，就能推举最佳人选。而且在推举人选上实行了严密的层层把关机制。具体做法有：(1) 在推荐上，领导、干部、群众都可以举荐或自荐。班子推荐的，必须是自下而上层层推举的多数群众意见。上报时也要将不同的领导意见一起上报。(2) 由分管干部者，认真梳理后选出考察对象。(3) 青干组的同志到其单位，先安民告示后，就采取单独面谈。对涉及被考察者品质、智能及性格，引导同志尽量用具体事例说明，对一些关键事要尽力查清。(4) 考察后由青干组依据考察结果，从中确定一定数量的后备干部。(5) 确定为后备干部的，两年内不能提拔，在此期间，还要对其进行半年一次考核，随时优进劣汰。(6) 县委调整干部时，由青干组从后备干部中选出职级相当，性格互补，年龄合适的两倍名单交干部组。(7) 干部组从名单中选出1.5倍人选送交部办。(8) 部办提交部务会从中确定正选和两个后备人选。(9) 常委会上，正选不行，就提后备的，后备的也不行，就由组织部再按程序推选，下次常委会再议，在常委会上不能临时动议。

这种层层把关筛选干部的机制，随着时间的考验，干部队伍形象的转变，不仅得到广大干部群众的认可，也激发了干部群众对组织工作的关心和支持，不时有干部、群众、老干部到组织部推荐干部和反映一些干部的情况。

昕江县在选用干部方面为什么能得到广大干部群众的认可？

首先是自下而上层层筛选，因为基层群众对人品看得比较重。基层都是务实的，只有脚踏实地地把工作做好做实，才会得到同志和群众的认可。这样选出的干部在能力、为人，尤其是道德品质上不会出现什么大的问题。如：已经落马的原解放军总后勤部副部长谷俊山看上去很谦和，但不踏实，走上层路线，战友大多都不喜欢他。在全团党员评议中，他多次获得“差”评。如果当时能深入听取战士意见，他绝不会上升到副部长职位。

其次，在选拔的过程中，哪个层面都没有自主确定权，即使被初次定为后备干部，两年内亦不得提拔，还要经过半年一次定期考核，这样就会如《群书治要》中所说：“根据一个人的言论来判断人品，人们就会用技巧来修饰言语；如果是依行为来判断人品，人们就会尽力充实内在的德行。”这样真正为国爱民的有志者就会更加严于律己，防微杜渐，奋发向上，经过几年努力，品德就会更加优秀。就是有些一时选不准的也会在任后半年一次考核中被淘汰。

再次，不论是对确定为后备干部的考察，还是半年一次的定期考核，不是“头头对头头”、开座谈会、走走形式，而且单个与群众面谈，听真话、体民意，使群众真正成为第一裁判。

最后，提拔后还要在工作实践中接受群众识别和半年一次的任中考核检验。

昕江县在选拔干部上的做法值得借鉴。为什么现实中有那么多跑官、要官、买官的人？主要是考察提拔的机制有问题。为什么现实中有这么多干部出问题？应该是我们的“选人关”

不科学。形成在提拔的干部中有些是上级点名“点”出来的；有些是招商引资“招引”进来的；有的是凭裙带关系“带”进来的；还有不少是一人得道鸡犬升天“升”起来的；有些就是用钱“买”进来的。这样进来的人怎能会不出问题？如果一改过去选拔、考察干部的做法，任用副乡镇长、副局一级的干部都在全县大学生村官及相应的股、班、所长一级大学生中选拔；凡是没有在基层做过群众工作，没有基层工作经验，一律不能提拔为领导干部。任用乡镇长，正局一级干部都在全县副乡镇长、副局级干部中选拔；任用副县级、副处级干部，就在全市（区）正局级干部中选拔；任用正县级、正处级干部，就扩大到在全省副县级、副处级干部中选拔；任用副地级、副厅级干部，应在全省正县级、正处级干部中选拔；任用正地级、正厅级以上干部，就扩大到全国范围内选拔。不要提拔谁考察谁，自上而下都坚持半年定期对干部考核一次，将考察和监督融为一体，不仅有利于干部的培养，也能遏制一些人跑官要官，贿选拉票的现象。

东汉王符在《潜夫论·考绩》里说：治国理民最重要的政事是察知贤能，而察知贤能最好的办法就是考核实绩。如实考核政绩，是治是乱就十分清楚，是否好坏务实就能辨清，真正的贤能就不会被埋没而得不到任用，奸佞小人也无法掩饰其奸佞行为。剑不试就不知是利是钝，弓不试就不清楚有力还是无力，鹰不试捕猎就看不出是机灵还是笨拙，马不试跑就辨不出是宝驹还是劣马……如果，对官员不考核实绩，真正贤能之人就会被压制，而能说会道、虚伪狡诈之徒就会得到提升。

治国理政，重在用人。要想用人正确，不仅要在各级干部的选拔上不断扩大民主程度，坚持从基层开始，层层往上筛选，切实加大竞争力度和群众参与裁判的程度，还要建立执行严格的“举荐、考核、用人失察追究责”和“干部能上能下”的制度。

（三）使用人才

人才的使用贵在用当其才，合理组合，用人不疑。

1. 用当其才

【扬长避短（二则）】 美国南北战争时，有一个叫史特的指挥官，虽然作战勇猛，但性格急躁，在一次战役中行动冒进，吃了败仗。有人建议将史特撤职，林肯就将史特召回后方。但林肯并没有撤史特的职，反而将他任命为后勤部的高级军官，职位反而升了一级，让他专门负责前线物资补给工作。有些人不理解，林肯说，急躁的人不大适合指挥战争但适合军队的后勤补给工作。战时物资供应贵在及时、充足，他性急，一般不会拖拉、懈怠。果然不出林肯所料，史特负责后勤供应工作后，前线物资供应从未出现过问题，因此受到林肯多次表扬，并获得二级军功章。

美国南北战争期间，林肯总统任用过三四位将领，这些没有明显缺点的将军，在拥有较强的人力、物力的优势条件下，反而一个个被南方的李将军手下的将领打败。林肯分析了对方的将领：从贾克森起，几乎都有明显的缺点，但都善于指挥打仗，所以，才打败了自己手下没有明显缺点，也无打仗特长的将领。分析清楚后，林肯毅然决定起用格兰特将军为总司令。命令一出，舆论哗然。有人直接找到林肯说：格兰特好酒贪杯，难当大任……事实证明，林肯选才选对了。格兰特的受命不仅成为美国南北战争形势的一个转折点。格兰特还凭借他宽容厚道的感召力和人格魅力，后来成了美国第18任总统。

英明的领导，不会放弃任何人才。他不会因人才有缺陷，不用其长，也不会因其过而掩盖其长，弃之不用，他都会合理选择用当其长。求全责备是人才选用中常犯的毛病。美国管理专家杜拉评论此事说过：倘要所用的人没有短处，其结果至多只是一个平平凡凡的组织。有高峰必有深谷，谁也不可能是十全十美。选人才犹如选美玉，因为世界上罕有无瑕之玉，而多有无瑕之石，要是见瑕而弃玉，就只能得到无瑕之石了。

用人要把人的思想品质放在第一位。金无足赤，人无完人。在选拔干部上，对一些因经验不足或不可预料而出现一些失误过错的同志，不要吹毛求疵、求全责备，但对因品质所使、有意而为的过错失误，不能忽视。德为才之帅，才为德之基。人们常说，德才兼备成大事，有德无才成小事，有才无德要坏事。任何情况下，“成小事”都比“要坏事”强。在选拔干部上一定要把德放在首位。在把握人才与非人才的界限上，主要应分清：一、思想活跃、雷厉风行、敢说敢干，有理想、有抱负与狂妄自负、盲目蛮干，不计后果的界限；二、坚持原则、尊重领导与唯上是从、阿谀谄媚的界限；三、处事稳重、考虑全面与胆小怕事、回避矛盾的界限；四、作风民主、善于团结与好人主义、是非不分的界限；五、工作失误、考虑不周与品质不好、有意而为的界限；六、能言善辩与口是心非、口蜜腹剑的界限。要是忽视道德人品，让一些品德低劣，善搞假大空，自负狂妄之徒掌握了权力，不仅上司难以驾驭，势必祸害一方；要是让一些口蜜腹剑、吹牛拍马的人在领导身边，必然挑拨离间，乘势掌权；要是让不孝不仁不义之人当了领导，决不会廉洁奉公，全心全意为人民服务……

【选准定位（二则）】 东汉末年医学家华佗医术精湛，救死扶伤的美名在民间广为传播，就被当地官府举为“孝廉”。按当时的制度，被举为“孝廉”的人，都要提任当官。可是华佗拒绝不去。几年后，又聘任他到太尉府为官，他接到委任状，还是不去。他说：“我不适合做官，我擅长的是医术，如果我周旋于官场，那民间就会少一个良医，官场就会多一个庸官，于国于民都不是件好事。”

1952年11月8日正在美国某大学任教的爱因斯坦突然接到邀请，让他就任以色列共和国总统。他不慕权贵，谢绝了这一邀请，说：“我对自然界了解不多，对人就更一无所知了。”“我整个生命都在同客观物质打交道，因而既缺乏天生的才智，也缺乏经验来处理行政事务及如何公正待人。为此，本人是不适合如此高官重任的。”

用当其才，就要找准人才的定位。了解其爱好特长，属哪方面人才，再适当用之。华佗、爱因斯坦，面对权位，淡泊名利，选准自己人生定位，才使自己一个成为一名古代名医，一个对物理学作出了巨大贡献。

【破桶的启示】 一位农夫只有两只水桶，而且有一只桶还有道裂缝。农夫每天就用一根扁担挑着两只水桶去河边挑水，每次到家时有裂缝的水桶里总是只剩下半桶水，而另一只桶却总是满满的。就这样，日复一日，农夫天天只能从河里担回家一桶半水。

完整无缺的桶，为自己的完美无缺得意扬扬，而有裂缝的桶自然为自己的缺陷和不能胜任工作而羞愧。一天，有裂缝的桶终于鼓起勇气向主人说：“我觉得很惭愧，因为我身上有裂缝，一路上漏水，只能担回半桶水到家。”农夫则安慰它说：“你没注意到，在你那一侧的路沿边我种的花都已开出了花，而另外一侧却没有花？我知道你漏水，于是在你那一侧的沿路边都撒了花籽。我每天担水回家的路上，你都给它们浇水。两年了，我经常从路边采摘些鲜花回来装扮我的餐桌。如果不是因为你的所谓的缺陷，我怎么会有美丽的鲜花装扮我的家呢？”

每个人都好比有裂缝的桶，各自都具有这样或那样的不足和缺点。倘若我们都怀着包容的心，仔细发现对方的长处，并且能够扬长避短，我们的社会一定会变得更加轻松愉快和丰富多彩。

至宝必有瑕疵，良工必有不巧。世界上自古以来，无一人是无所不通，样样知晓的。人才如器，有其长必有其短。清代诗人顾嗣协就有诗云：

骏马能历险，犁田不如牛；
坚车能载重，渡河不如舟。
舍长以就短，智者难为谋。
生材贵适用，慎勿多苛求。

知人善任，就是要发挥人才长处，避开其短处。如果不顾客观情况，一定要让诸葛亮上阵杀敌，让张飞去出谋划策，岂不是“抓住黄牛当马骑”吗？

且不说过去由于过分强调计划分配，而忽视人才的自主调节与社会需求调节，使我国花费好多人力、财力培养的人才所学非所用造成严重浪费。就是在现实中，一些领导乱点鸳鸯谱，让学技工的去搞行政领导，让做手术的去搞农业，让搞科研的去搞后勤也比比皆是……

天生我材必有用。是要用当其才，扬长避短，选准定位才能让人尽其才，才尽其用。如果盲目乱点兵，“舍长就短”，即使再优秀的人才，也可能使他成为庸才、废才，甚至坏才。用当其才，就好比灵巧的木匠选木材做家具和盖房子一样，挺直的木材做车子的辕木，弯曲的木材则做车轮的材料；又粗又直的安排做栋梁用，较短的做斗拱边角之用。无论是挺直的还是弯曲的，长的短的，粗的弯的都使到适当的用场。同理，英明的领导使用人才时，是智谋之士就让他出计谋，脑子笨的就用他的气力，有勇有谋的则用他的勇谋，胆怯的就利用他的谨慎……

【勉为其难（二则）】　某洗浴中心的一个修脚工，技术很好，态度也很和蔼，常被职工评为劳模。随着人气的兴旺，竟被上司一下提升为饮食服务公司的副经理。由于他不懂领导艺术，也不善言谈，对工作也说不上计划安排，使单位工作越来越乱。同事有意见，本人也感到力不从心，很苦恼，便要求回原单位，重操旧业。他返回原单位后，仍干修脚工作，却如鱼得水，很快又得到大家认可，工作也更加出色。

小靳庄过去很有名，村支部书记“文革”时就被提任为宝坻县县委书记，在那内乱的岁月里他也说了些错话。粉碎“四人帮”后，人们批判他，他很不理解地说：“当初是你们让我到县里，现在你们不让我干又批判我，你们说的那些理，我连听都听不懂……”说完就拎起行李骑上自行车回家了。他回到村后，带领群众致富颇有成就。群众就又选举他为村支书，当时有些人就不同意，还是时任天津市委书记李瑞环说：“他是党员，多数党员都选他，有什么理由不同意呢？”他重新担任村支书后，村里工作又干得非常好，群众也很拥护。

【糊涂上下】 孙键，原是一个烧锅炉的，在“文革”中当了国家副总理，在副总理位上也说了一些昏话。下台后，他对人说，自己糊里糊涂上去，糊里糊涂下来，他也不明白到底是怎么一回事。在后来整党时，有人提出他是“三种人”，应把他开除出党，还是李瑞环做主，将他留在党内。孙键知道后很是感动，跑到天津市委组织部大哭一场。回到单位后，工作同样干得很好，又得到大家好评。

《六韬·举贤》中说：根据每个职能的要求来选用人，按官职的职级、责任去挑选人；考核德能，使官员的实际才能与官职的职级要求相符合，这才是得到举贤任能的正确方法。用当其才，不仅要考虑能质，还要考虑到能级。既要考虑同一层面不同行业需要的不同类型的人才，还要考虑同一行业中在纵向的不同层次所需要的不同类型人才。否则，也会做出如上边故事中“硬逼鸭子上架”、“强赶母鸡下河”的蠢事。在人才使用上要把握好能级原则，注意能质与能级的差别。能质不同，能级不能相比，更不能“平行顶替”。特别是各种专业技能与领导管理才能，不能等同。据北京社科院发布的《北京法治发展报告（2013）》显示，高学历、高职称的干部，其受贿犯罪呈边“评优”边腐败的特点。也说明，并不是所有学者都适宜做官。学问是学问，仕途是仕途。职称高不一定综合素质高，业务能力强也不一定等于拒腐能力强。对在专业、技术上有特长者，就应让其在专业技术上做学问，不可盲目“学而优则仕”。要是非让一些做学问的学者，当个什么官，很有可能不仅废了本人的专长，也影响所从事的领导工作，还可能使本人不慎跌跤，毁了终生。领导、管理才能是一种特殊的本领，要有一种特有的气质。当然，也不是说从事科学技术业务人才不能担任管理、领导职务，如果本人具有管理、领导的素质，也能担任。但要依其能质、能级水平，合理安排。在实践中干得好的，就“仕而优则学”，送其进修学习，提高能力，继续提升，担当重任。

【一定不要让他担任别的工作】　一次，列宁邀请高尔基一起去参观一种新的军事发明，它是亚历山大·伊格纳切夫发明的。看完后列宁心情高兴地说：“在评价一个人的时候是多么容易犯错误，我以前只知道他是一个忠诚的老同志，却不了解他有这方面的专长。”接着又问道，“你说，伊格纳切夫还有发明吗？一定不要让他担任别的工作啊，如果我们能把所有这些技术专家都安排在理想的工作环境里，那么，二十五年以后，俄国一定会成为世界上的先进国家。”

“一定不要让他担任别的工作”。这是列宁出自对人才的爱护，也是用当其才，并尽力为人才发挥所长创造稳定的环境。这很值得我们学习、借鉴。对在专业工作中有起色的或在技艺比赛中获奖的人，不要轻易给他们头上罩什么副主任、副主席、副会长……一些光环。试想：一、他能胜任与否？二、这些在事业上刚有些起色的人，要是执着于自己有起色的事业，他就无时间、无精力尽这些光环应尽的责任，那不成了滥竽充数了吗？三、要是他想为光环尽些责任，势必使他不能静心发挥自己的特长，使刚有起色的事业有所荒废。四、这样做，极容易给官商结合打开通道，结果必然给本人和社会造成无法弥补的损失。

2. 合理组合

【不和谐的琴】 晋平公制了一张琴，大弦、小弦，粗细长短都一样。他叫盲乐师师旷来试琴。师旷弹了一整天，始终弹不出正常的曲调。于是，晋平公就埋怨师旷弹得不好。师旷不服，解释说："一张琴，大弦和小弦，就像君和臣一样，各有各的作用，相互配合，才能弹出优美和谐的声调。现在您把琴弦都弄成一模一样，就失去了应该有的体统。这叫我怎么能弹出和谐的曲调呢？"

琴弦必须有长短粗细之分，才能弹出优美和谐的声调，晋平公把琴弦做的一模一样，却要师旷弹出动听的音乐，这怎么可能呢？配好一个领导班子，组合一个好的人才群体，和做琴事不同而理同。配班子，将全是好人组合在一起，不会是一个好班子；将全是能人组合在一起，也不会是个好班子。不仅不会得到"$1+1\geqslant 2$"的效果，还会收到"$1+1<2$"的负值。

【干部配备是门科学】 江波任县委组织部长时，对干部的组合任职，颇费脑子。换届调整干部时，他将需要调整的和后备充实干部的年龄、专业、能力、性格都写在一个小纸片上，和下棋一样进行认真调配。每调一次都要计算分析看各班子平均年龄符合要求否，知识门类专业全不全，能力配合优不优，性格互补协调不协调。为了尽量将每一个班子都组合成优化班子，他和同志们常常夜以继日地摆布推敲，直到满意为止。一些同志望着他疲惫的神色说："注意身体，你考虑太细啦。"他认真地说："干部调配是一门很细致的系统科学，要是稍有疏忽，组合不合理，就会给以后工作带来意想不到的损失。比如，要是专业门类不全，让一个外行管这方面工作，他既不得心应手，还很可能在这方面受到蒙骗而作出鲁莽的决定；要是一、二把手性格都很强，脾气暴躁，'菱角对枣核、尖对尖'，长期相处，必然产生矛盾；要是班子内能力单一，遇到抢险救灾，都是实干者，无人指挥，或都是指挥者，无人谋划，或都是善谋划，无人实施……都会出现混乱无序，影响效益。在班子组合上，不仅要选好能统筹协调的核心人物，还要在助手和层次负责人组合上，要尽量使群体中，知识能力互补，年龄气质互补。只有组合配备合理，才能使班子群体的效力得到更大的发挥。人常说，事在人为。不论县委政府的决策目标任务多么宏伟艰巨，都要靠各乡镇和部委局办去分层落实。而各乡镇、部委局办的班子就是落实的根本保障，我们绝不能因为我们工作的疏忽而削弱保障作用，我们多费点心，把每一个班子都配合好，使其发挥更大的效能，这是我们最大的愿望。"

江波同志说得很对，班子的配合是门严谨的系统科学。但在现实中，有些组织领导对班子的调配和人才的组合还不如晋平公制琴，甚至有的还不如菜农。菜农要是在葱地里发现少一棵，也会补栽一棵葱。而我们有些人在干部配备上，不管缺位的是哪个类型干部都敢随意让一个人上去顶替。就像胡萝卜畦里少一个胡萝卜，他不找胡萝卜苗补上，而栽了一个山药蛋或红薯甚至南瓜补上……试想这样凑成的班子，怎么能不做出违背天道、地道、人道的事呢？

【龙多不治水】　一个自来水厂（公司）原来只有二十几个人，随着城市扩容，工作量增大，四五十个人也就足够，但现在就有140多人。水厂是事业单位，人员工资就靠收取的水费（除去必要的维修开支外）开支，僧多粥少，只好尽粥平均，这样人员工资只有几百元，大家都有意见，对工作也谈不上责任心，都在凑合干。时间一长，领导感到人难领，职工感到没奔头……

类似单位不少，究其原因：一是水厂负责人感到有权有势人的子女都成了公务员、当了官，我还不利用个小权让亲戚进事业单位找个发工资的地方；二是负责人感到自己快不干了，还不做个人情，哪管后任负责人怎么干工作；三是水厂的上司给自己打的招呼，自己必然得办……就这样还是不能随便进，但人员仍然暴增了……人员太多，不好安排，不得不轮换上班，或者让一部分人员在家不上班……这样，正式人员不干活，临时人员不熟悉，工作效率十分低下。

我们经常看到，不论是公路上的收费站，还是一些银行营业窗口，或是一个机关的服务窗口，常常是一半关闭，甚至只有一个服务窗口，致使许多群众排长队等候……

一个班子的优化组合，一个群体的人才配备，是一件很严肃，很劳心的工作。要想使一个班子、一个群体的人才达到优化组合，必须把握好以下五点：选好一个核心；按需分层管理；知识能力互补；年龄气质杂交；人员编制合理。

一、选好一个核心。在同一能质的人才中，按职位相对应的能级选择一个高能级人才，作为班子或人才群体的核心人。核心人必须具备多功能，尤其是领导管理才能要强，业务技术才能也得通，这样人才因子才会心服口服地围绕他转，听从他指挥。他才能实现统揽全局，发挥团队最佳效果的目的。不会有“箭头不快，箭杆努坏”的现象，也不会做出让“蜘蛛酿蜜”，让“蜜蜂织网”的蠢事。

二、按需分层管理。在一个部门或人才群体中，在能级上要拉开层次，简政放权分级管理。下一级能决定的事宜，就不需要再向上请示汇报。这样上下级间不仅有个互补作用，而且能使主要领导有时间深入到下属部门和底层群众中，搞些调查研究，掌握实情，听些真话，对好的做法能不断完善，发现错误也能及时纠正，也是对下级职权行使的监督。尤其在一些大的管理系统和专业技术较强的企事业单位，要是不分层次管理，事无大小都找领导，领导必然因忙乱陷入事务之中。他就无时间无精力深入基层群众之中，长期下去势必形成官僚主义而脱离群众。这样不仅失去层次互补优势，还会造成领导忙得团团转，下属感到无事干，群体效能难以发挥，甚至还会因人才闲置产生内耗。

三、知识能力互补。一个部门或群体，要按照所担负的职责任务要求不仅应将所需专业、门类、知识的人才按比例配齐，还要按比例将所需的智能人才配备好。一个知识单一、能力单一的团队总体能量都不会大。比如：一个乡镇，不仅要有农、工、商、卫、教等门类人才，还要有不同专业技术的人才因子，比如在农业方面就有粮食、棉花、蔬菜、水果等方面需要有人在技术管理上给以指导。再比如，成立救灾应急队，既要有指挥能力的，也要有谋划策者，更要有应急施救者。不论缺少哪方面知识、能力的人，都会给工作带来失误和损失，所以一个部门，按职责要求将知识门类人才备齐，将各种各样人才配好，他们就有一个互补作用，使团队作用发挥得更好更大。

四、年龄气质杂交。一个班子或群体在人员配备上一定要拉开年龄段。年老的经验丰富，老马识途；中年的年富力强，中流砥柱，中坚力量；年轻的富于创新，敢于进取，朝气蓬勃。老中青三结合，相得益彰。如果不能在年龄段上拉开、杂交，势必有“同步老化”、“后继乏人”或闯劲有余、谨慎不足的结局。根据人才研究者提出，人一生可大致划分三阶段：成长阶段（出生到27岁），活跃阶段（28～54岁），总结阶段（55岁以后）。因人才类别不同，也有提前推后的，但对做开拓、开创性工作人才来说，活跃阶段是才能发挥的时段。才用其时，就要防止该用时不用，才情薄暮了或走下坡路时再用就是贻误时机，浪费人才。所以在年龄杂交互补时，应注意班子配合时把握老中青按2∶5∶3组合最好。千万不可层层压年龄，到乡镇都成年轻人。乡镇是接触群众最多，处理群众矛盾最多的基层政权，很需要有经验丰富善于做群众工作的老年同志。近年来，各地不时出现群体事件，一个很重要的原因，就是一些乡镇全是青年干部，他们有闯劲，但缺乏深入群众做细致思想工作经验所致。

气质，通常指脾气、性情，也泛指风格、气度。是人的一种比较稳定的个性特征。人们在组合班子、人才群体时，往往不太注意。一个班子或一个群体里，全都是同一气质相似的人，工作不会有什么起色。只有把气质各异的人组合在一起，使他们气质互补，才能使整体的效能充分发挥。当然，我不是说同一气质的人就绝对不能在一起。比如：要调查一个人或一件事，让两个性格沉稳细心的人去就行。也就是说在完成单一的工作时，同气质的可以。而要完成繁多、复杂的工作时，必须把气质各异，富有个性的人组合在一起去干。这样，由于气质互补工作任务能圆满完成，而且群体效能也会发挥充分。在一个班子里和一个群体中哪会只是一种单一的任务呢？所以在组合班子或群体时，一定要注意不同气质杂交互补，这样可以使群体效益增大。

五、人员编制合理。在一个部门或群体中，核心领导和层次负责人确立后，在配备工作人员时，要有一个合理的编制，人员超编或人员不足都会影响整体功能的发挥。

早在延安时期，毛泽东同志就根据李鼎铭先生的提案搞过“精兵简政”，对当时减轻财政压力，减轻群众负担，提高群体效能，起到很好的作用。新中国成立后，随着“大跃进”，盲目增设机构，扩大人员编制，在三年困难时期，又进行了大压缩。随着形势的发展，一些机构又盲目增设，人员编制也急剧增加。

改革开放后，1980年8月邓小平同志就在中央政治局扩大会议上讲：机关人浮于事，办事拖拉，不讲效率，不负责任，不讲信用，公文旅行，互相推诿，以致官气十足，已达到令人无法忍受的地步。1982年1月他又明确提出“精简机构是一场革命，不是对人的革命，而是对体制的革命”。随后中央和国务院改革工作开始进行，国务院所属部委、直属机构和办公机构，由原来100个减到61个，工作人员总编制缩减1/3左右。接着各省、市（地区）、县也都进行了精简机构。裁减了人员编制，收到一定效果。但经过近三十年，有些地方，精简的机构又慢慢回复起来，机关又显臃肿，人员还在增加……

这样一来，无形中使改革开放的相当成果又用于吃饭。我们国家现在多少人养一个官，发达国家多少人养一个官？

再从历史上看，任何一个国家，只要是机构庞杂，人浮于事，互相推责，这个顽症不仅加重人民群众负担，还对吏治、政权有着巨大的销蚀作用。所以，我们不仅对国家公务员，还应对事业机关的人员和国企中的管理人员制定一个合理的钢性编制规定。正常情况下不得随便增加编制和雇用临时人员。

《群书治要》中说：提倡清廉而不增加官员的俸禄，官员就会形成欺诈和贪污腐败的风气；增加官员俸禄，而不减少官吏，国家财力就会不足；减少官吏，不明确职责，督使他们发挥作用，政事就显得多，而显得职位短缺。

合理组合，主要就是要使组合的班子或群体适应形势和职责要求，达到人责相称。在班子和群体中主要看人与人之间能否形成智能互补，气质年龄互补，能否达到用最少的人办最多的事，能否形成一个精干紧凑的运作系统，如果能，那就达到合理优化了。

3. 用人不疑

【同志互信】 在三国鼎立时期，东吴孙权是较弱的一方，但却稳坐江东，敢与中原曹魏抗衡。这固然是孙策、孙权的雄才大略，更主要的是当时江东英杰周瑜、鲁肃、吕蒙、陆逊等人互信互敬，志同道合，将国家存亡系于其身。他们虽然互相引荐，但孙权相信他们，放手使用他们，所以孙吴才能在三国鼎立中威震一方。

【猜疑掣肘】 赵宋政权是通过“陈桥兵变”夺来的。赵匡胤登上皇位后，总是提心吊胆，唯恐有人效尤取而代之。因此，他接受赵普之策搞了“杯酒释兵权”，让功臣宿将解甲归田，这种猜防之谋，影响极坏。从此，立国百余年，君臣上下，惴惴不安，唯以屈抑英杰苞桑之上术；则分阃临戎者，固以容身为后福，而为建功以取祸。从杨家将到岳飞，一些著名将领皆未战死沙场，却屈死宋人之手，不清不白，冤枉之甚。终致人臣皆莫求功，但求无过，宋之腐败衰朽必然矣。

古人说：用人则不疑，掣肘事难成。让贤能的人去理政，自己却用条条框框去限制他；让有智慧的人去筹划谋略，自己却去挑剔他；让品德良好的人去施行政令，自己却去怀疑他。虽然你主观上想取得事业成功，能实现吗?

【以诚服人（二则）】 唐初，尉迟恭与其部将寻相一起降唐。秦王李世民得到这样的骁将，心中十分高兴，便任他为统军将官，仍统率自己旧部，在收复并州时立了大功。后来寻相等人又叛唐而去，秦王的属将怀疑尉迟恭也将叛变，就把他关押起来。李世民闻讯，立即下令释放，并立即接见尉迟恭，赠给他金元宝，说：“大丈夫都是讲义气的，我绝不轻信谗言而加害忠良，如果你坚决要走，可以把这金元宝作为路费，略表咱们共事这一段的情义。”尉迟恭深受感动。不久，李世民被王世充围困，形势极为险恶，正是尉迟恭不顾个人安危，拼杀出一条血路，将他救了出来。

贞观初年，有人上书请太宗除去奸佞之臣。此人并建议识别忠奸的方法，就是让太宗假装发怒去考验群臣，如果不畏盛怒，敢直言进谏的，就是正直忠臣；如果顺从迎合陛下心意的，就是奸佞小人。太宗说："流水清澈还是浑浊，取决于它的源头。国君是国家政令的制定者，好比源头，百姓像流水一样，国君自身行为欺诈，想要臣下办事正直就像水源浑浊，而希望水流清澈一样，是绝对不可能的。齐国晏子对齐景公说过，国有三不祥：国有贤能的人，而未能被发现；发现了贤能的人，而未能被重用；重用了贤能的人，但不信任。我常为前代一些君王为人诡诈，深以为耻。按你的说法，我对相帅存有戒心，甚至设防、盯梢。谁还肯为我尽忠效力呢？怎么能够施行教化的法则呢？要人忠于自己，必先己信人，我要让真正的信义在全国实行，决不能用欺诈的方法来引坏政风、民风和社会风气。"

【相信下属】　康熙年间，乘吴三桂、耿精忠、尚可喜先后起兵反清之际，在台湾的郑成功之子郑经渡过海峡，占领泉、漳、温州等地。消息传到北京那天，康熙皇帝率领诸皇子，正在畅春园练习射箭。听完报告，康熙毫不介意，说了一句"知道了"，继续教皇子们射箭，不一会儿，战报又报郑经正在攻打台州。康熙又轻描淡写地说："知道了。"

又过了一会儿，战报报告更坏的消息：整个台州失陷。康熙皇帝仍然不慌不忙地指挥皇子们射箭。诸皇子沉不住气了，放下弓矢，跪在康熙面前，请求父皇降旨，指挥却敌。康熙镇静自若，唤起诸皇子，要他们继续练习射箭。皇子们不敢抗旨，又去认真学习射箭。

回宫后，康熙把诸皇子召到跟前，说："福建离京有数千里之遥，消息传递需要时间，盲目指挥前方的将领，圣旨怎能完全符合当地随时变化的情势呢？前方督抚如果不执行，是违抗圣旨；照旨而行，难免误事。平时派遣督抚镇守地方，就是为了让他们及时采取相应对策。我不降旨，正是为了让督抚根据实际情况便宜行事。”诸皇子听了，恍然大悟。

果然不长时间，“三藩之乱”就平息了，台州也被收复了，郑氏军队又全部撤回台湾。

【用人要信人】 聂荣臻同志在领导制定十二年科技发展规划时，由于当时“左”的“出身论”影响，制定了一些不合理的保密制度，致使一些外国专家都能够知道的科技项目，我国的一些专家却不让知道。聂帅知道后非常生气，说：“要人家做事，就要相信人家，尊重人家。难道中国专家还不如外国专家可靠？他们既不是外人，也不是客人，是自己人，是我们的同志！”在聂帅的直接干预下，修正了某些规定，才使一些科学家充分发挥了自己的才干，建立了许多填补空白领域的研究机构，初步形成了我国科技攻关队伍。

用人不疑，就是要相信任用的人，要使其有职有责有权，让他敢做事、敢负责、敢用权，不要随意干涉他职权范围内的事，更不能毫无根据地对他怀疑、设置障碍。

作为一个区域或部门的核心领导，绝不可能事无大小都一杆插到底，必然要将一些职责托付到副职或下属层面负责人承担。这就要求核心领导在干部任用上一定要任人唯贤，搞“五湖四海”，不要搞“亲亲疏疏”。对副手和下属负责人信任不疑，他们就会大胆工作，尽职尽责。因为他的工作好坏，责任就在他肩上，既无退路，也无任何推辞借口。要是对其怀疑不放手，事事须请示，处处猜疑，甚至设置掣肘，必然形成好事、有利的事，副职、下属争着决办；惹人的事、麻烦的事必然借故推诿……这样下去、区域、部门工作能搞好吗？

（四）爱护人才

1. 任中监督

【半年一次谈话】 昕江县组织部20世纪80年代中期，为了及时掌握干部情况，便于监督、培养，对干部半年进行一次定期考核。到单位后，不论是领导或是一般同志，都是单个面谈，使个人都能无拘无束地把话谈完。最后综合考核情况，都要和本人面谈，先肯定他的成绩、优点及长处，再指出不足和问题，最后提出希望、建议再给以真诚的鼓励。随着时间的推移，全县各级干部中形成一种不尚空谈，埋头实干，严于律己，相互比赶的风气。不时有些干部主动到组织部反映情况，征求意见，真正将组织部当成了自己的家。

【缺失的监督】 他出生于农民家庭，刚参加工作善于钻研，踏实肯干，深得领导和同志的称赞，没几年就入党、提干，最后担任了一个单位的领导。他所在单位掌握一种紧缺材料，卖出一吨就能赚一倍以上的利润，他也就成了急于发财人眼中的“财神爷”了。一些人为了同他拉关系，千方百计接近他、讨好他、拉拢他，请他去酒楼、歌厅。刚开始，他还清醒：吃了人家嘴软，拿了人家手短，还能尽量推辞。但慢慢由一次、两次的吃请，接受小礼品开始，就由习惯到理所当然地认为自己没亏他。自从沾着“钱味”后，他先是脸变了，过去见了谁都是热情微笑。而现在，只有见了送礼的，才有笑容。在办公事时，也打起了官腔，不给甜头不办事，竟成了他的信条。进而外表也变了，一向不讲究的他，也追求起了奢侈，穿起了鹿皮大衣，“老人头”皮鞋，戴起了耀眼的金表和戒指，在饭桌上也主动要名烟名酒，山珍海味，孩子上学也明目张胆索贿。对他的变化，同志们私下议论纷纷，就是无人规劝……结果，时间不长，权力让他有了大把大把的钱；权力也让他过早地结束了自己的生命。

现实中纷纷落马的腐败分子中，大多数都是在原来岗位上作出了一定成绩才被一步步提升上来的。只是随着地位的提升，权力的增大，放松自律，从不注意的小事小节上逐步滑到堕落地步的。如果我们各级组工部门，都能半年定期深入对所管理的干部进行一次考核，及时反馈群众意见，给其敲响警钟，他们就会感到自己的一言一行都在一只无形的眼睛盯视下。他们能不心中有戒、慎独防微，从小事小节上严于律己，从一点一滴中完善自己吗？他们必然会在学习实践中拓宽眼光，在不断反省中提高境界，筑牢思想上的防腐墙。所以，认真反思多年贪腐落马官员的根源，当然主要是他们贪欲膨胀，人生观、价值观扭曲所致，但我们组工部门的工作也有欠缺之责。

要爱护人才，就要建立定期考核机制，对干部进行任中监督，及时反馈群众意见，警钟长鸣。这样，不仅会防止一些干部走向邪路，长期坚持，还会使干部整体形象得到提升，自然也就提升广大人民群众对我们干部乃至政府权力的信任度，也是对干部的一种真诚爱护。

2. 用养并重

【小兵当大官】 北宋时，一年范仲淹到陕西，有人向他推荐狄青，说他英勇善战，有大将的才干。范仲淹就召见了狄青，才知他是京城禁军里一个小兵，从小练得一身武艺，骑马射箭，样样精通，才当了个小武官。范仲淹问他读过什么书，他说从小家贫识字不多。范仲淹则真诚地开导他说："你现在是个小武官了，做将官如果不博古通今，只靠个人的勇敢是不够的。"并向他推荐一些书。狄青受到范仲淹的关怀鼓励，十分感激。从此以后他就利用打仗的间隙时间刻苦读书，不几年就把秦汉以来的各种兵书读得很熟，加之他屡次立功，也就不断提升，后来竟担任了掌握全国军事的枢密使。当时有些大臣嫌他出身低微，劝阻仁宗不该把出身低贱的狄青提这么高，但宋仁宗不理这些门第之见，依然重用提拔了狄青。

一个从小家贫识字不多，自小兵起步，当上枢密使，是宋朝历史上没有的事。这主要是狄青刻苦学习，回归教育，不断提升自己的结果。但范仲淹用养并重和宋仁宗的不计出身，重视人才也起到关键的作用。

【培养带来巨变】 河南安阳自行车工业公司，成立于20世纪60年代，原来没有名气。改革开放后，他们采取三条措施：一是让懂专业会管理的能人走上领导岗位；二是招聘各种专业人才；三是舍得智力投资，大批培养人才。他们把人才培养当作提高员工素质的重要一环来抓。专门抽调技术人员办了一所中专，按工种、专业组织员工分期分批到学校学习提高。还先后派出1700余人到天津、上海同行业先进单位跟班学艺。到1984年末，通过正规教育和脱产培训方式就培养了2500多名专业技术人员。经过测验，在7500余名职工中，80%的工人实际操作水平普遍提高了一级。由于人员素质的提高，他们生产的“飞鹰牌”自行车的成本由106元下降到90元；质量由倒数第一上升到荣获全国名牌产品称号；利税由178万元上升到2000万元；连续五年经济效益以50%的速度增长……回顾他们之所以业绩辉煌，就是由于他们注重对人才的继续教育的结果。

人才使用，是一个才能输出过程。任何一种系统，如果只有输出，没有输入，那个系统将无法维持，必然丧失应有的功能。比如汽车行驶，就是输出功能过程，要是一直不给其加油加水，进行保养，更换磨损的部件也就成了一个无功能可输出的废物。人的才能发挥，也可以看作一个系统。要想保持系统的正常运转，就必须重视人才才能的输入，其中包括知识学习、专业培训、技能提高、学术交流、专题深造等。我国是个制造大国，但我们的产品技术含量和品牌的影响力与发达国家相比有着一定差距。究其原因，主要是一些技术人员和企业工人的尖端技能和操作技术水平总体不高。企业忽视对员工的技能培养；在招聘员工时，只看学历和文凭，忽视实践能力，客观上也造成了技术操作人才的短缺。

当今社会，新知识产生的速度越来越快，新的科学知识层出不穷，更迭的速度远远超乎我们的想象。千万不能以为是大学毕业，是博士生就放弃继续学习，只使用而不输入才智，使其过早失去应有的功能。真正爱护人才，就要对在职的人才及时培训，进修，输入才能。《汉书·李寻传》中说："马不伏枥，不可以趋道，士不素养，不可以重国，""磨刀不误砍柴工"。为了使人才保持、增长应有的才能，各级主政者、组干部门和人才使用者，都必须把人才培养重视起来。

3. 负责关心

【荐贤助贤】 郑子皮又名罕虎，是春秋时期郑国的上卿。他年迈体弱感到力不从心时，就想到查访接班人，最后发现年轻的子产德才兼备，就决定让子产接替自己的上卿职务。子产真诚地对他说："郑国的王公显贵十分骄横，连大王有时都对他们无可奈何，我这么年轻、又无根基，怎么能对付他们？"便辞谢不受。郑子皮就安慰他说："这事我已想过了，我虽离位但不卸责，我带头听从你的命令，谁要违抗，我就率众讨伐。"在郑子皮的扶助下，子产就任上卿后，果敢地辅佐郑简公大刀阔斧整顿朝政。子产上任，许多王公贵族就不服，尤其是因为他改革一些旧法令，触犯了贵族的利益，所以官僚贵族就纷纷起来闹事。一个叫丰卷的贵族集合家兵扬言要杀死子产。郑子皮闻讯后，立即率领军队保护子产，一直将丰卷打到国外。事态平息后，郑子皮又召集了王公显贵，为子产说话，并正告权贵：谁要是蓄意再反对子产，他就要率众共讨之，定杀无赦。自此以后，郑子皮集中全力对付那些专横跋扈的权势贵族，让子产全神治理政事。子产掌握郑国大权仅三年时间，就把郑国治理得井井有条，郑国不仅经济得到发展，人民生活富裕，国泰民安，子产的贤名也传遍天下。

郑国卸任的老上卿对年轻上卿荐贤助贤的事迹，值得我们退下的从政者借鉴学习。任何时候都要以国家利益为重，支持当政者，大胆改革，兴利除弊，反腐倡廉，振兴中华。

【深入查证】 20世纪80年代中期的一天下午，昕江县新一届人大、政协两班子的候选人名单刚确定。组织部接到一封对政协候选人于智的举报信。举报除了说于智无产阶级觉悟不高，不关心政治的一些空话外，还举了一个事例：给某学生看黄色小说。这封举报信，让组织部同志颇费思考：仅以此信去掉于智的候选资格，对本人太不负责；要再调查了解，仅只有一天多时间，因为全区各县两会人选上报时间截止到明天。经过反复考虑，组织部同志还是宁愿自己辛苦一些，也不能冤枉同志。部长立即和干部组的同志深入学校了解实情。他们先到西街学校和举报人接触，当问到于智让学生看的是什么黄色小说时，她说她不是亲眼目睹者，而是在东街学校时听一位老师说的，也不知是什么书。组织部同志又找到东街学校另位老师，另一个老师说也是听其他老师说的。这时夜已深，他们又找到另外一位老师家时，她的家人、孩子已入睡，她正在洗脚，也准备睡觉，一听组织部同志来访，急忙收拾，让座、倒水，部长小声安慰说："小声点，别打搅了孩子睡觉，我们来只是了解个情况。"把情况讲明后，这位老师想了想才说："这都好几年了，当时大家在一起说现在适合孩子的读物太少时，我说过于智老师给孩子推荐看《欧阳海之歌》……"在回家的路上，部长对同志们说："我们搞组织干部工作的，一定要对组织、对个人负责。我们多费点心，多跑点腿，决不可凭片言只语，就冤屈一个人。明天你们就按原来县上定的人选上报。"于智当选以后尽职尽责，一直在政协副主席岗位上工作到退休。

在现实中，此类事情不少。正当研究调整干部时，来了一封告状信，说某某干部有什么问题。不调查吧，信上说的有鼻有眼，调查吧，短时间内难见分晓。往往有些领导就采用“有问题推理”模式，将被告者放下。这一放，势必平地起疑云不说，还很容易助长有些爱搞小动作人的可卑心理，也极容易挫伤受害干部的工作积极性。所以，遇到此类事情，应采取“无问题推理”模式。凡不能证明干部有问题，就按没问题对待，查出问题后再按有问题对待。这样既体现了对干部的负责，也使那些造谣诬告者失去了市场。

前几年，我在报上看到一个国有企业的领导每年年薪就4000多万元。要不是从报上看到，我绝不会相信。国有企业是国家投资办的，只是让他去管理，挣下利润不让国民享受，全由他小群体鲸吞。他们贡献有多大，这难道是权为民所用，利为民所谋吗？前几天我又看到国家干部工资情况，发达地区比贫困省份相差五倍多。就在同一个地区，在市里工作的和在县上工作的同级干部工资相差千元左右。在县里工作的同志心里能平衡吗？有的人说市里的物价高，其实不然。在生活必需品上，米、面、油、盐、酱、醋价格，基本都一样，蔬菜市里比县上还便宜些。市里某种蔬菜价一高，周围县蔬菜大户就立马运去，而小县城某种蔬菜价再高，也不会有人运去。因为运少了不合算，运多了也卖不了，同样不合算……基层工作繁杂辛苦，在贫困地区基层工作的同志更吃苦，他们没有额外贫困地区工作补助，工资反而还相差那么多。我很难想象，在贫困地区基层工作的同志千元左右工资，他们怎么能应付上有老、下有小的生活环境……难怪大部分人都不愿到贫困山区教书、工作，一味寻找机会往城里、富裕地区拥挤。基层稳，天下平。所以，要对县、乡镇干部关心，在干部工资待遇上，应向他们倾斜，尤其是向贫困地区基层倾斜……

北宋政治家、思想家、文学家王安石，在宋仁宗嘉祐三年就针对当时人才培养和选用方面的流弊上了万言的《言事书》，其中在人才培养和官吏管理上提出了四道，即：一、教之以道。教之“可以为天下国家之用的学问，无济于社稷国家的学问不教”。二、养之以道。保养人才要做到“饶之以财，约之以礼，裁之以法”。也就是说官吏的俸薪要优厚；要他们知廉识耻，使他不贪非分之财，对他们要有制度约束，并给以监督，使他廉洁奉公；对贪赃枉法者，要严加制裁，以儆效尤。三、取之以道。选用人才不能“听取一人之口”，授官后，“试之以事”进行实地考察，不能单凭汇报，深入察行。四、任之以道。用人要依据其专长，以便“使之得行其意”，实行“考绩之法”，德厚才高者“以为之长”，德薄才下者“以为之佐属”。王安石把对贤才的任弃，看作是国家之所以兴衰的大事。他的“有贤而用之者，国之福也”这句话和对人才的培育及对官吏管理的主张，历来都受到当政者的重视，也值得我们各级领导引为龟鉴。

爱护人才，不仅对其在使用时要定期考察，及时鸣钟，使他行正走端，而且也要对其终生进行能量输入，防止他丧失功能。还要关心其生活身体，使他在奉献时，不为生活、身体所累……

【成功在于用人】 在一次全球500强管理人员大会上，一个同行者让被誉为“经理人中的榜样”韦尔奇用一句话说出通用电气公司成功的主要原因。韦尔奇说：“是用人的成功。”有人让他用一句话概括高层管理者最重要的职责，他说：“是把世界各地最优秀的人才招揽到自己的身边。”有人请他用一句话概括自己的最主要工作，他说：“把50%以上的工作时间花在选人用人上。”有人问他的领导艺术，他说：“让合适的人做合适的工作。”

韦尔奇的成功理念，应引起我们各级主政者反思：不要陷入事务之中，应把选人用人放到首要位置。

古人云：无常安之国，无恒治之民。得贤者则安昌，失之者则危亡。自古及今，未有不然者也。也就是说，没有始终安定的国家，也没有永远顺服的百姓。得到贤人辅佐就安定昌盛，失去贤人就导致灭亡。从古至今，没有不是这样的。

为政之要，唯在得人，为治之要，莫先于用人。回顾古今中外，凡是兴盛时代都是贤能者掌权，凡是没落灭亡的时代都是奸臣当政。就是近年来的腐败频发，也是在用人的标准上出了问题。所以，德才兼备，以德为帅，以才为基，不仅是先人经验总结，也是我们现在、将来选用人才应牢牢把握的标准。

从政治国最大的腐败，莫过于用人的腐败。用人腐败是烂心的腐败。我们要实现强国富民的中国梦，就必须遏制用人上的腐败，使各级领导权牢牢掌握在德才兼备、勤俭为民的人手中。为此，主政者在选任干部上一定坚持“德才兼备，以德为先”的原则。在从政者中形成“以德修身，以德服众，以德领才，以德润才，德才兼备”的用人导向。不仅要尊重人才、广揽人才，更要善辨人才，合理使用人才，还要从政治思想上，素质提升上，工作上，生活上，爱护关心支持人才。

怎样才算“好干部”，怎样成长为“好干部”，怎样把“好干部”用好，不仅是各级主政者、组织部门，也应是我们每一个从政者和公民普遍都应关注的问题。

三鉴　诚信务实

“空谈误国，实干兴邦。”诚信务实是从政为官的第一要义。古今中外凡有功于社会、推动人类前进的精英，他们不醉心于坐而论道，也不羁囿于赘语玄言，更不会搞虚、浮、空、假，而是身体力行诚信务实。即：作风务实，工作求实，事业做实，做人要实。

（一）作风要务实

1. 少听汇报多察看

【不能看表面】　后唐皇帝李嗣源为政宽仁，体恤百姓。建国不几年，五谷丰登，国库充裕，称颂之声不绝于耳，李嗣源也露出得意之色。一天，正当李嗣源高兴时，冯道对他说：“臣一次出使中山国，经过险要的山路时，我担心马跌倒；双手牵着缰绳，小心谨慎，没跌倒；到了平路上，我漫不经心放开缰绳，反而跌倒了。皇上坐天下不也是这个道理。”李嗣源是马上得天下的，骑马是内行，一听觉得很有道理，就收敛笑容，问道：“现在丰收了，老百姓衣食行吗？”冯道说：“农家歉收之年就流离饿死，丰收之年就伤于粮价太低。歉收、丰收都不好过。我记得聂夷中有一首诗说：‘二月卖新丝，五月粜新谷。医得眼下疮，剜却心头肉。我愿君王心，化作光明烛。不照绮罗筵，唯照逃亡屋。’农民在士农工商四民里头，是最为辛苦的，做君主的不可以不知道。”李嗣源听了立即省悟：“看来什么事都不能只看表面，治理国家在任何时候都得有种如临深渊的危机感。”他当即让人把冯道读的那首诗记录下来，时常吟诵，警示自己励精图治，不敢有丝毫大意。

【接报之后】 北宋仁宗时，华州阴雨连绵月余天，华州大粮仓中有些粮食发霉了。主政听了报告，十分惊慌，生怕连累自己，也未作详细调查就报告到陕西路转使处，说：华州粮仓的粮食霉烂了一大半。陕西路转使立即下令把仓吏拘捕交给华州推官孙甫处理。孙甫接到案子，就带上助手亲自去查看。经过认真查看，发霉的粮食不到十分之一。孙甫马上从狱中将仓吏带到仓库，讲明现状，让他立即组织仓库吏员、士兵，再雇用一些民工，赶快将仓库的粮食翻晒一遍。仓吏死里逃生，日夜拼命干，很快地就将几百万斤粮食晒完，再细算一下，损失的只有几十分之一了。孙甫将结果上报陕西路转使，路转使对其作为很赏识，认为其一，他抢救了国库粮食。其二，他挽救了那些仓吏的生命。

【项目作假】 某省白鹿春实业有限公司是一家从事梅花鹿养殖及鹿产品研发、加工、销售的企业，并涉及生态旅游、宾馆服务等产业。2009年该公司申报梅花鹿系列保健食品深加工项目，作为该市发改委公布的30个市级重点农业项目之一，争取到国家财政专项补贴100万元，然而该公司根本没有投资建设该项目，而是用国家拨付补贴的100万元，违规在太子山南麓养鹿基地建造了两栋别墅，作为度假酒店，并于2012年2月底开业经营。

现实中，项目作假很多，如果我们对项目能深入考察、跟踪、监督，他们能作假吗？

【22.2竟成85.1】 2013年6月14日，国家统计局在其官方网站曝光了沿海某市一个镇在工业企业统计上弄虚作假。镇纳入联网直报的工业企业有249家，经抽查73家企业发现，38家企业实际属于规模以下的工业企业，19家企业已经停产、搬

迁或注销；工业统计数据严重失实。核查71家企业发现，经科局编报2012年的工业总产值是85.1亿元，初步核实为22.2亿元，竟虚报了62.9亿元。

现实中，有些领导官僚主义十分严重，对下情不深入了解，就凭上报材料定优劣。形成下级不考虑如何实事求是地为群众办些好事、实事，而是揣摩上级爱听什么，就精心“炮制”什么总结材料。写成绩，洋洋洒洒夸大其词，随意拔高，加注水分，甚至无中生有，胡编乱造；讲问题，蜻蜓点水、轻描淡写……认真反思其根源，就在于一些上级单位在检查评比工作时，往往停留于听汇报，而不注意深入实际考核，广泛听取群众意见。这种重“笔头”，而不重工作“劲头”；重汇报材料，不重实绩的评比，不仅亵渎了先进的荣誉称号，还形成了下边“官出数字，数字出官”，弄虚作假的恶性循环。

“空谈误国，实干兴邦”是历史经验，更是现实警示之言。空谈之风，盛于魏晋，当时一些士人以清谈避世。用今天的话来说，就是侃爷，你说佛道，他讲宇宙，练就一副好嘴皮子。西晋永嘉年间位列三公的王衍就是典型的代表人物。他当过尚书令、司空、司徒，但他“口不论世事，唯雅咏玄虚而已”。到了明末，朱由检即位之初，还是想干一番事业，但君臣、臣臣之间严重缺乏信任，终日争论不休。凡聚焦时事依然是空谈，个个自以为掌握了真理，人人都以道德化身自居，其实都不过是盗虚名、说空话，脱实际，百无一用。最终“陷天子于一城而弃天下，乃以终灭其宗庙之血食”。朱由检临死前曾绝望地说：“朕非亡国之君，可十七年来，满朝文武泄泄沓沓，徒尚门户之争，无一忠心谋国之臣，倘若朝中有半个于谦，何至会有今日！”

历史教训，值得记取。习近平同志有一个广为人知的观点：当县委书记应该跑遍所有的村；当地委书记应该跑遍所有的乡镇；当省委书记应该跑遍所有的县市区。中共中央关于改进工作作风的八项规定，也要求各级领导改进调查研究，到基层调研要深入了解真实情况。只要我们各级领导干部以史为鉴，按照中央的要求少听汇报，多深入基层、群众调查了解，求真务实，不是那种带上记者、摄像机，随从多、警戒严，群众见难的沽名钓誉式下基层，不仅可以去掉自己身上的官僚习气，也能扭转下级的形式主义，改变“凭笔”、“耍嘴”取胜的陋习。长期坚持下去，就会在政界树立一种笃功务实的良好作风。

2. 减少会议少发文

【以实则治】 清代唐甄（1630～1704年）四川达州人（今达县）。他任山西长子县知县时，恪守“以实则治”的原则。他在发展种桑养蚕时，不仅亲自深入农村发动，还邀请一些德高望重的老人进行发动。当群众知道种桑养蚕的好处开始行动时，唐甄又聘请一些技术人员进行现场指导，自己也深入现场随时解决群众遇到的各种难题。就这样既没开会层层动员，又没发有关文书通知，也没鞭挞处罚一个人，短短三旬就种植桑树80万株，逐渐使桑蚕成为当地主要产业之一。

【低效的会】 某省安委办，召集某市烟花爆竹生产企业负责人举行安全生产知识培训会。尽管台上反复告诫企业负责人要履行责任，抓好安全生产，而台下听者都不怎么来神，有的低头玩手机，有的干脆仰头大睡。主持会议的副市长实在忍不住了，才大声说：“请大家喊醒身边睡觉的同志，认真听讲，总共才一个半小时的学习，怎么就成这个样子？”会场秩序立马好转。然而好景不长，大约20分钟之后，会场玩手机的和歪着脖子睡觉的现象再次出现……

现实生活中，文山会海使一些基层同志感到很无奈。短会长开，小会大开，抬高规格，滥请领导，反复讲话，重复开会。现在有很多会议、文件，就是一些领导为了完成任务，推卸责任。召集开会者把上边会议精神、要求讲给下属，文件一发，任务就完成了，即预示着今后下属工作中要是发生此类事故，他就没责任了……

现在网络很发达，视频会议就很方便，真不明白为什么有些地方，开几十分钟会，非要市县乡的有关领导人员都得到场，来回吃住行得多大成本……有些会开的实在有些乏味，台上尽管讲的唾液飞溅，而台下听者却不怎么来神，有的拿着手机低头玩游戏，有的则干脆仰头沉睡。有些地方不管什么会讲稿都印发，而且参会者人手一份，散会时很多人就扔了，座位、地上到处都是……我看过一个报道，沿海某市一个副厅级官员一年就陪开了 1068 个会。现在县一级财政、城建、公安等主要单位负责人一年开会也在 200 个左右。我们设身处地想一想，他们能静下心来认真抓一下自己主管的工作吗?

与文山会海孪生的还有强压征订报刊杂志。尽管上边一再强调报刊杂志不能硬性派压，但在下边仍有些变相的交易、派压方式……一些基层单位、乡镇无奈之下，只得按分派的数征订。只是订了的村队，有的连报刊也不取，形成单位会计房内一摞一摞报刊不动，到年终只得以废品卖掉……

古人云："烹鱼烦则碎，治民烦则乱。"就是说，煎鱼时翻腾过多，鱼就碎了，治理百姓太琐碎就搞乱了。我们都应反思一下，为什么在过去战争年代很少开会，就凭很小一个纸条上几个字的指令就取得一个又一个胜利，而现在会议频繁，文件不少，一些地方的工作却无起色呢？所以我们各级领导都应认真落实中央八项规定，切实改进会风，减少文件，不要给下边派压报刊。让基层同志从文山会海中解放出来，把征订一些无用报刊的钱用在急需的地方，使他们有时间有精力，按照中央部署抓好自己区域的政治建设、经济建设、社会建设、文化建设和生态文明建设。

3. 勿搞形式慕虚荣

【畸形的政绩观（二则）】 一个山区的小市里，有近20个十字路口，交通要道没安装红绿信号灯，以致大小交通事故经常发生，记者询问有关部门，他们解释是市里财政紧张。一盏红绿灯，看着不起眼，但它却关系着老百姓的生命安全和公共健康福利，市里连这200万元钱都舍不得花，却"大手笔"地折腾好端端的城市广场。市政府在原中心广场改造不成功的情况下，又耗资数千万元改造桥北广场，搞些中看不中用的花架子工程。

某一个国家级贫困县，投入2400万元用于亮化一条主要街道的工程建设，安装流星雨灯饰、频闪灯、泛光灯、太阳能星星灯1万多盏，七色灯带800多米，LED护栏管2600套。据说每年仅此项电费开支就达百万元左右，而却无钱给县城其他街道安装路灯，群众夜行时需要打着手电照明看路。一些县级公路塌陷，也迟迟得不到修复……

现在有些领导干部新到一地任职，不问棚户区改造，不管广大农村群众行路、吃水的困难；不偿还拖欠农民工的工程款；不去兑现干部职工的工资；甚至无视近年来每次暴雨过后，一座座"水中城"现身，一次次城市内涝带来的巨大损失，一个个鲜活生命的瞬间消失，也不去对城市基础设施长期投入不足造成地下管网排水系统建设的普遍滞后造成排洪不畅进行改造；一门心思专注搞些政绩工程。他们在民生投入上"哭穷"，一个比一个困难。在政绩工程上"斗富"，一个比一个有钱。大厦年年攀高，衙门日日辉煌；城区年年扩大，房产年年增长。有斥巨资争抢"名人故里"，有下豪赌打造景点"申遗"；你建国际都市，我建国际机场；你建千人厕所，我造厕所透亮……这些随意挥霍纳税人血汗钱的畸形政绩观，实在让人民群众心寒……

【花会不要搞了】　北宋文学家、政治家、著名诗人苏东坡一年到扬州任知府。当时正值农历二月，芍药花竞相开放。按照多年惯例，扬州府每年都要办芍药万花会。一天，当下属请示他筹办时，他却犹豫了，他是个文人雅士，当然喜欢赏花吟诗，但他对扬州的万花会也早有风闻。他沉思后便说："我初到扬州，情况不明，待我了解后再定。"当天下午，苏东坡就深入大街小巷，听取民意，经过广泛深入了解，他对办花会的弊端就心知肚明了。办花会，公共场所，皆以花为屏障，梁栋柱拱，遍挂花筒。要求老百姓在自家门首和墙头都要放置盆栽芍药，同时张灯结彩以增强万花会的气氛。花销不够，硬派绅士出钱，强制市民服役。一些官吏却借机从中贪污索贿，结果一切苛捐杂税都摊在百姓身上，人们叫苦连天。次日苏东坡就升堂告诉大家："扬州花会，劳民伤财；好了官吏，苦了百姓。从今以后，花会就不要搞了；虽煞风景，免遭罪孽！"消息很快传遍大街小巷，广大民众奔走相告，拍手称快。

【摆样子的六千万】　2008 年以来华中某省投资 6000 万元在 10 个乡镇建成了 16 座污水处理厂，建成两年后，却没有一家正常运转，只有 4 家还试运行过，其他的连试运行也没有。

【搭建菜场四天拆】　南方某市一个村，为了迎接上级环境卫生检查，临时搭建了一个菜市场，7 月 8 日搭建成，10 日检查一过，11 日就拆除了，临时菜市场只维持了短短四天。

【遮丑墙】　西部某县是国家级贫困县，但境内沿 212 国道部分村庄在路边都竖起了一堵堵高约两米、用琉璃瓦装饰的墙，将农户房屋遮挡住。当地干部说是为了整洁村容村貌，而群众则说是让上边来的领导看不到破旧的农房，用来遮丑。

前几年就有这么一段顺口溜：

墙脚冒水要下雨，月亮长毛要刮风，
警察大街扎篱笆，高官大员要现形。

何为高官大员？省里领导到地市里，地市领导到县里都是高官大员。高官大员到来警车开道，车辆随行，大街两边警察像篱笆一样扎起，这些形式纯粹是给光临的上级看。上级看到飘飘然，以为下级尊重他。实际上，他不知警察篱笆像一堵墙，拒绝、排斥群众，隔阻了干群关系，妨碍和谐社会的构建。

近年来，互相竞攀，搞形式，图虚荣的事很多。上面来人除了警察扎篱笆外，沿路树木、路沿石都得刷一次白。过去是用石灰水，而现在多数是用涂料，甚至还有的用白漆。领导来检查，要去的点精心装饰，对要发言人的话再三推敲、演示。你那里举办国际马拉松比赛，我就搞国际自行车公路赛。你搞桃花节，我就搞梨花节；你搞橘子节，我就搞茶叶节；他那里不产“龙虾”，也敢耗资600余万元大张旗鼓地办起了“龙虾”节……你能把本省市的领导请来，我将熟悉的外省市领导也都邀请来……你在农村开会搭个亮丽的主席台，我在田间开会也要铺上鲜红的地毯……这互相攀比，多数都是政府花纳税人的血汗钱，这毫无意义的花销，怎能不激起人民群众的反感？

时下形式主义的触角已延伸到社会各个角落，无论是日常工作还是社会活动形式主义如影随形。形式主义盛行不仅有历史原因也有现实根源、个人因素，更有体制、机制、制度上的因素。对某些人来说，形式主义能给他带来很多好处：一是能得到领导的赏识，有利于个人成长进步；二是短时间内政绩凸显，很有“面子”；三是“省心、省时、省力”，不需要脚踏实地地辛苦努力；四是能带来貌似的经济“效益”。所以，要铲除形式主义这个社会公害，就必须斩断形式主义背后的利益链。必须改变目前这种只对上负责，不对下负责的体制和政治生态。一定要革除现时对地方政府官员政绩考核的弊端，杜绝各级官员在政绩上的投机和短视行为。

【朴槿惠背对镜头】 2011年年底的一天，韩国记者李明一配合对一个“关心麻风病儿童”的公益活动进行报道。政治家朴槿惠到现场，向人们微笑致意后，就走到患病的孩子中间亲切地和孩子们握手、交谈。李明一不时按下快门，可拍的都是朴槿惠的背影。他很想拍一张朴槿惠慰问孩子时正面微笑的照片，可朴槿惠始终没有转过身。他就找朴槿惠的秘书帮忙，秘书走近朴槿惠轻声提醒：“记者朋友麻烦您站在孩子中间面对镜头，有利于宣传报道。”朴槿惠一听反责问：“我们来看孩子。是该把目光留给孩子，还是镜头?”说完，仍继续面对孩子询问交谈。最终，李明一只好刊发了朴槿惠背对镜头的照片。谁知照片刊发后，得到广大媒体和国民的赞赏和敬佩，认为朴槿惠不作秀是真正漂亮的政治家，当她背对镜头时，却把笑容和祝福给了最需要安慰的人。

改革开放30多年来，我国经济有了长足的发展，但对社会信任的透支则缺乏足够的警惕，假、大、空遗风，重新刮起，甚嚣尘上……正如群众说的现实中，“弄事”的搞不过“弄人”的，“求真务实”的搞不过“形式作假”的，“唯下”的搞不过“唯上”的，“能干”的搞不过“能说”的，小人屡屡得志，卑鄙无赖光彩……

【争名反丢名】　有一年，洪水暴发，某乡临近淮河险情严重，干群日夜奋战严防死守堤坝。水患过后，电视台制作抗洪功绩电视报道，各类现场都有，唯独缺少乡“一把手”与民众奋战在抗洪第一线的镜头（因在洪水猖獗时一把手出远门探亲去了）。为了弥补镜头缺憾，“一把手”就临时招呼三个农民在河堤上“演”了一场在河水中“打桩戏”，就补上了“领导率领群众战洪魔的感人镜头”。电视台一播放，全乡哗然，老百姓一片骂声，说“当官的脸皮真厚”、“电视台真会骗人”，以后再不看新闻播放了、新闻是演假戏骗人的……

至乐无乐，至誉无誉。实践和历史都很公正，它总是捂搞形式图虚荣人的嘴，扬诚信务实人的德，从来都是碑不自立，名由人传。一些搞形式主义图虚荣的人，本想让自己名留后世，其实除了留给当地的遗患外，就是留下了像“皇帝的新衣”那样，让后人嘲弄唾骂。

搞形式主义图虚荣，是诚信务实的拦路虎，是从政为民的大敌。为官从政者要做到作风务实就必须根除形式主义虚荣心，不悦虚伪之名，不行驾空之车，不图表面光彩，不做无功之事。

（二）工作要求实

1. 安排必落实

【颁布必落实】 春秋时齐国随着经济的发展，生活水平的提高，厚葬之风也渐渐随着盛行。齐桓公就下了一个节葬的法令：对棺木的厚度、标准及陪葬品都作了具体规定，并提出谁要违纪，则将尸骸斩为三段。法令公布第二天，齐桓公的一个宠臣母亲去世。宠臣仗恃是国君的亲信，就给母亲做了一口八寸厚的楠木内棺，外加两层涂着上等油漆的外椁，还有许多陪葬品。宰相管仲得知后，就去见齐桓公，要求严惩。齐桓公听说犯禁者是他的宠臣，就说：“这一次宽容了他吧，以后谁再犯，就严惩不贷。”管仲说：“法令新颁，就有人公然违抗，不予严惩，以后谁还守法？”齐桓公想了想也对，就让管仲依法从事。宠臣的母尸就被斩为三段……从此以后，齐国再没有人敢违法厚葬了。

【不可朝令夕改】 唐太宗主政时，刚规定年满十八岁的男子才服兵役，后来不知听了谁的话，为了扩充兵力，又决定十六岁以上的男子也要服兵役。当时皇帝的命令要大臣会签后才能生效，魏徵见到后就不签字。唐太宗就责问他为什么不签，魏徵说：“竭泽而渔并不是得不到鱼，而是明年就捕不到鱼了，焚林猎兽并不是捉不到兽，而是明年就无兽可捕了。兵不在多而在精，何必为了充数，把不够年龄的孩子也拉去当兵？况且刚发了十八岁服兵役的规定，现在又改为十六岁的孩子也服兵役，这不失信于天下吗？”唐太宗听后，觉得在理，也就放弃了自己的主张。

【不失信于民】　唐末，四川邛州地区爆发了农民起义，起义领袖阡能被邛州节度使陈敬瑄的部下杀害。陈敬瑄为了稳定民心，在邛州出了告示，说凡是阡能的亲朋一律不究。告示刚贴出，邛州刺史就逮捕了阡能的叔父阡行全家35人，请求处决。陈敬瑄便问掌管文书的官员唐溪该怎么处置。唐溪说：“你已经贴出了告示说不追究阡能的亲朋，现在如果杀了阡行全家，不但你失去信用，恐怕阡能的党羽又要纷纷闹事了。”陈敬瑄听了唐溪的话，就释放了阡行全家人。

政府诚实是社会诚信的关键，如果政府出台的政策朝令夕改；政府行为朝三暮四，要想让老百姓相信政府，讲诚信，是不可能的。

认真反思我们30多年来的反腐历程，不论是吃喝风、住房风、用车风，还是损害群众利益的各种不正之风和各部门行业的不正之风，不能说没反过，但哪种风都没有明显刹住，而且越刮越大。甚至连过去人们认为是清水衙门的文教和卫生部门也基本都成为重灾区了。党的十八大后，中共中央作出的“关于改进工作作风、密切联系群众”的八项规定，刚开始人们都不以为然。因为这些要求以前都喊过，而效果都不明显。经过一年来的实践，广大人民群众感到，“八项规定”治理不是一阵风，是以习近平同志为首的新一代党中央集体的“徒木立信”。从2012年12月4日“八项规定”的出台，截至2013年10月底，全国查处违反“八项规定”精神的问题共计17380起，处理了19896人。其中既有高中级领导干部，又有老百姓身边的人和事，确实是老虎苍蝇一齐打。“打老虎”才能真正督促中高级领导干部“从自己做起，从现在做起”。“打苍蝇”，就能让老百姓从自己身边的人和事看到新的变化，提高群众对反腐败的信心，恢复党和政府的公信力。再从相关的配套制度上看，“八项规定”出台后，3月中组部在《关于在干部教育培训中进一步加强学员管理的规定》中，要求干部在校学习期间，住学员宿舍，吃学员食堂，学员之间、教员与学员之间不得用公款相互宴请；5月27日全国纪检监察系统开展了会员卡清退活动，要求做到“零持有，零报告”；7月中办、国办要求各级党政机关五年内一律不得以任何形式和理由新建楼堂馆所；8月中宣部等五部门发出通知，提倡节俭办晚会；9月中纪委和中央党的群众路线教育实践活动领导小组联合下发通知，要求坚决刹住中秋、国庆期间公款送礼等不正之风；9月23日，财政部等部门发布会议管理新规，狠刹会议费支出；10月31日，中纪委发出通知，严禁公款购买印制寄送贺年卡等款物；10月底，中央政治局会议审议并通过印发《党政机关厉行节约反对浪费条例》，表明加强作风建设已经上升到党内法规的高度；11月12日，党的十八届三中全会通过《中共中央关于全面深化改革若干重大问题的决定》中提出改进作风常态化的一系列制度：完善直接联系和服务群众制度，改革会议文件制度，健全严格的财务预算、核算和审计制度，完善选人用人专项检查和责任追究制度，改进政绩考核机制，规范并严格执行领导干部工作生活保障制度等。这些及时可行的配套制度，使全社会感到“八项规定”是实实在在的要求，随着逐步的落实，人们普遍感觉，领导干部离特权远了，离群众近了，党风变好了；机关花架子少了，干实事多了，政风也变实在了；奢侈浪费的少了，勤俭节约的多了，民风也向朴实方面变了。当然，再紧的制度篱笆，也总有漏网之鱼。我们相信，只要中央率先垂范；以“踏石留印，抓铁有痕”的劲头认真、长久地抓下去，我们的党风、政风、民风一定有个大的好转。

“为政贵在行”，“言而不信则民不服”。现在我们有很多领导，讲得很到位，就是做的不到位；布置很到位，就是落实不到位；表面很到位，就是实际不到位。长此以往就在人们中形成一种上边要求归要求，领导讲归讲，你想怎么干就怎么干的惯性思维。所以，才有任任反腐腐更滥，年年刹风风更飚的现状。我们的各级领导干部，尤其在基层工作的主政者，整天都面对的是群众，一定要讲诚信，办不到的就不要讲，讲了的一定要落实兑现。只有这样，广大群众才会信服你，按你的要求去行，照你的安排去干。也只有这样，广大群众才会对我们政府信任、服从、拥护。

2. 察情不通知

【微服深入】　西汉时，阳夏（今河南太唐县）黄霸（字次公）在颍州任太守时，经常微服下访，了解实情，由于他不穿官服，无随从，一次在田间数树木看果实时。被农民误认为是小偷。他私察暗访得到的数字，记得很准，有的鳏寡孤独死后，没有丧葬费用，乡官报来后，他都能准确无误地批复哪儿有棵大树可以刨了做棺材，哪儿养有一头猪，可作为奉献宰祭。乡官依照批示去做，果然如太守所说。时间一长，下属都把他奉若神明，谁也不敢蒙上欺下。他最终升到丞相。史学家班固曾评论说：“自从汉朝建立以来，要讲治理百姓的官吏还是数黄霸第一。”

看看前贤，想想现实中，为什么一级哄骗一级，就是主政者深入基层察访少，而且下去察访前都事先通知……

【深入察真情】　1977 年万里同志临危受命到安徽省接任省委书记。为了掌握真实情况，他亲自下去做农村调查。他从淮北到皖中，再到江南。他事先不打招呼，说走就走，随时可停；每到一县，一竿子插到村，访到户。每到一处，一不开会，二不作任何指示，只是看、只是听、只是问。11 月上旬，万里到革命老区大别山调查。大山里的金寨县燕子河公社车子进不去，他就让当地干部带路，徒步上山。途中，他看到一个小伙子穿个连扣子都没有、棉套外露的空心棉袄，腰上系一根草绳，便问小伙子有什么困难，小伙子回答说：“填饱肚子。”他想一个壮小伙填饱肚子应没什么问题，于是又问小伙子还有什么困难？小伙子答道：“把地瓜干换成粮食，还是填饱肚子。”他万没想到壮小伙连肚子都吃不饱，当时就招呼身边人不再走了，就到附近的村里随便瞧瞧……

他到了一个村里随便走进一个低矮残破的茅屋，因为屋内太暗，进去好一会儿才发现，在锅灶旁的一堆柴草里坐着一位老人和两个姑娘。他热情地上前问道：“老人家，8 点多了，怎么还不上工?”老人抬起头，傻傻地望着他。这时随行的同志走近老人说，省委书记来看你，站起来说话。老人这才站起来，这一站，万里一下惊呆了：原来老人没穿裤子，光着屁股。万里忙招呼老人蹲回柴草里，又问旁边的两个姑娘：“你俩怎么也蹲这里?”两个十七八岁的姑娘只是用羞涩的眼光望着万里，身子却一动不动。这时，随行的同志忙小声对万里说，两个姑娘也没裤子穿，山里风寒，蹲在柴草里是为了御寒。万里一听，眼含泪水走出那户人家。

万里又随便走进一户人家，看上去也是家徒四壁，屋里坐着一位衣着破烂的中年妇女，三个赤身裸体的孩子，都缩在灶膛里。那时老百姓为了不被饿死把衣服、被子能换吃的都换完了，三个孩子没衣穿，为了御寒就只得缩在烧过饭，尚有余热的灶膛里……万里泪流满面地走出茅屋。回到合肥，在各市县委书记和省委常委会议上，他动情地说：“当年只有 20 多万人的金寨县，当红军牺牲的就 10 万人，没有他们，哪有我们的国家，哪有我们的今天？……问心有愧啊！中国的革命是从农村起家的，是农民支持了我们，但是进城后，我们有些人就把农民这个母亲给忘了，忘了娘，忘了本了！我真没料到解放20多年了，不少农村还这么穷！我不能不问自己，这是什么原因？这能算社会主义吗？……”万里声音哽咽，几次都说不下去。从而果敢提出“必须改弦更法”……才有了小岗村拉开了中国农村改革的序幕。

【随意听真话】　温家宝同志下去调研，就不一定都按照地方政府给他安排好的路线去考察，有时也改变路线或让车中途停下来。2003年他在重庆考察时路过云阳县一个小村庄，让临时停车。他下车问一个叫熊德明的农妇，对政府有什么意见和要求。熊德明说到在外打工的丈夫2300元工资被拖欠，给家中造成困难之后，中央随后就专门下发清理拖欠农民工工资的文件……

试想，如果以上领导要下去调查，事先给下面通知一下，再由下级陪同，引领导去看准备好的点，能看到听到这些实情真话吗？不仅看不到，还会将看的假象听到的谎话，当作真情、实话。

【突击作假】　朱镕基任总理时，一次去中部某省一个县察看粮库，本来粮库都是空的，当地领导立即突击把周围一些粮站的粮食都搬运去，摆得整整齐齐。又一次朱镕基总理去某城市考察下岗职工再就业服务中心。原来是一个大仓库，空荡荡的，当地领导在几天内突击把许多个体户都搬进去，冒充下岗再就业。等他去时，里面人山人海，不仅人人都想和他握手，而且都想向他夸奖当地政府几句，真是政通人和，形势大好。他一回到北京，就收到人民来信，说那全是假的。他就派人又去微服私访，果然是假的。

【奖励作假】　江南某省一个市社会管理综合治理委员会办公室给市民发短信，要市民在接到省里民意调查电话时，都要说好。如能客观公正、积极评价的用户，持五分钟左右的电话通讯录单到当地综治办领取误工补贴300元。

【号召作假（二则）】 中部某市委副书记在创卫专班工作会议上说：距国家暗访组来检查还有98天，在时间紧迫、任务繁重而艰巨的情况下，各专班小组要“行动起来，紧张起来”……

南方某县为了迎接绿化检查让村民把山坡上的墓碑刷上绿漆。一位村民说：“10多天前，当地部门在村里用高音喇叭通知，要求各家各户要么在自家坟墓上刷上一层绿油漆，要么用绿布把坟墓遮挡起来，不然的话，就炸掉坟墓。”村民们只好按通知办事。一些村民询问原因，答复是上面要求，说如果不刷绿漆，上面来检查绿化时，在绿油油的青山上，东一块西一块的白色坟墓，很难看。

以上种种现象的出现，不同程度地反映出现实生活中弄虚作假形式主义已到了多么严重的地步……

现在有些地方各种形式的检查评比活动太多太滥。上面千条线，下面一根针。就说市里各部委局办来后，它下面还有很多股、室、办单位，今天他要报表，明天你要汇报；今天你来检查，明天他来考核，形成县里各乡镇、部门，常年都随着上面检查的指挥棒转，天天处在填报表、写汇报，找点、选线、布置现场，准备座谈，迎来送往，忙忙碌碌之中。这样长期下去，不仅基层同志无时间无精力主动做些有利于当地民生的实事，还得为这一本正经走过场、光明正大做假象的形式主义耗费大量的公共资源，特别是这样检查、考核，看到的、听到的完全不是“庐山真面目”。要是把这样情况汇报给领导，领导依据它思考、决策，怎么能把我们引上小康社会？

明代《薛子通论》里说：为政，通下情为急。即从政治国，最急迫的问题是通晓下层情况。《正百官》里说：下情不能以上通，则民间利病无由而知，官吏赃否无由而闻，天下日趋于乱矣。也就是说，下面的情况不能通达上面，那民间的好坏情况就无从了解，官吏是否贪赃枉法也没有途径听到，于是国家就日益趋向动乱。

下情，是决策的依据；下情，是思路的源泉。要想得到真实的下情，必须改变这种提前通知，地方陪同，看点由下边定、汇报人由下级选的方式。

“知屋漏者在宇下，知政失者在草野。”书斋内的冥思苦想，办公室里的文来文往，“权威们”之间的坐而论道，是无法获取真正社情民意的。

各级领导干部一定要以史为鉴，继续发扬老一辈求真务实、密切联系群众的作风。按照中央八项规定，不论是调研、检查，都不要提前通知。只有深入基层群众，才能看到基层社会的真实面孔，才能采集到原汁原味、不带任何水分的民意，也能使你“接地气”、充满活力。

3. 喜忧要如实

【敢讲真话】　汉高祖七年，匈奴冒顿南犯太原，行军驻在代谷。当时正在太原的刘邦就派人去侦查，准备攻打他。那时冒顿把其精壮士兵，肥壮牛马都隐藏起来，只让人能看见老弱病残和瘦小的牲畜。刘邦派去的使者相继有十批回来都顺着刘邦想出征的心理报告说匈奴战斗力不行，可以打。只有最后派去的刘敬报告说：“两国相攻，本应炫耀显示自己的优势以鼓舞士气，但我到冒顿军营看到的都是瘦弱的牲畜和老弱士兵，这必然是显示自己弱，引诱我们出兵，然后有埋伏奇兵应战与我。我认为不能攻打匈奴。”当时刘邦已下令军队出征了，就大骂刘敬胡言乱语，搅乱军心，阻挠进军。并将刘敬拘禁在广武监狱。

刘邦就率军向北开进，到达平城时，冒顿果然发出精兵四十万，把刘邦困在白登山七天之久。后来陈平利用匈奴的失误才使高祖冲出包围圈。刘邦回到广武，立即赦免了刘敬，并加封他为建信侯，同时将此前十批说假话的特使都统统杀掉。

多么深刻的教训！因为十批的特使都知道刘邦的指导思想是要攻打匈奴，所以都看刘邦的眼色行事，顺着杆儿爬，想讨得主子的欢心，而只有刘敬如实报告，反被刘邦认为是搅乱军心。

【例子加上】 1954 年底，西北区来信反映在统购统销中食油供应紧张，棉花、棉布购销不合理，干群关系紧张等问题。习仲勋同志认为事关重大，应向党中央毛主席报告。他让秘书一定要把农村的真实情况反映给党中央。秘书在起草报告时对举不举例子很为难。原来，群众来信中讲了两件事：一是有人认为“现在食油比旧社会还要紧张”，因而讲怪话说：“食油四两，想起老蒋”；二是有个农民赶着轱辘大车，车轴因没有润滑油发出“吱吱”的叫声，这个农民就大骂：“我都没油吃，你还叫唤啥！”发泄对食油供应的不满。秘书觉得这些例子有些粗俗，不想列举。习仲勋同志说：这两个例子很形象真实，生动反映了我们地方政府在工作中存在的问题，有一定的说服力，还是例子加上好。

【如实反映】 邓宝珊从新中国成立后一直在甘肃担任了 18 年省主席、省长。1960 年秋，国家正处于三年困难之中，当时人民生活非常艰难，邓宝珊就将甘肃天水一带百姓赖以生存的食物——用油渣和榆树皮粉掺合而成的食物寄给毛泽东。当时省委领导担忧地对他说：“你把这些东西送给毛主席，影响不好，到时候轻则批评，重则会受到处分的。”而他却说：“我只是实事求是向毛主席、党中央反映问题，个人的进退荣辱并不是什么大事，群众的吃饭问题才是最重要的啊！”

【写进新闻】 1982 年 12 月 4 日，五届全国人大五次会议在表决通过修改后新的《中华人民共和国宪法》时，第一次出现了三位代表投弃权票。新华社记者李尚志要对此如实报道，但大会秘书组有些担心，对他说："过去党和国家召开重要会议，通过一些重要决议、决定，都在新闻报道稿中写为'一致通过'。我们总不能把不同意公诸报端吧？别忘了我们是社会主义制度嘛！"但李尚志同志仍然坚持如实报道。无奈之下，大会秘书组就向邓小平、胡耀邦汇报了情况。胡耀邦听后爽快地说："我看三票弃权可以写入新闻报道中去！"在场的邓小平也笑着点了头。随后稿子原样发出，在国内外引起强烈反响。

【求实存真】 1987年，为修改小说《浴血罗霄》，肖克将军回到当年战斗过的地方。当地领导请他参观纪念馆。他对每件展品每个图表都看得很认真。在一挺机关枪前，解说员介绍："这是当年狙击敌人时朱老总用过的机关枪。"肖克将军摇摇头说："不要说朱老总，就是团长也不可能抱起机枪和敌人打。"走到一座模型前，录音响起，逼真的枪炮音响起，解说员讲道："战斗中林彪贪生怕死，该救援时，迟滞行动……"，肖克将军说："当时我就在，林彪并没有迟滞行动。林彪不是胆小鬼，也不打滑头仗。他后来变了，是另一回事。"最后，他站在一个图表下，看了一会儿说："你们把我当六军团军团长的时间提前了一年。"看完后，馆领导请他留下墨宝。他沉思良久挥笔写下"求真务实"四个大字。当时在场的同志对他求实存真的精神肃然起敬。

【公道的黄克诚】 "文化大革命"结束不久，《中国大百科全书·军事卷》作者，写了关于林彪的条目，请时任中央军事委员会顾问的黄克诚审阅。

黄克诚谈到《毛泽东选集》中《星星之火，可以燎原》时说："你们年轻，没有经历那段时间的斗争，不知道当时的具体情况，将林彪提出'红旗到底打得多久'也写进条目中，这一点值得斟酌。在我们党内，一个下级干部向上级领导写信，直陈己见，尽管意见是错误的，但敢于向上级反映，不隐瞒自己的观点，就这一点来说，本来是一件好事情，表现了一个共产党人应有的态度。即使现在，也应当提倡这种精神。一个人提意见，不一定都正确，也可能是错误的，但只要不是反党反革命言论，都应当允许提。提错了也不要紧，错了可以批评嘛。”

当时有人提醒他：“‘文化大革命’中，林彪整过你呀。”确实“文革”中黄克诚被批斗时，他给林彪写过一封信，希望林彪就一些知道的事，出来给他说句公道话，谁知林彪不但不说话，反而加重对黄克诚的批判。但黄克诚不以为然地说：“不管他怎么对我，反正我是公道地对他。”

【合伙骗上】 1958 年早稻登场时，国内报纸、电台竞相发表《广西环江县飞出水稻亩产 13 万斤大卫星》特大新闻。此报道套红标题，还配发有姑娘坐在未割倒的谷穗上的特写镜头照片，借以提高新闻的可信度。实则，只不过是把几十亩已成熟的早稻连根拔起搬拢到一块田里。收割后把所得谷子一再重复过秤上账，凑足 13 万斤的数字游戏而已。

“大跃进”期间，各地卫星不断，不仅粮食放，钢铁也放，为了充数就把巨石外边浇了铁水……试想：这些做假过程知道的人能少吗？上边来人也看不出破绽吗？能，广大群众都心知肚明，只是对作假、瞎吹，谁也不敢说半个“不”字。因为“反右”刚过，人们都怕被认定为反对“三面红旗”，而充瞎作哑，任由皇帝穿新衣，招摇过市……随着 1959 年“庐山会议”反右倾对谏言者的冤屈，尤其是“十年内乱”的残酷迫害。使政界一直有一股唯上不唯实，报喜不报忧的邪风潜吹不止。改革开放后，我们虽提出要恢复我党“实事求是”的思想路线，但一直没有切实举措，彻底截堵。时至今日，政界仍有些领导将工作中的不同意见视为“杂音”、“噪音”而贬斥。现实中，唯上不唯实，说好不说坏的大有人在。有些人汇报专拣上司爱听的说，把刚设想的，说成已实现的，把正在摸索的，讲成成功经验介绍；有的当面一套，背后一套，见人说人话，见鬼说鬼话，很难捉摸实情到底是什么……

认真反思政界假话成风、报喜不报忧的原因有二：一是一些心术不正的谄媚之徒，专拣上司爱听的说，报喜不报忧，有他个人的图谋；二是慑于上司威压，迫于无奈所为……

各级领导、主政者，一定要以史为鉴，真正恢复实事求是的思想路线。为此，其一，要创造一种真正的“知无不言，言者无罪”的宽松话语环境。其二，建立完善一套对直言进谏，喜忧如实的保护和对隐过瞒错，说谎作假者受罚的法规制度保证。只要从上到下，认真执行，坚持几十年，我们实事求是的作风一定能恢复、发扬、光大。

（三）事业要做实

1. 规划要科学

【无奈的爆破】　辽宁沈阳绿岛体育中心，曾是亚洲最大的室内足球场，建设投入了8个亿资金，使用寿命仅为9年。据沈阳媒体报道说，是因体育场地处于沈阳郊区，近年来由于沈阳奥体中心、铁西体育场等大型体育场馆形成竞争关系，导致利用率低，无营运收入，一直处于闲置状态，体育中心场馆都沦为仓库。为了保证土地资源的有效利用和开发，于2012年6月3日，被爆破拆除。

【豪华的“废园”】　浙江金华建筑艺术公园，于2007年基本完工，总投资近3000万元。公园集城防工程、建筑艺术展示于一体，有建筑单体17座，由来自7个国家的21位建筑师设计，刚建成还引起广泛关注。但由于位置偏远交通不便等因素，公园的利用率不高，部分建筑颓败不堪，被媒体称为一个奢侈的“废园”。

【赛马场成了停车场】 2004年建设之初的南京东郊国际赛马场，是作为亚洲最大的赛马场设计建造的，当时是被当作南京城市的名片来打造的，几年了，名片始终黯淡无光，后来赛马场就当成了一个巨大的停车场来用……

从1978年我国最早出现的央视无锡影视基地起，多年来全国各地先后建起的影视城已有近千座，有数据显示其中95%投资过亿。从经营上看，80%出现亏损，有15%只够温饱，只有5%可以盈利。就这样，安徽宿州还要投资70亿建影视基地，香港卫视也投资30亿在巢湖边建影视基地，湖北百步亭集团也准备在海南建一个影视基地……广州中山影视城董事长喻立建表示，上下五千年的古建筑几乎被仿建完了，目前国内影视基地80%都是多余的。

近年来，各地大拆大建"短命工程"频频出现。究其原因，主要是一些领导在上项目上饥不择食，或邯郸学步，不顾本地实际情况不进行科学论证所致。

再看近年来城市的迅猛扩张，整个国家的城市面积在过去20多年中增加了2倍以上，一些城市的建成区更是扩张了20倍以上。有个小县城由0.23平方公里猛增至18.21平方公里，扩张了79倍多。这样将来必然出现两种情况：要是按现在规划实现了，那乡镇、农村就基本无人了；要是实现不了现在的规划，那现在扩建的市、县城区，必然有不少资源闲置起来，相继还要出现更多"鬼城"空楼，其他且不说，就是土地闲置一亩，一年就等于丢掉1000斤黄澄澄的粮食……这可是实实在在的收获呀！

近年来，各个"中心城市"和一线都市，交通堵塞、垃圾围城、大气污染、逢雨就涝的城市四大通病，使城市的可持续发展受到了严重的挑战。在其他国家发生过的大城市病在我国也都一一浮现。这些现象应该引起我们对大城市发展战略再慎重思考……

实现城镇化，必须要遵循城乡发展的客观规律，坚决防止“造城”大跃进。如果任其发展，待病入膏肓，就积重难返、遗患无穷了。

敢闯不莽撞，敢干不蛮干，果断不专断，大胆勿大意。我们应吸取历史的教训。不论对工程的确建、对城市的扩大，一定要进行反复论证、科学规划、统筹考虑，看是否适应“水土”，是否有利长远，是否符合节俭，是否有利于人民健康幸福。

2. 施工要规范

【崭新稀巴烂】 某县修了一条站前路，等路基修好后就已到秋末，根据技术人员建议，不要急着铺油面，等到明年五六月再铺。谁知过了几天，市里通知市委组织检查各县全年工作，于是县上领导就又让铺油面，就这样，在不宜施工的初冬就将油铺上了。市里检查时，果然出现了一条宽阔的柏油路，但没几天就成了一条“崭新稀巴烂”的路。

一些领导为了快速显示自己的政绩，违背施工要求、瞎指挥的事例比比皆是。为了逞能，别人盖一座楼需用两年，我就只用一年；你说冬季（北方）不能施工，我就偏要冬季浇大梁，抹楼面；你说雨季、秋冬不能铺油路，我偏铺……

类似赶工期剪彩的献礼工程和图虚荣的面子工程，近年来在各地屡见不鲜，见怪不怪。急功近利工程，一有时间限制，就必然不能严把质量关：承建单位怕延期受罚，必是抢时间，忽视质量；主管单位也怕质量要求严了，影响工期；分管领导也怕不能如期完工，显得自己无能……这样势必形成都围绕工期转。所以全国各地刚通车就垮塌、正在建设中也垮塌的桥梁、大楼不时出现，就是例证。

【巍然的长江大桥】 武汉长江大桥自1957年10月建成通

车，桥墩遭受万吨到几千吨的船舶撞击近百次。较为严重的一次是1990年7月一艘重达九百吨的吊船，正面撞击大桥墩，后经检查发现，大桥并未伤筋动骨。最大的一次撞击是2011年6月6日6时许遭受一艘万吨油轮的迎面撞击，依然屹立不倒。在它56岁“高龄”时，遭遇一艘装满5000吨沙石的货轮的撞击，大桥安然无恙，而货轮船体撞得破裂，武汉长江大桥因此被称为“业界良心”。

现在与1957年相比，桥梁建设无论是技术、工具，还是资金、材料，远非昔日可比，为什么桥梁质量没有水涨船高，反而出现倒挂？这就是百年大计必须有百年智慧。百年智慧不仅体现在建筑用料、设计、技术上，还体现在施工程序、管理艺术上。所以说：“短命”工程，也是违背科学施工程序及工艺要求所致。

近年来，在一些大的工程上如此，在一些小的工程上也是如此。就拿一些城市刮起的人工造风景来说，有些地方就不切实际地植草栽树、挖湖堆山、拦河圈水，拉巨石、移大树，只图猎奇和一时引人眼球，根本不顾资源浪费，当地气候、水分、日照及土质。南方的棕榈、椰子硬给穿上“防寒衣”、“电热靴”、用“加湿器”让其在北方过冬，尽管花费巨大，最终仍难逃过由衰弱到死亡……

历史上有人曾设想制造一种永动机没有成功，是因为“永动机”违反了能量守恒和转化定律，违反了客观物质世界的规律性。同样，不论搞什么工程都要遵循科学。不论规划、用料、流程都不可盲目蛮干。

当然，不可否认有些“短命工程”是一些主政者政绩观的利益驱动。因为，拆、建、拆，三次都能拉动GDP增长，而一些主政者一旦执着于此，就极容易出现热衷形象工程、重复建设、盲目投资，直到数字造假。所以要遏制“短命工程”，一方面，不仅要增强规划的科学性、权威性、严肃性、长远性和执行性，而且要针对重大工程随意拆建造成的严重浪费，进行严厉的问责。另一方面要彻底改革对领导政绩考核内容，由单纯追求GDP、重财政收入，转到兼顾环境保护、节约资源、勤俭办事和重视广大老百姓的健康、幸福、满意度上来。

历史教训殷鉴不远。我们再不能干那些为献礼、为搞政绩工程而违背科学的事了。

3. 戒急功近利

【杀鸡取蛋】　有一个人养了一只会生金蛋的鸡，他嫌鸡一天生一个少，总认为鸡的肚子里全是金蛋，就把鸡杀了，想一下得到更多的金蛋，结果不仅没有得到更多的金蛋，就连每天一个也得不到了。

杀鸡取蛋很愚蠢。其一是本末倒置，舍本逐末，只顾眼前点滴利益，割舍了长远的根本利益。其二是对这种需三思而后行的决策采取了极其简单、粗暴、轻率的态度和行为。

【提前剖腹欠健康】　29岁的孕妇张女士，预产期在9月底。她听说在9月1日前满6周岁的孩子才能入小学，怕自己孩子在9月底出生就比8月份出生的孩子要晚一年才能上学，担心孩子延迟读书会输在起跑线上，就与丈夫商量提前在8月31日剖腹产。当时医生就劝她：如果8月31日剖腹产，怀孕周期就是37周左右，胎儿发育还未完全成熟，尤其肺部极易患上新生儿肺炎。但张女士夫妇主意很坚定，就在8月31日作了剖腹产。结果，生下的女孩体重只有4斤2两，并因剖腹感染上新生儿肺炎……

【拔苗助长】　宋国有一个农民老感到禾苗长得太慢，一天，他去到田里把禾苗一株一株往上拔了一截，把他累得满头大汗。回到家对家里人说："我今天帮助禾苗往高长了一截。"他的儿子听了后，急忙跑到地里一看，田里的禾苗全都枯萎了……

植物生长都有一定的规律，不仅要有适宜的温度、阳光、水分和肥料，还要有一定的生长时间等。宋国农民出力不讨好，就是因为他违背了客观规律、急功近利所致。

【崩出的水坝】 “大跃进”时期，华北某县在东川口搞了一个定向爆破堆石坝工程。一炮崩出个大坝，确实是又快又省。但由于大坝基础没有层层夯实，基础很不牢固。1963 年 8 月的一天，一场暴雨就将大坝冲倒。洪水肆虐，势不可当，所到之处，房屋倒塌，良田被毁，50 里外的铁路的铁轨也被拧成麻花，500 多人丧生。急功近利的浮躁之举，造成了巨大的经济损失，结出了苦涩的惨痛之果。

古人云：“急则槁暴，慢成绳。”1958 年的“大跃进”没有实现超英赶美的目标，反而使中国经济出现了停滞和倒退，造成三年困难……1961 年 1 月 13 日毛泽东在中央工作会议上指出：现在看来，搞社会主义建设不要那么十分急。1962 年 1 月，毛泽东在中央扩大会议上总结“大跃进”的教训时又说：“至于建设强大的社会主义经济，在中国 50 年不行，会要 100 年，或者更多的时间。资本主义发展，从 17 世纪到现在已经有 360 多年。在我国，要建设起强大的社会主义经济，我估计要花 100 年。”

深思是种智慧，深思是种成熟，深思益于明理。一个主政者，决断事情时，一定要考虑到各种因素。处事不计后果，必定要食苦果。尤其取得成绩时，不可头脑发胀，忘乎所以，随意跟风，更不能随波逐流，加入他人合唱团，听从他人指挥。

“九层之台，起于累土；千里之行，始于足下。”“不积跬步，无以至千里；不积小流，无以成江海。”过程对成功至关重要，“瓜熟蒂落，水到渠成”。任何生命的成长，事业的完成，都有一定的规则，如果刻意人为地助长、提速，省去其一些必要的过程，看似节省了时间，但结果只会使其受到摧残或夭折。

现在一些主政者只爱长江奔腾呼啸、气吞万里的入海气势，却不知长江源自青藏高原冰雪消融的涓涓细流，流经6000多公里，广结博纳大小河流而成的经历；只喜别人成功的喜悦，却不愿付别人自卑微做起，一丝不苟，事事扎实的勤奋。比如：他们在市政建设上只图地上，不管地下，稍有大雨，就洪水漫灌，道路阻塞，民房被淹，给城市和群众的财产、生命造成巨大损失。还有的主政者，不考虑本地实情，看样学样，东施效颦，别人恢复古建他也恢复古建；别人搞工业园区，他亦搞工业园区。花费不少，没有效益，形成大片农田荒废……更有一些主政者，不在科学发展、科技上下功夫，却在盖摩天大楼上想一鸣惊人，一味追求高奇。一时间摩天大楼在神州竞相耸立，全球在建的高楼87%在中国，而排名全球前20位的高楼中，有10座就在中国。据有关方面估计，在未来3年内，中国平均每5天就将有一座摩天大楼竣工，在5年后，中国的摩天大楼数量将超过800座。摩天大楼已经不是技术、先进、时尚和实力的象征。真不明白一些主政者为什么一味争这种“暴发户”式的炫耀，而且楼型越来越怪，难怪国人将我国喻为外国设计摩天大楼的实验基地。且不说以后效益如何，当下就造成城市地基下陷……以上主政者急功近利本想为自己任期沽名钓誉，岂不知除了给当地留下遗患外，就是老百姓的永世唾骂。

急功近利是一种浮躁心理在驱使。天下事情的成功，都有一定的规律。无论是生命的成长，还是人才的培养，或者经济的发展，事情的善满，都要遵循客观规律，循序渐进。破例难成规，欲速则不达，急功近利，只能适得其反。

我们千万不要忘记，至今还记忆犹新的20世纪50年代末急功近利的教训……浮躁不仅给事业造成损失、给国家造成灾难，而且浮躁的人，自控能力比较差，容易发火，既影响人际关系，又影响自身健康。所以，我们每一个从政做领导的都应该培养一种稳重的气质和修养，始终保持一种宁静的心态，把“宁静致远”作为自己的座右铭。力戒浮躁之气，克服虚荣之心，不做虚有其表之事，不图虚浮不实之名，做一个笃功务实的人。

说实在的，近年来下边浮夸，大多是由于上级部门缺乏实事求是的工作作风造成的。人类社会的前进、经济建设的发展，都是螺旋式上升。这是常理，绝不可能一直是直线前进或只升不降。现在有些上级部门，闭门造车，不结合各地实际，违背常理，给基层年年递增经济指标，并简单地实行经济增长数字末尾淘汰制，以此施压挟制，逼得基层不虚就过不了关，不假就达不到上级要求，以致在一些基层形成吹而不觉耻，虚假脸不红。而上级领导官僚主义，也不深入基层群众了解下情，就听信下级竞相瞎吹，以致形成浮夸风……

当然工作中有点浮躁不可怕，浮躁显得还有心气，不甘落后。但总是浮躁，一代接一代的浮躁就危险了。现在我们国家面对世界格局进入了深度调整期，国际金融危机，发达国家经济增长乏力，保护主义抬头，霸权主义、强权政治和新的干涉主义有所上升，局部动荡频繁发生，传统安全威胁和非传统安全威胁相互交织。世界政治、经济等领域不稳定因素增多，在世界仍然很不安定的形势下，我们更应实实在在搞好自己国家的事情。

（四）做人要诚信

1. 诚信树威信

【孙武斩美姬】 春秋时期，吴王准备伐楚，伍子胥就推荐孙武带兵，吴王想了解孙武的军事指挥能力，就选了180名宫女给他布阵演武。孙武把宫女分为两队，每队选了吴王宠爱的美姬为队长，然后下令：“听到第一次鼓，两队站好；击第二次鼓，左队右转，右队左转；击第三次鼓，各队举起宝剑战斗。”孙武命令击鼓，鼓声起后，宫女仍然打闹嬉戏。孙武无奈就亲自击鼓，谁知二美姬还是和宫女笑个没完。孙武大怒道：“约束不明是当将领的过错。”他便不顾吴王的宠爱，严令军法从事，果敢地处决了两名队长。这一下，再下令练兵后，令左则左，令右则右，再也没人敢嬉闹了。唐人周昙有墨于此，写了一首《孙武》诗曰：“理国无难似理兵，兵家法令贵遵行。行刑不避君王宠，一笑随刀八阵成。”孙武说到做到，使他一言一行具有极大的威信。吴王于是拜孙武为上将，委以伐楚重任……

“人而无信，不知其可”。相传周幽王为了博得褒姒一笑，竟点燃了国家出大事才能点燃的烽火。烽火台点燃后，狼烟升起，众诸侯立即率兵急忙赶来，褒姒看到自己恶作剧的效果倒是笑了，但幽王的信义却也丢失了。不久，敌国真的来犯，周幽王急令点燃烽火。但众诸侯又以为是幽王买笑，就都未去，这位自作自受的幽王，便被人杀死于骊山之下……

还有春秋战国时的晋灵公恋奢嗜乐，昏庸无道，但每当有大臣向他劝谏时，他总是说：寡人已知过，今当改之。而却总是言而无信，奢暴依旧，到头来，“反死卒戟”，落个呜呼哀哉的下场。

诚实守信，是我国人民优良的传统美德。中华民族历来把诚实守信作为立身、处事之本。诚实守信也是一个从政者建立威信的基本要求。很难想象不讲诚信、说话不算数的领导能指挥动群众。

2. 诚信带民风

【皇子犯法与民同罪】 隋文帝是隋朝开国皇帝，也是我国历史上卓有政绩的皇帝。他在位期间，结束了两晋、南北朝长期分裂局面，谨慎理事，注意节俭。他的三儿子杨俊为统一全国立下了大功，曾受到隋文帝的重奖。杨俊便觉得自己是皇子，又有战功，根本不把法律放在眼里。他让手下人放高利贷，敲诈勒索，使许多小官吏和老百姓倾家荡产。隋文帝得知后就派人调查，核实后就将杨俊官职罢免关押起来。当时许多大臣都给杨俊说情，文帝都不应允，他说："皇子和百姓只有一个法律，任何人犯罪都得依法制裁。"经过此事，满朝上下就慢慢形成遵纪守法、节俭办事的风气，又经过二十几年隋朝就繁荣强盛起来。

【信守承诺】 诸葛亮在祁山迎击司马懿大军时，把士兵十人分为一组，每次让各组中只能两人轮流回家休养，使军中经常保持八万军力。后来司马懿重新布阵增加军力，就显得兵力不足。诸将就向诸葛亮建议，将士兵轮流返家休息延缓一下。诸葛亮摇头说："我一向说一不二，尤其在统御大军上说话一定要算数。而且回家的士兵一切都准备就绪，他的双亲和妻儿，一定是倚门望闾，怎能更改。"士兵得知后，对诸葛亮的体恤和守信深为感动，有的甚至自愿放弃回家留营。全军上下士气激昂、互勉效忠、誓死报答丞相大恩。

诸葛亮不论在统兵还是在理政上，都保有善恶分明、说一不二的作风。这种严厉的态度是他在政治上独树一帜的特征。一般而言，严厉的政治作风，稍有不慎，就极容易招致下属的抱怨；部下也会望而生畏。所以，生性懦弱的政治家，或是以自己声望为重的从政者，大多都没有魄力实行这种政治。而人民不但对诸葛亮毫无怨言，反而对他十分爱戴，心服口服。究其原因，无非是他诚实守信，赏罚分明而得到民心。

【请求处罚】 1934 年夏初，田野里麦子已经抽穗。一天，刘志丹在察看地形准备战斗时，他的马吃了老百姓的麦子。他深为自己没管好马违反了纪律而自责。当天晚上，他就将战士召集到村头场院，让大家讨论如何对自己处罚。经过讨论，大家一致认为应先给老百姓赔礼道歉，然后再罚他给群众挑水。

第二天，刘志丹就按大家的处分，到村里先给老乡赔礼道歉，然后就挨门挨户给群众挑水……

【我定的，不能破这个例】　有一年冬天，已近11月中旬，北京气温骤降，周总理去找陈云同志说事，见陈云披着棉被坐着办公。总理于心不忍，马上表示特许他这里提前几天供暖，但陈云同志却说："11月15日开始供暖，这个时间是我定的，我不能破这个例。"

看看前辈，想想自己。现在有些领导只将法律制度、规则用来约束群众，而自己则超脱在外。他们在政务、司法、就业、进编、考试中，对群众讲的是公开公正，而私下却暗箱操作，变魔术似的，将关系户、走后门者变为大摇大摆走前门的人；黑白不分让受害者得到惩治，使作恶者逍遥法外……试想，老百姓再受到伤害能向你诉说吗？能相信你主管的部门吗？随着按照正规则办的事难成，依"潜规则"办的事成功的增多，社会的信任度怎能不下滑？

【该信不信】　2013年6月30日晚，男青年池某和同学在湖里游泳溺水失踪，他的几位同学陪同打捞队在湖边守候了整整一个晚上，直到第二天凌晨4点40分。池某才被打捞上来。在此期间他的同学给他的父亲及亲属打了56个电话，可对方都是不相信……

【该敬反遭打】　江西一位医生拒绝了交通事故中受害者家属的红包，得到的不是敬佩而是一顿殴打。因为受害者家属认为医生拒收自己的红包不是医德高尚，而是医生肯定收了肇事方的红包……

近年来，随着社会的总体信任度不断下滑，形成很多人判断他人行为，惯性地从功利、自私和阴暗的逻辑出发，不相信人除此之外还有道德坚守、人格品质和职业操守。现在有些人钱包丢了，拾到的人找到他归还时，他都怀疑是骗局，不肯认领；快递来了给送邮件，不敢开门；查水表的不让进门；顾客不相信卖家，家长不信任老师，患者不信任医生，观光客不信任店家，不时都有上演……

刚性的规则能给人以平等安全的感觉。如果社会没有对公平规则的刚性遵守，一旦失去信任，一些人作恶就有了借口，那“报复社会，报复正义”观就会大行其道。作恶者对那些制定和操纵规则的掌权人无能为力，就只能伤害比自己更弱小的人了。现实中不时出现公交车纵火案和杀害无辜孩子案就是例证……

更令人担忧的是，不信任在群众心理上不断产生巨大分裂，群众必然由不信任官方辟谣，偏信民间谣言，发展到对抗政府……

一个社会没有信任，就不可能和谐，也不可能有秩序。信任，是社会最强的凝聚剂。只要人民信任政府，即使挨饿受冻，也能与国家共患难。如果人民对国家失去了信任，纵无外患，也会有内乱，国家就不能安稳了。一旦怀疑左右了人们的行为，就会使人们事事警惕，处处提防，很难形成人际合作。当互不相信，造假作假，坑蒙拐骗成为一种风气，甚至成为一种理所当然的时尚，每个人能做到的就只剩两件事了。一个是只相信自己，另一个是绝不相信别人。所以说，社会信任危机不仅是个人不幸，也是社会不幸。

《人民日报》评论部主任卢新宁曾直言，“我很担心，‘怀疑’会不会成为我们时代否定一切、解构一切的‘粉碎机’？怀疑是因为有疑问，怀疑是因为疑问没有及时解答。政权要赢得信任，就要诚实待民。不要做伤害公义、违反诚信的事。只有权力和权利建立在相互信任默契上，社会才能稳定前行。”

诚信是人际关系最基本、最重要的底线。诚信务实，不仅是从政者应有的品质，还是一种责任，也是法治社会尊重、保护的核心价值之一，更是一个健康社会不可缺乏的要素。失信于民是领导的大忌，唐太宗说的“水能载舟亦能覆舟”，这个浅显却隽永的道理，不仅在基层工作的一些领导，就是各级主政者都应铭记。

作为一个从政者，尤其作为一个区域、部门的主政者，一定要体味习近平同志说的“企业无信则难以发展，社会无信则人人自危，政府无信则权威不立”的深刻含义。不仅做人要诚实，作风务实、工作求实、事业扎实，真正实现民之瞩望，而且要以诚教民、以诚富民，更要事事处处出实策，鼓实劲，办实事。以自己和政府的诚实守信的形象影响和带动民众和社会的诚信风气。在神州大地上，真正形成弄虚作假者寸步难行，诚实守信者一路畅通。

四鉴　团结爱国

一个从政者，尤其是主政者会在工作中碰到各种各样的难题，而最难莫过于搞好班子和群体的团结。你要是搞不好团结，就很难把工作搞好，不要说开创新局面，就连旧局面也很难维持住。一个主政者要搞好团结，有许多问题需要注意。而团结问题属社会系统工程学，我只就主政者搞好团结爱国自身应具备的思想品格、素质方面谈一些看法。

（一）走出自我

1. 跳出“小圈”

【“地狱”与“天堂”】　一名教徒来到先知面前问道：“地狱在哪儿，天堂又在哪儿?”先知没有回答他，而是引着他穿过了一个黑暗的过道，打开了一扇铁门，在屋子当中一个熊熊燃烧的火炉上，有一口大锅已熬好飘散着香味的肉汤，锅周围挤满了面黄肌瘦的人们，每人手里都拿着一个长柄的汤勺，他们互不相让地舀着汤，汤勺柄长，一勺汤又很重，舀的再多也不能把汤喝进自己的嘴里，加上拥挤不仅烫了自己，还烫了别人，于是互相吵骂，甚至大打出手。先知对教徒说：“这就是地狱。”然后离开这屋子，又引教徒走了一段过道来到另一间房子，同前面一样，但这屋子里的人很有教养，锅旁边老保持两个人，一个舀汤让另一个人喝，这个人舀累了，另一个人就马上替换，这样每个人都能喝到肉汤，人与人之间也十分和睦友善，先知对教徒说：“这就是天堂。”

故事中，地狱房间里的人都是以自我为中心，根本谈不上有乐群利他、为公的群体观念，尽管你争他抢，但都不能喝到想喝的肉汤，而且还因烫伤他人互相争吵、打斗。天堂房间里的人，都能走出自我，有群体意识，相互协作，人人都能喝到肉汤，又非常和睦友好。

美国工人自己去上夜校，不停自修，拿到文凭，就要求老板加工资，不满意则就跳槽。日本公司，对员工根据发展需要，就会安排员工进修、出国，届时又调回公司，按部就班地升迁，一干一辈子，员工死了以后都葬在公司的墓园。也正因如此，员工都以公司为家，积极奉献，尽忠职守。而我们有些从政者，没学到人家优点，却只想得到好处。他们总希望得到日本公司般的照顾却不想有日本工人的忠诚；他们要求有美国式的自由，却没有美国人的自觉。就像现在一些年轻人希望有中国式父母的溺爱，却不想尽中国传统式的孝道；希望有美国家长对孩子的放任，却不想有美国孩子的独立。他始终跳不出自私小圈，也绝不会乐群护群，更不会和同志搞好团结。所以一个从政者，要搞好班子和群体团结，就必须跳出“以我为中心”的自私圈子。

2. 放下架子

【问得好】　一次拿破仑自负地对他的秘书说：“布里昂，你也将永垂不朽了。”他看着布里昂迷惑不解的样子又说，“你不是我的秘书吗?”意思是说布里昂可以因沾他的光而扬名于世了。布里昂是个很有自尊的人，他不愿接受这子虚乌有的“恩惠”，但又不便直接加以反驳，于是他反问道：“请问亚历山大的秘书是谁?”拿破仑答不出来，沉思了一会儿，不仅没怪罪布里昂，反而为他喝彩：“问得好!”

【尊重才是】　一天，英国维多利亚女王与丈夫吵了架，丈夫独自回到卧室，闭门休息。女王要回卧室时，只好敲门。丈夫问："谁?"维多利亚傲然回答："女王。"丈夫既不开门，也无声息。她只好再次敲门。里边又问："谁?"女王回答："维多利亚。"里边还是没有动静。女王只得再次敲门。里边再问："谁?"这时女王柔声回答："你的妻子。"这一次门打开了。

家庭、群体，与此同理。没有互相尊重，就谈不上和谐。古人云："敬人者，人恒敬之。""不敬他人，是自不敬也。"这些话对我们从政者很有益处。每一个人，不论他经济状况如何，身体状况如何，政治地位如何，都有自尊，都有受人尊重的需要。在政界能与他人在一个群体里共事相处，都是一种缘分。要珍惜这种缘分就必须尊重他人，尤其是地位高者对地位低者，主政者对从属者。

【平易近人兵拥戴】 西汉名将卫青平易近人，和蔼可亲，从不摆架子。朝廷赐赏他的金钱，他常常分给部下，行军路上碰到缺水时，士兵挖井取出水，他总是让大家先喝好后，自己才喝，所以将士们都很爱戴他。征战十年的七次大战役中，全军上下在他的指挥下英勇奋战，取得了一个又一个胜利，为捍卫汉王朝的江山立下了汗马功劳。

【官兵不分（二则）】 1933 年 11 月，刘志丹军长率部驻在一个村庄，有一位年过七旬的老人带着鸡蛋到刘志丹的院子里看望他。老人进到院里时，刘志丹正挽着袖子准备洗脸，老人以为是勤务兵，便抓住他的手问："你是刘军长的勤务兵吧，请领我去看看刘军长。"刘志丹急忙扶住老人说："刘志丹不用人侍候，我是侍候大家的!"战士们看到老人把刘军长误认为是勤务员，忙给老人解释说："他就是我们的刘军长。"老人半信半疑地打量着刘志丹说："红军的军长和士兵穿戴一样，哪能分出士兵和军长啊!"

一次，贺龙元帅去青岛海军学校视察，海军学校按照接待元帅级规格在门口摆了仪仗队欢迎。贺龙一进门，一声口令，仪仗队整齐威严地行举枪礼，等待元帅检阅。谁知，贺龙元帅没按惯例检阅，却很随便地走到仪仗队里去，和这个拉拉手，向那个说声好，询问起战士是哪里人，父母是干什么的，身体情况等。贺龙笑着对随行人员说："我就看不惯这一套，这明明是把我们和战士隔开嘛！"中午吃饭时，贺龙和随行人员到食堂，一看大厅空荡荡。原来学校为了接待他，让学员都蹲到院子里吃饭去了。贺龙听后，就走出食堂和战士一起蹲在院子里吃了起来。这时，一起和他来海校参观的一位苏联高级军事顾问很不高兴，对贺龙说："你是国家元帅、副总理，怎么和战士蹲在一起吃饭呢？这在我们苏联是不允许的。"贺龙说："战士是我们的同志，官兵一致是毛主席为我军规定的原则。"那个顾问没办法，就也蹲下和战士们一同吃饭。

【不让说情】　一次周恩来总理到政协礼堂开会，司机因违反交通规则，被交警卡住，交警批评了司机，还不放行。眼看就到开会时间了，随行的人员急了，想下车去向交警说明情况，让他早点放行。周恩来总理则严厉制止说："那怎么行，交通规则是政府颁布的，政府总理就应带头遵守，我可不能带头破坏规则。"

【群众能做，我就能做】　一次申纪兰胳膊撞伤了，她到县医院就诊后，医生说得做手术。她问这儿能不能做，医生如实说，一般群众能，但你不能。一句话却伤了她的心，她最不愿看到自己和群众之间有距离，就说：群众能做，我就不能做？要是瞧不起我，我就走了。医生很感动就给她做了手术，做手术时，她身边只有一个侄女。赶第二天县委书记到医院看望她时，病房早已人去床空。原来她怕惊动麻烦县里人，在手术后当晚就回了家。

以上故事的主人公，平等待人、谦虚近人的作风，不仅使人们感到可亲可近可敬，而对群体的团结更是一种无形的凝固剂。在一个群体中，同志间都应平等相待，和睦相处，尤其是领导，千万不可自认为高人一等，将自己与群众之间设立一层无形的隔膜。一个人的才能，无法用度量衡去测定，能担任领导，在很大程度上是一种机遇促成，绝不是当领导的就比其他同志素质好、能力强。领导只有经常深入群众，谦虚待人，才能不断接“地气”，滋润壮实自己，也能提升你的威信。否则，高高在上无视群众甚至狂妄自负，只能被人民唾弃。

【不搞特权】 前些年，南京召开“国动委员会”，各地参会的领导抵达机场时，都纷纷从VIP通道走了，只有时任福建省省长兼国动委主任的习近平同志带着随行人员，耐心地等了半个小时才拿到行李。司机都感叹：第一次遇到这么朴素、不搞特权的领导。习近平当年任县委书记时，经常和大伙一起蹲在树下吃饭，任地委书记时，也经常深入基层走进群众搞调查研究……

不因位高而远离群众，不以权重而坏了规矩，严于律己，与群众同行，何尝不是以行动诠释为政之道？心中有民，敬畏人民，以百姓之心为心，时时处处保持公仆本色；心中有戒，敬畏法度，忘掉自己是领导，才能用好手中的权力为民造福。

近年来，习近平在太行山深处一贫困村与村民炕头话家常；在甘肃兰州他亲自为养老餐厅里一位七旬老人端饭；在四川芦山的地震安置点帐篷里，亲吻一个一岁半的小男孩；在海南他高兴地戴上黎族群众递上的斗笠；在湖南湘西，他询问一位老人的年龄后说“你是大姐”；他无论去哪里考察，都坚持不封路，尽量不扰民。

以人为鉴，可知得失。回想当年，焦裕禄在兰考雪夜给老百姓送粮，当老乡问他是谁，他回答：“我是您的儿子。”几年前，江苏仪征干部陈小星的女儿参加公务员考试，因身高比要求低了2厘米，请求父亲给主办者打个招呼，陈小星却一口回绝："权力垫不起2厘米高度！"

赤诚可见，清音悠远。不论是与民同行，还是深情的回答、断然的拒绝，都是共产党人"为了谁、依靠谁、我是谁"的回答，都是从政者平时不断拧紧世界观、人生观、价值观"总开关"的举动。

但在现实中，确有一些主政者，狂妄自大，无法无天……

【不交费还打收费员】 2013年7月30日，某市政法委书记坐的奥迪车在闹市街头停车后，不交4元停车费欲驶离，59岁收费员上前拦停车，坐在车上的书记竟冲下车挥拳打人。一旁的热心市民上前劝阻，也被他脚踹，而且还自称是"市政法委书记"……随后民警赶到才将双方当事人带到派出所。记者在派出所见到书记时，他还说："无所谓，打人就打人。"7月31日下午，市委开会决定对他就地免职。

【不能给局长打电话】 某省电视台的一名记者到某市一工厂采访因污染引发的村民打砸工厂事件。当记者问该市环保局局长陈某是否有这家工厂的环境监测报告时，陈某先说这个报告不能对外公布，后来竟质问记者：你为啥随便打我的电话，一打都是打局长电话，局长很不值钱是不是？当记者问他："一般群众不能给你打电话吗？"陈某肯定地说："当然不能打！"

以上故事中的领导，"一朝权在手便把威风抖"。处处事事摆官架子，耍威风。他们总以为这样才能显出自己的官威，岂不知越摆官架子，越耍威风，群众越不买你的账。架子摆得越大，威风发得越凶，人们就离你越远，你就越无人愿随……

敬畏人民，故能念其冷暖；敬畏法规，故能知其行止。所以，我们从政者，尤其主政者，绝不可在群众面前摆架子耍官威，蔑视群众。而应经常深入群众，视群众为衣食父母，把群众当主人，勤谨为民，不仅能拉近与群众的距离，也能得到老百姓发自内心的尊重。

3. 服从真理

【不服必亡】 公元200年曹操和袁绍在官渡进行了一场举世闻名的决战。决战前，袁绍手下谋士田丰，在对敌我双方形势作了全面比较分析后，劝说袁绍不可轻举妄动。袁绍非但不听，还以“沮众”罪名将田丰下了狱。他集中10万精兵与曹操决战，结果几乎全军覆没。但他不醒悟、反思自己，仅仅为了怕人耻笑，竟滥用权力，残忍地杀害了田丰。

不服从真理，对分歧意见者采取打击，必然导致群体团结涣散，人心背离，这也是袁绍最终彻底失败的因果关系。袁绍本不想让世人耻笑，反被世世代代耻笑，历史辩证法就是这样无情。

【道歉该是我们】 1961年3月的一天，谢觉哉院长接到“亲戚”寄来的一封信，里面装了12斤粮票、2元钱和一份上诉材料。信是从甘肃某劳改农场寄来的，发信人叫张志运。他并不是谢觉哉院长的亲戚，之所以冒充这一身份，是因为想澄清自己的冤案，而之前他写过多次申诉材料，都没有下落……

谢觉哉院长仔细地看过材料以后，觉得此案有疑点，叫秘书给张志运回信：“我们一定重视你的申诉，把粮票和钱给你退回去。”

最高人民法院迅速派了法官，会同甘肃省高级人民法院的同志，来到天祝藏族自治县作深入调查。经过一个多月的努力，案情真相大白，这确实是一桩冤案。

张志运是一名医生。1952年7月，他到天祝进行性病普查与治疗。在给一名13岁的藏族女孩进行妇科检查时，由于他操作不当，被定为强奸犯。1953年3月，被判处有期徒刑10年。张志运不服判决，两次上诉均被驳回。

最高人民法院的调查组找到当时的“受害人”。那位当年的藏族女孩已经结婚，并且从卫校毕业，在一卫生所工作。调查时，她详细讲述了当时的情景和后来受到坏人教唆、被人利用的经过……她悔恨地说：“那时，因为我年幼无知，被坏人钻了空子，冤枉了好人。”

1961年5月，甘肃省高级人民法院对这一错案平反，宣布张志运无罪释放。出狱后，张志运拎着土特产，来到北京市最高人民法院接待室请求见谢觉哉院长说：“谢院长帮我弄清了冤情，就让我见谢院长一面吧。我知道他忙，就一分钟好吗？”

接待室的同志被感动了，打电话告诉谢觉哉院长。谢觉哉院长在电话里说：“是我们法院让人家坐了8年的冤狱，道歉的该是我们啊！我无脸见人家。”……

【闻过则喜】 1978年9月25日，广东惠州地区检察分院麦子灿给时任省委第二书记的习仲勋写了一封批评信。信的开头用语尖锐：“我同你不熟悉，也未见过面，只听过你讲话的传达，只见过你的指示发表在报纸上。但从上述的接触中，我感觉到你是一个爱听汇报，爱听漂亮话，喜欢夸夸其谈的人。”信中指出习仲勋对惠州地区治水两大工程——澳河和潼河整治效果评价过高、不符事实后说：“你这些漂亮话都是纸上和口头上的东西。都是听汇报得来的。但群众意见如何，群众呼声如何，你能否去听一听，是否真的如惠州地委讲的那样漂亮？我劝你认真下去听听群众的意见。”再就是批评习仲勋处理群众来信来访不及时，搞“假把式”，“我看你讲的重视群众来信来访也是漂亮话，是句空话！因为你只讲，没有检查督促。”在信的结尾写道：“你讲话中不是常说要听刺耳话，说什么‘良药苦口利于病’吗？现在给你提两个刺耳意见，看你是否‘叶公好龙’？”麦子灿没想到10月18日习仲勋竟亲自给他回了信，信中说：“你的来信很好，对我们各级政府班子特别是负责干部目前的精神状态和工作作风中存在的问题，提出了十分中肯的意见，我表示诚恳接受，并将你的来信转发各地，以便进一步把党内民主发扬起来。”随后，习仲勋在省革委会上自曝来信，说：“这封信写得好，还可以写得重一点。下面敢讲话，这是一种好风气，应当受到支持和鼓励。不要怕听到刺耳话，写信的同志相信我不会打击报复他，这是对我的信任。”两天后，习仲勋又给全省县级以上党委和省直局办以上负责人写了一封公开信，将麦子灿来信和他的回信一并转发：“请在党委中进行讨论。”他说：“麦子灿同志对我们的批评，是对我们党内至今还严重存在的不实事求是，脱离群众等坏作风的有力针砭，应该使我们出一身冷汗，清醒过来……”

认真反思前辈的往事，怎能不让我们震撼、敬仰、百感交集，也有些担忧后怕。在现实中，因为一条调侃县领导的短信而身陷囹圄，因为发帖曝光家乡拆迁而遭跨省追捕的事件屡屡提醒人们：为官者爱听好话，老虎屁股摸不得……想到这里，后背就有一丝凉意的感觉。

往事值得借鉴，诚望为官从政者一定要跳出“理字旁带王字”的小圈。服从真理，平易近人，善纳谏言。只有这样，才能使群体团结，自己不断修正自身错误，带领群体奋勇前进。

4. 顾全大局

【将相和】 战国时期，赵国的蔺相如大智大勇，多次挫败强秦企图欺凌赵国的阴谋，维护了赵国的尊严。赵王就任命他为上卿（相当于宰相），位列战绩卓著的廉颇将军之上。廉颇认为自己出生入死攻城略地，功劳很大，而蔺相如只凭一张嘴，地位反比自己还高，心中不服，他扬言要寻衅羞辱蔺相如。蔺相如得知后，每逢上朝不和廉颇争顺序，出门时，望见廉颇马队过来，就让自己的车驾避于小巷给其让道。相府家人看到廉颇耀武扬威，相爷处处避让，感到十分窝囊，纷纷劝蔺相如压一压廉颇的骄横。蔺相如说：“我连强暴的秦王都不怕，敢在大厅上斥责他，还怕廉将军？秦国为什么不敢进犯我们赵国，就因为文有我蔺相如，武有廉将军。如果我俩争斗起来，强秦必然趁机入侵。我之所以避让是从国家利益考虑，从国家安危考虑。”此话传到廉颇耳中，廉颇听到此话后，十分感动，主动到蔺相如府上负荆请罪。从此将相和好，结成刎颈之交，共同为国效力。秦国畏之，久久不敢犯赵。

【化怨为友】　东汉建武年间，皇亲贾复的一个部将在颍川杀了人，被颍川太守寇询拘捕杀了头。寇询本是公正执法，贾复却认为是成心与他过不去，便扬言见到寇询必将杀之。寇询得知，总是设法避免与之相遇。寇询的侄子谷崇便对他说：“我以后带着剑守卫你，一旦有事，我足以对付他。”寇询不依他说：“蔺相如不畏秦王，却甘受廉颇的羞辱是为赵国着想，区区一个诸侯国尚且存有如此大义，我怎么可能忘掉呢？”可是贾复不自省，还是一直追杀寇询。万般无奈之下，寇询就禀奏光武帝。光武帝把贾复、寇询召来说：“天下还未安定，两虎怎么能私斗？今天我给你们化解了冤仇吧。”经过皇帝亲自调解，两人当即就并坐言欢，遂共车同出，皆欢而去。

人之所以能获得超然万物之上的智慧和力量，就在于人能按照一定原则组成社会这个群体。古人把“天时、地利、人和”视为取得战争胜利的三要素，而事业的成败、国家的兴衰亦是如此。

人体失去平衡就会摔倒，人际关系失去平衡就会产生矛盾、分裂。而且社会各阶层、各地域、各行业之间的矛盾是绝对的，没有矛盾是相对的。所以，主政者在化解矛盾上，一定要顾全大局，放眼长远。

5. 率先垂范

【带头减薪】　蔡锷将军1911年参加辛亥革命，胜利地领导了昆明革命党人起义，11月1日云南军政府成立被推举为都督。

蔡锷在主政期间对自己要求很严，处处以身作则，要求别人做到的，首先自己做到。当时云南财政十分困难，本来云南生产就落后，加上当时各省相继独立，协饷骤停，中央亦不能接济，再加之还要援川援黔，致使支出浩繁，入不敷出。为了维护和巩固新生政权，他采取了增收节支的方法，两次带头裁减薪金。1912 年 1 月下发第一次裁减薪金令时，他将自己原定的 600 两薪金酌减了 80%，实发 120 两。时隔半年，1912 年 6 月他又下达第二次裁减薪金令时，将自己的薪金降为 60 两。使他一个都督薪俸仅同一个营长的薪俸。在他带动下，上下响应，度过了艰难时期。

【王震抬担架】1933 年王震是红军一个师师长。一次为了保卫中央革命根据地的安全，这个师需要在白区与敌人周旋。在湖南攸县一仗，我军伤了 300 多人，当地老百姓逃避战争，大都不在家，抬担架抢救伤员的任务迫在眉睫。王震急忙把卫生部部长叫来，二话没说和部长抬起一个担架就走，其他官兵见了都一拥而上，抬起担架来，很快就完成了运送伤员的任务。

【补 3 张站台票钱】 罗瑞卿任公安部长时，一次去火车站接客人，因时间急，未购买站台票，检票员也以为公安人员执行公务就放行了。离开车站，罗瑞卿忽然想到他们三人进站时没买站台票，就立即让随行工作人员返回车站补交了 3 张站台票钱。

【照章阅地图】 1960 年夏的一天，北戴河下着瓢泼大雨。中午 1 点左右，区文化馆管理员王玉珍接到外交部休养所打来的电话，说有位领导研究国际问题，想借世界地图。

文化馆唯一的一份世界地图挂在墙上，不能外借。王玉珍犹豫了一下答道："文化馆有规定，地图不外借，是否辛苦一下来这里看？"不到半分钟，对方便回复说："领导马上就到。"

王玉珍正在纳闷，图书馆的门被推开，周总理身披雨衣进来，裤脚已经完全被雨水淋湿。王玉珍急忙上前，不知该怎么表示内疚……

周总理似乎明白她的心思，爽朗地笑笑："你把图书管理得很好嘛，是应该有一套制度，没有制度不好办事。无论什么人都应该遵守规章制度。"说完就走向地图，仔细查阅一会儿，又急匆匆地冒雨赶回住所。

敬爱的周总理严于律己，他平时外出吃饭、洗衣、喝茶，都是自己付钱，私事用车都让司机记下公里数，自己交燃油费。他所领导的工作出了问题，首先从自身找原因，不强调客观，不诿过于人。他经常鼓励同志们给自己提意见说：一个领导者，应该永远赤裸裸地站在群众面前，我不希望同志们偶像般地看待领导，要具体地、全面地看他是不是够一个好的领导，即使够，也要看他还有什么缺点，帮助他改正。

"特权"是执行法规制度中最大的障碍。热衷特权者就如同总喜欢在十字路口闯红灯的驾驶者一样，既将自己置身于危险之中，又扰乱了整个交通秩序。现实中许多以权谋私的特权者锒铛入狱，大多都是从不遵守小的规章制度，非要谋求特权开始的，他们以为这是走上了智慧的捷径，而实际是条愚蠢的不归之路。

【赶紧掐灭】　1988年4月8日下午，第七届全国人大第一次会议选举国家领导人。在主席台上就座的邓小平投票后回到座位，习惯地点燃一支香烟吸起来。在台下的人大代表、著名粤剧演员红线女看见后，便对旁边的代表说："世界无烟日刚过，全世界都大力宣传吸烟危害健康，小平同志为什么烟瘾这么大，开大会还吸烟呢？"就马上向邓小平提意见……很快一张小纸条就传到主席台上主持人宋平手里："请交小平同志！"宋平立即把字条递给邓小平。他打开见到上面写着：请小平同志不要吸烟。邓小平一看赶紧把正在吸着烟掐灭。此后，主席台上再没有任何一个人吸烟了。邓小平从此也彻底戒了烟。

【不推要拉】 毕业于西点军校的名将艾森豪威尔，带领军队的诀窍就是率先垂范以身作则，一切用行动说话。一次大战中，他的士兵伤亡很惨重，军方号召大家献血，他就率先带头献。有人和他谈起如何统率军队时，他找了一根绳子放在桌上，先用手推绳子，绳子基本不动，他又用手拉绳子，整根绳子都动了。他说："领导人就是这样，不能用手推，而要率先垂范，以身作则拉动大家。"

在现实生活中，一些领导不重视自身的表率作用，他们在会上讲得头头是道，但台下了解他的群众听了却不以为然，甚至出现了"台上他讲，台下讲他"的现象。所以，每一个从政者，尤其是主政者，一定要走出自我，正字当头、率先垂范，当好群众的带头人。

（二）宽厚豁达

1. 要宽厚待人

【化怨为友成帮手】 唐朝宰相陆贽偏听偏信，认为太常博士李吉甫结党营私，就把他贬到明州做长史。不久，陆贽亦被罢相，也被贬到明州附近的忠州当别驾。后任的宰相明知李、陆有矛盾，就故意提拔李吉甫到忠州当刺史，让李当了陆贽的顶头上司，意在借刀杀人。不料李吉甫宽宏大度，不计旧怨，上任伊始，便特意去造访陆贽，俩人畅谈皆欢，使后任宰相借刀杀人的阴谋成了泡影。对此，陆贽也深受感动，便积极出谋划策，协助李吉甫把忠州治理得很好。李吉甫不图报复，宽恕别人，也成就了自己的事业。

古人古事，脍炙人口。以史为鉴，可净心灵、辨是非、明事理。乐于忘记，着眼未来，把精力放在做大事上；不念旧恶，注重现在，把洒脱用于做人上。只有这样，相互不仅能增进情谊，友好相处，还有利于自己身心健康。

【小事一桩】　1973年8月24日，中国共产党第十次代表大会在北京召开。邓小平同志被选为中央委员，这是他从江西返京第一次参加党的代表大会。一天下午在京西宾馆开大会，结束时，主持人宣布：明天下午，仍在这里继续开会。可能是邓小平同志未听清楚，第二天开大会时，他未到。周总理发现邓小平同志缺席，就问有关同志。有关同志虽作解释，总理仍批评工作不细致，要认真检查，避免再发生类似事情。出于对小平同志的尊重，总理要会务组有关同志写出书面检讨向小平同志道歉。第二天会务组同志给小平送检讨书时，小平同志问："什么检讨书？"会务组同志说："昨天开大会，我们忘了通知你。总理批评了并要向你作出检讨。"小平同志听了脱口而出："小事一桩，检讨什么？"检讨书他既没接更没看……

"小事一桩"，简洁轻松的话语，显示了邓小平同志为人处世的宽广胸怀和伟人风度，值得我们学习。

【不计私怨赢美誉】　美国林肯（1809～1865）竞选总统时，他的对手斯坦顿为了能胜出，想尽办法在公众面前侮辱他、攻击他、贬低他。当林肯当选为总统后，他却让斯坦顿担任了参谋总长。消息传出后，人们议论纷纷。有人对他说："你不知道他以前如何诽谤你吗？他一定会扯你后腿，你要三思而后行。"林肯不为所动地说："我也知道他以前对我的批评，但为了国家前途，他最适合这份职务。"林肯大智大勇大度，化怨为友，最终为自己赢得了功绩和荣誉。后来斯坦顿为国家以及林肯做了不少有益工作。林肯被暗杀后，在所有赞颂的话语中，要算斯坦顿的话最有分量：林肯是世人中最值得敬佩的一位，他的名字将流传万世。

敌人和朋友有什么区别？人们为了利益之争会结成各种各样的集团、组织和阶层，为了共同利益或目标，思想认识大致相当，行动又一致就成了朋友。别人有些与自己认识看法不同的地方，或有些无法避免的冲突，也就成了敌人。

敌人与朋友，只是相对而言。各群体之间绝没有永恒的利害，也就没有永恒的朋友或敌人。敌人，有时候也是错觉所致，或是目光短浅、孤陋寡闻所致。那种幻想拥有永久朋友和永久敌人，是种超现实的，或是一厢情愿的“单相思”。

【复碑的昭示】 庐山小天池景区原国民党“陆军第99军抗战阵亡将士纪念碑”始建于1946年，它从一个侧面反映了中国人民抗击日本侵略者的斗争历史。但不幸的是在“文革”期间被拆除。历史的脉络被一种狭隘的极其粗暴的方式斩断了，给民族的躯体上留下了伤痕。40年后，又决定恢复重建，并向海内外收集相关文物资料。我们终于对这日久的创伤进行治疗，在这治疗式的纪念碑上，我们看到的不只是抗日民族英雄的英名，也是面对历史应有的求实态度，更是决策者放眼未来构建和谐社会态度的昭示。

宽容有巨大的道义力量和道德感召力。它不仅能给人以温暖、感化和醒悟，缓解人与人之间的矛盾，化恨为爱，还能使群体团结，婚姻幸福、家庭和谐。也能使国家民族避免分裂，使人类摆脱无休止的仇恨、报复和战乱。所以，宽容是一种有益双方的精神补品。

在传统的政治斗争中，不是东风压倒西风，就是西风压倒东风，被压倒的人没有好日子过，总会憋着劲要复仇，冤冤相报，没完没了。在这种文化下，人们总是相信“胜者为王，败者为寇”的“霸道”哲学。斗争、镇压、残杀……你死我活。实质上这是一种野蛮政治的典型表现。为了构建和谐社会，我们必须要宽容不同意见者，即多数人要宽忍少数人，少数人也要容忍多数人。接纳与你意见不同者，宽恕谅解他们，很有可能会使你多一个朋友，做事少个障碍。

实际宽容别人，就是宽容自己。多一点对别人的宽容，自己生命中就多了一份空间。只有豁达大度，才会团结大多数人统一认知方向，减少对抗，从而达到期望目的。

明天的人看今天的人，和今天的人看昨天的人一样。前任官员离任后，他的短处和过失就很容易显露出来，接任者则应实事求是地总结一下，在今后工作中注意坚持好的，克服不足的，纠正错误的，不要过分宣扬前任之短。因为前任的下属，现在已是你的下属，有些错事他们也参与过……

宽容是一种胸怀，一种乐观面对人生的态度；更是一种睿智。宽容在人类文明史上也是具有崇高价值的。要使我们国家富强、民主、文明、和谐，每一个从政者、主政者一定要宽容厚道。不论与同级相处，还是对待下属群众，律己要像秋风扫落叶无情，待人要像春风抚香花温和。世界上没有完全相同的两片树叶，况人乎？与人群居，允许差别，宽容相异，才会营造出和谐、团结的氛围。

2. 勿争功诿过

【让功一半给质难者】　18世纪法国科学家普鲁斯特和贝索勒，对定比定律争论长达9年之久，各执一词，互不相让。最后以普鲁斯特胜利而告终，普鲁斯特成了定比定律的发现者。但普鲁斯特对贝索勒说："要不是你一次次的质难，我很难深入地研究这个定比定律。"同时他也向公众宣告：定比定律的发现有贝索勒的一半功劳。

普鲁斯特认真听取贝索勒质难，汲其营养，深入研究。事业成功后，又让功一半，这种容人之长，学人之长的境界，值得从政者学习。

【博古大度】　1935年1月遵义会议上增选毛泽东为政治局常委，取消博古（秦邦宪）、李德和周恩来的军事领导三人小组，由朱德与周恩来为军事指挥者，周恩来为军事指挥最后下决定的负责人，由张闻天接替博古任总书记。博古立即交出党中央委员会、中央政治局书记和中央书记三枚印章，同时提出，他与王明、潘汉年，去向共产国际报告，争取共产国际批准。因为如果共产国际不批准，这样交权是不算数的。

1935 年 6 月，红一、四两个方面军在懋功会师后，张国焘与陈昌浩分别来找博古，了解遵义会议情况，认为遵义会议的决定不合法，四方面军不同意。博古是共产国际批准的总书记；张国焘是建党元老，第一次党代会的代表之一，又是中央政治局委员、红四方面军总负责人，领导的军队多于中央红军数倍。如果他俩站在一起，又有其他支持者，形势可想而知。但是，28 岁的博古是非分明，坚决维护党的团结统一。

遵义会议后，关于长征路线、8 次改变落脚点，博古与张闻天、毛泽东、周恩来的意见都一致。1935 年 10 月，红军抵达陕北吴起镇。常委分工。博古任中华苏维埃西北办事处主席，博古在十分困难的情况下，在稳定社会、改善陕北根据地经济、纠正刘志丹等人的冤假错案等方面，做了大量工作，对巩固陕北根据地的形势起了重要作用……毛泽东就曾向周总理说过：“博古是一个很有原则、很有组织观念的人。”

人生于世，应该有名誉感。有了名誉感，才会有不懈努力与进步的动力；有了名誉感，才有知羞明耻之心。但一个人过分贪求名誉，必然走上沽名钓誉、欺世盗名之路，必然对事业缺少求实精神。甚至为了捞取名誉，不择手段……

【严于自责】 一座山上有两个寺庙，甲庙里的住持、和尚经常吵架互不服气视为仇雠，生活很痛苦。乙庙的住持、和尚很和谐，个个精神愉快，生活快乐。甲庙的住持深感不解，一天，他就到乙庙想询问一下两庙不同的原因所在，正要开口时，见一个和尚匆忙从外面回来，一进门就摔了一跤跌倒在地，正在拖地的和尚急忙跑过来扶起他说：“都怪我没把拖把拧干些，地上湿就滑了。”站在门口的和尚立即赶过来说：“不、不、不，是我的错，我没告诉他你正在拖地。”被扶起的和尚说：“不、不，都怪我不小心。”前来请教的甲庙住持看到眼前的一切，便悟到了答案。

有功不争可贵，有过不诿更难得。在深化改革进程中，有许多新领域、新问题，需要我们探索、解决，出现挫折、失败，毫不足奇，关键是要敢于正视、承认，使自己得到经验教训，给后人留下警示。

1961年周恩来同志就说过：“如果我写书，我就写我以前的错误，”“这不是卢梭的《忏悔录》，而是让活着的人们都能从过去的错误中吸取教训。”多么深刻，多么值得我们从政者借鉴、省悟！

【为下级揽错（二则）】　解放战争时期，昌潍战役打响以后，为配合作战，野战军东线兵团政治部起草了《昌潍战役政治工作指示》和一个瓦解敌军的电报，想尽快让昌潍的敌人投降。电报内容主要讲宽大政策，提出对该地区国民党的党、政、军人员，只要能主动投诚，一律“既往不咎”，立功者还可以受奖等。消息传到中央，中央认为：对罪大恶极分子和其他敌方人员不加区别地一概宣布既往不咎，直接违反我党政策及人民解放军宣言“首恶者必办”这项规定，便向兵团发了批评电报。

兵团接到电报后，起草电报的政治部主任谢有法不仅立即收回传单，停止广播，同时自动作检查。在兵团会议上，谢有法作检查时，副政委兼兵团政治委员谢震村摆了摆手说：你检讨什么，电文是我签发的，就是我的责任，始终没一句责怪下级的话。

一次战役中，陈毅的部属伤亡惨重，将士情绪很低落。陈毅立即给部属写了一封信，承担了一切责任。他说仗没打好，不是别的原因，主要是我的决策失误。我承担一切责任，向指战员和全体将士承认错误。希望大家，不要抱怨部属，不要抱怨同志，不要丧失信心……部属看到他的信后，怨气立即消失。

【为下承责】 1956年7月，中国共产主义青年团中央机关召开“肃反运动”总结大会。作总结报告的是团中央书记处书记刘西元。当他讲到“肃清反革命”的曲折过程时，坐在台上的胡耀邦大步走到台前对着话筒说：“这次‘肃反’，伤害了一些好同志，这是书记处的责任，首先是我的责任，是我的失误，因为我是第一书记……我要向这些好同志道歉！同志们，对不起了！”说罢他又走到台前，向台下深深一鞠躬。

以上前辈对工作中出现的过错或失误，都主动承担责任，令人敬佩。不争功诿过，是从政共事的一项原则。也是一个正直的人应当具备的基本道德品质。

人非圣贤孰能无过？关键是错误出现后能否正确认识错误，从自身检讨错误。工作中的过错经常会有，过错出现后，不论是决策者，还是执行者，如果只把眼睛盯着对方找其不足进行指责，而不检讨反思自己，那隔阂怨恨就会越积越深，以致矛盾激化，分道扬镳。而应该先严于责己，从自身寻找不足，深刻反省。即使过失全在别人身上，在批评别人时，也应有“见不贤而自省”的气度。既责人，又省己；先正己，后正人。

争功诿过，主要是私欲所致。一个争功诿过的主政者，绝不会带出一个团结和谐的群体。所以每一个从政者，为了实现群体的共同目标，都应树立我为人人，人人为我；见荣誉就让，见困难就上的风气；弃绝争功诿过的市侩作风。

3. 忌嫉贤妒能

【妒忌众相（二则）】 中医的祖师扁鹊，医术精湛享有盛誉。他到秦国行医，秦国医官李醯怕扁鹊治好秦武王的病显得自己无能，不被重用，便派人把扁鹊刺杀了。

秦始皇读了韩非子的文章，赞叹不已，非常想看到他。韩非子到秦国后，与他同出一师之门的秦国官员李斯，怕韩非子受到秦王信任，便进谗言陷韩非子入狱，迫使其自杀。

妒忌贤能、残害忠良之事在古代官场大量存在，常常变现为一种阴险毒辣的攻讦。这种攻讦的发动者总是从阴暗的心理出发，将矛头指向那些比自己能力强、水平高的人或有碍于自己利益的人。一个执政者如果有嫉妒心，突出的表现就是嫉贤妒能。所以一个嫉妒心强的主政者，不仅不会团结比他强的人，而在他管辖区内，能人也很难发挥其才……

【一片树林】　一棵树出苗生长了不久就显得根正苗直，它一门心思地追求进步，给自己定了个目标："俺要成栋梁之才。"

由于它一门心思长高长大，实现自己的理想，周围的树都开始不待见它。在脚下，树们都以纠结的根系缠住这"栋梁之材"；在空中，树们都弯腰扭身，不约而同地遮盖这"栋梁之材"。

很久以后，一位寻找"栋梁之材"的木匠来到这片树林，查看一番后，他摇摇头，吩咐跟着的徒弟："都砍了做柴烧吧，抓紧时间另育一片林子。"

毁掉一个有能耐的，有时就毁了一个集体。给别人一个机会，等于给自己一个机会；给别人留点希望，等于给自己留点希望。如果逼人太甚，把别人逼到绝路，往往也就使自己陷入绝境之中。

和谐是一种雅致坦然的生活氛围，一种达观明静的人生境界。我们每一个从政者，都要常以恕己之心恕人，恕人之心恕己。

产生嫉妒的根源，是极端个人主义发酵。极端个人主义者在个人私欲受到他人抑制和阻碍时，嫉妒的烈火就会自燃，当渴求已久的荣誉、窥视已久的权位、垂涎已久的利益被竞争对手取得时，就会带着熊熊燃烧的嫉妒之火扑向对方。

梅花有梅花的清香，何必去嫉妒牡丹的娇艳？兰花自有兰花的高雅，何必要嫉妒玫瑰的风采？牵牛花柔蔓蜿蜒，别具一格，何必对亭亭玉立的荷花而气恼？人生于世，各有各的长处，只要你发挥自身特长，何必费尽心机去嫉妒他人？

“善莫大于恕，恶莫大于妒”。古人把嫉妒列为最大的恶行是很有道理的。所以从政者都应甩掉嫉妒，以豁达宽阔的心胸容己容人。在感情的激流中驾驭理智的风帆，以尊重、学习的态度，对待同事、下属。

（三）互相关爱

1. 体贴关爱

【为兵吸脓】 吴起是战国名将，从不摆架子，始终和士兵同甘共苦。一次一个老婆婆到军营里看望儿子，正要打听儿子，听见一个帐篷里传出“哎唷、哎唷”的叫唤声音，她就走进帐篷。看见一个将军让几个兵将一个背上生了脓疮的小兵抱紧，俯下身用嘴对着小兵的脓疮吸脓。老人看着看着，就失声痛哭，人问她哭什么，她说：“我男人原来当兵时背上也生过疮，就是这位将军亲口吸的脓。后来我男人打仗时奋不顾身，最后死在战场上。现在我儿子又是这样，我怕他也会像他父亲那样，跟着将军去拼命，战死疆场了。”这时，一个老兵对她说：“我们将军和我们吃一样的饭，睡一样的帐篷，大伙的事他全放在心上，对我们比父母兄弟都好，我们怎能不去拼命作战呢？”从此，老婆婆逢人就夸吴起爱兵如子。吴起的军队，上下一心，战斗力强，屡建奇功。

【不裁员工裁飞机】 美国西南航空公司在上世纪 70 年代刚成立时，只有 4 架飞机，70 多名员工。由于其经营理念是实行廉价机票策略，短途航线也只开通了几条，使得公司的盈利空间非常有限，一年后，便遇到资金短缺的困境。按照同行业处理惯例，就是裁员，所以当时公司内部也暗传要裁掉三分之一的员工。就在大家忧心忡忡，猜测和等待裁员名单出现时，公司总裁赫伯·凯勒尔郑重向员工宣布：请大家安心工作，公司绝不会裁掉一个员工！我决定“裁掉”一架飞机，卖掉一架飞机足以应付一阵，到时还不行就再卖一架。这个决定让员工感动不已，都默默下定决心：努力工作，不让总裁再卖第二架飞机。结果在员工的共同努力下，公司很快走出了困境，创造了盈利额逐年攀升的航空业佳话。

裁掉的飞机还可以再买回来，但员工的心一旦被裁掉，就永远也买不回来了。如果公司员工对自己前途都不能有安全感，对下次还能不能留下来都没有信心，他怎么能安心努力工作？

看得浅和看得近的管理者，喜欢分散和打击人，而看得深和看得远的管理者，则喜欢团结和凝聚人，两者对“人”的不同态度，造成的结果也会截然相反。

大家能到一个机关、单位、群体中工作都是一种缘分。要珍惜这种缘分，就要互相体贴关爱。人就是这样，你体贴他，他就会关爱你；你为他排忧解难，他就会为你赴汤蹈火。人世间往往还有善有善报、恶有恶报的轮回。你对他人的困苦漠不关心，在你困苦时，亦会有人对你冷漠无情；当你能为他人解一份痛苦而不为时，那你以后就可能受到十分痛苦的惩罚……

2. 相互规谏

【直言规谏】　1988 年 3 月 28 日七届人大全体代表在通过七个专门委员会组成人员时，黄顺兴代表表示反对，并讲了反对理由，发言不到两分钟，全场掌声雷动。开创了全国人大会上第一次公开出现反对意见，从此以后，反对票就成为一种常态。

会上，黄顺兴认为代表座位挨得很近，投票结果邻座都能看到，侵犯了代表的权利。他提议应设立代表秘密投票处，也被采纳。他还提出人代会上不管小组讨论怎样，大会是全体代表沟通的最后一个机会，应有大会发言这一项，这个提议也被采纳，并写进了人大议事规则。他还认为：人大会，怎么不允许记者进会采访？大会讨论的情况怎么与群众见面？外面的意见怎么可以反馈回来？媒体记者是少不了的。当时人大常委会委员长万里接受了他的意见，才允许记者进入大会会场采访……

以上代表的披肝沥胆、直言规谏令人敬仰。

【知道不足才能改】 一天，凤凰卫视记者闾丘露薇从深圳飞往北京。飞机晚点，于凌晨抵达首都机场，当时，暴雨如注，可下飞机时没有廊桥，也没有挡雨的楼梯，包括老人、怀抱婴儿的乘客在内的所有人，都被淋湿了衣服。大家对机场工作议论纷纷时，一位大学教授笑着说："我已经习惯责怪自己：为何要坐晚上的飞机？为何明知天气不好，还要出门？所有这些都是自己活该。"闾丘露薇不以为然地说："飞机晚点因为天气不好，可以理解，但是，机场廊桥、挡雨楼梯这些可以解决的问题却无人过问，是让人无法理解和容忍的。"于是，她就发了机场管理中存在问题的微博。第二天，首都机场就公布了改进措施。闾丘露薇感叹道：很多城市服务不到位，是因为管理者不知道问题存在，因为他没有这样的生活体验，加上无人说，又何谈改进呢？

社会的文明进步不是等来的，它需要每一位公民的积极参与和勇于担当。放弃表达自己意见的权利，都去做不闻不问、逆来顺受的老好人，只会让周围的环境变得越来越糟。

【不喜欢无意见的人】 晏子不喜欢拍马奉承的人，而喜欢直言进谏的幕僚。他把敢不敢提意见，敢不敢向上级提出批评，作为量才用人的一条标准，唯唯诺诺、没有锋芒的人他是不用的。有一个叫高僚的人在晏子手下工作了三年之久。从未做过什么错事，晏子却把他给辞掉了。有的人就感到奇怪，问他为什么？晏子说："我是一个浅薄无能的人，只有依靠大家的批评帮助，才能少犯错误，作出成绩。正如一块弯曲的木料，必须用规矩来定方圆，用斧子去砍，用刨子去刨，才能成为一件器具，可高僚和我相处三年之久，却从未批评过我的缺点和过失，他对我的工作有什么用呢？所以我辞掉了他。”

一个主政者，不论学位有多高，经验有多丰富，在复杂多变的事物面前，对问题的认识难免有偏颇之处。这就需要虚心向同志学习，多听大家意见，千万不能做“走自己的路让别人去说吧”的人，而应做边走边听别人怎么说的人。要像晏子，将敢直言进谏的人留在自己身边，不要将那些唯唯诺诺，甚至阿谀奉承者留在自己身边。

【控制与补救】　战国时期，魏文王一天问扁鹊：“你家兄弟三人都精于医术，到底哪一个医术最好？”扁鹊说：“长兄最好，二哥次之，我最差。”文王又问：“那为什么你最出名？”扁鹊说：“长兄治病，能治病于病情发作之前，由于一般人不知他事先能根除病因，所以他的名声无法传出去；二哥治病，是治病情初起时，一般人以为他只能治轻微的小病，所以他的名声只在本乡里；而我治病往往是治病情严重之时，一般人看到我在经脉上穿针管放血，开刀刮骨、缝伤口，敷药等大手术，所以都以为我的医术高明，名声因而响遍全国。”

错误尚未发生而能设法避免，称为“防”；刚刚发生错误而能进行劝阻，称为“救”；已经造成既定事实而能直言指正，称之为“戒”。预防为上，补救次之，告诫是下策。

事后控制不如事中控制，事中控制不如事前控制，可惜大多数的主政者和事业经营者均未能体会到这一点，只能等到错误决策已造成了重大损失，才急忙寻求补救。

【纳谏下忠】　唐太宗刚继位，听说下属有人受贿，就派人用财物去试探。有一名司门令史就接受了一匹绢，太宗大怒要将他斩首。民部尚书裴矩立即劝谏说：“作为官员接受贿赂，应当处死。但陛下是派人去诱惑他，使他陷于违法，这样施行极刑，恐怕不符合‘导之以德，齐之以礼’吧。”太宗听了很高兴，马上对文武五品以上官员说：“裴矩当官能力谏，不是唯命是从。如果你们都能如此，国家哪能治理不好！”

宋代司马光对此事评论道：“‘君主英明下便正直。’裴矩在隋朝是个佞臣，而在唐朝却是个忠臣，这不是因为他秉性改变了。君主讨厌听别人说他的过失，那忠臣就会变为佞臣；君主喜欢听别人直言不讳，那佞臣就会变为忠臣。由此可见，君是表，臣是影，表一动，影就会随着动。”

由于唐太宗求谏若渴，从谏如流，虚心纳谏，贞观二十三年就形成了风清气正良好的社会风气。

“直言，国之良药也；直言之臣，国之良医也。”讲真话，听真话是民主科学决策最基本、最重要的前提。我们从政者，尤其是主政者，应该有听取和包容不同意见的雅量。从不同的意见，特别是批评性的意见中汲取智慧。因为批评意见可以使我们头脑更加清醒，更加重视那些未考虑到而被忽视的问题，有利于避免决策或行为的失误。当然，直言未必都是真理，意见未必都正确，意见和建议提的对就吸取，有合理部分就参考。只要言者的出发点是为了国家和人民利益，闻者就应欢迎。不要把不同意见者视为对立面，绝不可对直言者进行刁难、摧残、迫害。现实中，真正敢直言的人为什么少，可能是过去“极左”的后遗症所致。

“纳谏者昌，拒谏者亡”，“忠言逆耳利于行，谀言顺耳害于政”。我们每一个从政者，尤其主政者，都应以史为鉴，在理政中互相规谏，真正做到“率性故直言，无求忧不存，职在责亦在，俯仰岂愧心”。在全社会形成一种“知无不言，言无不尽；言者无罪，闻者足戒”的环境，不仅能赢得群众的尊敬与拥戴，于群体、社会、国家都有利，也大大推进了决策民主科学化的进程。

3. 团结合作

【合作共赢】 有两个饥饿的人得到长者恩赐的一根鱼竿和一篓鱼。其中一个人要一篓鱼，另一个人要了一根鱼竿，然后他们各自去寻找自己的出路。得到鱼的人把一篓鱼吃完后，最终死在鱼篓旁；另一个拿着渔竿的人忍饥挨饿，艰难地寻找大海，当他已望见蔚蓝的海洋时，全身力气已耗尽，不得不眼巴巴地带着遗憾离开了人世。

同样有两个饥饿的人，得到了长者恩赐的一根鱼竿和一篓鱼。只是他们并没有各奔东西，而是一起结伴同行寻找大海，他们每次只吃一条鱼。经过艰难跋涉终于来到海边。从此两人以捕鱼为生，几年后，又盖起了房子，各自组织了家庭，有了子女，建造了自己的渔船，都过上了幸福安康的生活。

这就是“能群者存，不群者灭”的道理。

【一盘散沙的结果】 1820 年中国国内生产总值（GDP）就占世界 GDP 的 28.7%，大大高于日本 GDP 所占 3.1% 的份额。但在甲午（公元 1894 年）中日战争中，中国惨败，割让辽东半岛、台湾、澎湖列岛给日本，赔偿军费 2 亿两白银，增开沙市、重庆、苏州、杭州为通商口岸，允许日本在通商口岸投资办厂……

1860 年，英法联军进军北京火烧圆明园时，当时英军只有 18000 人，法军只有 7200 人，区区 25000 人长驱直入一个泱泱大国首都，杀人放火，迫使皇帝仓皇出逃……

1900 年，英、法、德、俄、美、日、奥、意八国联军进攻北京，兵力不足两万，虽然京畿一代清兵不下十几万，义和团民兵也有五六十万之多，仍然无法阻止京城陷落和赔款四亿五千万两白银……

1936 年底，中国陆军 220 万，世界第一；日本陆军 25 万，世界第八。半年后，世界第一几乎亡于世界第八……

造成以上耻辱史的主要原因，就在于全国军民一盘散沙，不能团结一致，抗敌保国，才使外敌入侵得逞，国家的权益受到损害。

人祸如此，天灾也如此。在2008年“5·12”大地震灾难面前，对于每一个人来说，无论贫富、贵贱、男女、老少，都无什么意义，也都显得那么无奈与脆弱。但当党中央将人民感召起来，各级政府和人民群众团结一致，众志成城，共赴国难，形成一种坚不可摧的力量时，神州大地才谱写了一曲曲的壮丽乐章，取得了抗震救灾的伟大胜利。

自然界都是群居而生，相互助长。植物没有太阳照射就不会有绿叶、开花、结果；人要离开植物不仅没有食物，也得不到维持生命的氧气；大地没有万木花草的点缀就不会生机勃勃；山无水就缺妩媚，水无山则少刚强……每个人的衣食住行生活需求和工作事业的成功，都离不开他人的合作配合。个人与群体、群体与群体就像鱼儿离不开水，鸟儿离不开林一样。团结不是万能，但没有团结万万不能。习近平同志说：“各级党委和政府的‘一把手’不是简单的自然人，在很大程度上是党委和政府的合法化代表；彼此之间的关系也不只是简单的个人关系，更多的则是党政之间的关系。两人相处得如何，事关一个党委班子整体合力的发挥，事关一个地方经济社会发展的大局，事关一个地方人民群众的根本利益。”

书记和县长是组织上搭配的，应该团结合作，不能意气相争，更不能在对方的缺点中体现自己的优点。作为书记要总揽全局而不包揽，要善于发挥党委各成员的主观能动作用，不可事必躬亲，干预具体政务。市（县）长要到位不越位，着力抓好政府党组建设按照党委的决策开展政府的工作，注意维护书记的威信。

作为党政“一把手”要互相补台，不能拆台，你忘的我主动捡起来，你不足的我主动补上去，同舟共济、齐心协力，共同演好一台戏。

在一个群体中，“一把手”只是一个“指头”充其量是个“大拇指”。一个大栂指劲再大，其他指头不出力，连一根筷子也拿不起来，更别说体现出一个拳头的合力了。在一个群体中如果权力大于法规，一把手 > 二把手 + 三把手…… + 全体群众，这个群体的团结合作、民主和谐就是一句空话。因此，每一个从政者，要走出自我、宽厚豁达，要互相体贴关爱、规谏帮助、团结合作、齐心协力才会使我们的群体、祖国兴旺发达。

（四）热爱祖国

1. 敬业尽责

【站好最后一班岗】 西汉河东张敝做京兆尹将要离职的前几天，让手下一小吏办理一个案件。这个小吏硬是拖着不办，并私自回家去了。家人劝他快去办，他说：“张敝只有5天就调走了，还办什么案子？”张敝得知后，不仅惩办了这个小吏，并亲自办完这桩案子才离职而去。

【未离境就应管】 清朝陆师，原在归德县（河南商丘）任知县，后来朝廷任命他为新安县知县。他刚接到任命书，父亲就去世了，他就急忙回家安葬老人。他在回家途中路上遇到六七个士兵骑着马带着兵器，押着几辆车，车上有30多个被掳掠的妇女。就拦住问车上是什么人。士兵说是将军花钱买的归德灾民，现在押去见将军。陆师听后，立即叱呵士兵把这些苦难妇女全部送回各自家中，然后又找到将军斥责他的不义行为，并要他处置违法的士兵。有人对他说：“你将赴外地任职，何必还得罪这些官兵呢？”陆师义正词严地说：“知县一日未出境，就应尽责管好县里的事，难道你就容忍他们用这群苦难的妇女向将军献媚吗?”

以上主人公尽职尽责，守土有责的精神值得我们学习。

【有其名就要干其实】 1959 年 4 月，75 岁的谢觉哉就任最高人民法院院长。他上任的第一件事就是报请中央批准恢复 1956 年以前最高人民法院判决或核准死刑案必须报送案卷的做法。

当时各地送来的案卷很多，一些好心的同志劝谢老：“你年岁这么大，不一定要看那些案卷，挂个名算了。”谢老说：“批案是十分严肃的事情，需要十分慎重。这事比不得写文章，文章写错了，可以修改。死刑案批错了，就没有修改的可能。人就一个脑袋，杀错了，人头落地了，再也不能长出来。”“杀人的批复上都盖着谢觉哉的印章，人杀错了，那些冤死鬼来找我算账，我怎么办呀?”他对有的同志借口年老或身体不好，干不了实际的工作，却还要挂个名的做法十分不满。

【知免不弃责】 1979 年 1 月 20 日，中央军委下达命令：经中央批准免去吴忠广州军区副司令员职务。此时广州军区南集团部队正准备担负向越南北部反击任务的准备阶段。广州军区许世友司令员扣下了吴忠的免职命令。吴忠本人是 2 月 4 日得知被免职的，这时距自卫反击战发起只有 133 天时间，他面临两种选择：一是就此离开前线，为自己进行申辩。二是继续留在前线，准备战斗，战争结束后再谈个人问题。他最终还是选择了留在前线，继续指挥部队准备战斗。在后来的一个月的作战中，吴忠指挥南集团部队转战越南山区连克数城，歼灭越军近万人，胜利完成了战斗任务。

敬业尽责，就是要求我们每一个从政者，都要把自己的人生观、目标与从事的职务、工作和祖国的大业联系起来，要立足本职、尽职尽责地做好自己的工作。不要因为你的疏忽、失职而影响我们祖国这台大机器的正常运转。

2. 为国分忧

【为国分忧的牧羊人】　西汉武帝时，有一个叫卜式的人，以牧羊为业，由于他会养羊，又善理财，在当地是很有名的富户。当时，汉朝与匈奴连年作战，他不仅经常把钱财用来赈济当地穷人，还专门派人带着钱去边关地带救助因战祸而逃荒的难民。后来汉武帝大移民时，他又主动拿出20万钱交给河南太守帮助徙民。在他的带动下，不少富户也都出钱出粮资助政府，河南太守将此事上报朝廷后，武帝就下诏书给卜式很多奖赏。卜式又把奖赏全部交给官府。武帝得知后为了表彰他，用他的良好品德教育天下人，就封他为中郎官，卜式淡然一笑说："我从小以放羊为业，捐献财产是我为国尽点本分，我不习惯做官，也不愿意做官。"汉武帝感慨地说："像卜式这样一心为国的人太少了。要是大家都学卜式的样子，天下还愁不能大治吗?"

【捐赠百万无钱下葬】　姚启圣，康熙年间任福建布政使时，为了尽快平定吴三桂的叛乱。他不等朝廷的军饷，先用自己家私五万两白银买兵器、马匹武装军队。康熙二十年，姚启圣招抚郑氏官兵后，为了安置郑氏官兵，他又一次慷慨解囊捐出私产88500两白银。第三次是康熙发兵收复台湾。姚启圣因其患背疽，朝廷让他负责军饷，为了使军饷充足，他竟把自己的家产和家中的银盘、银环、银碗以及妻子身上戴的簪镯贵重财物全部献出。他死后，竟无钱安葬。还是儿子卖了老家一些田产才安葬了这位报国功臣。家乡人为了纪念他，集资为他建了一座纪念祠堂。

"九州生气恃风雷，万马齐喑究可哀。我劝天公重抖擞，不拘一格降人才。"这首疾呼变革，呼唤人才的著名诗篇，是清末著名的思想家和诗人龚自珍晚年辞官南归而作。

19世纪上半叶以来，中国封建王朝在经历了"康乾盛世"之后，迅速走向衰亡。面对危局，龚自珍和林则徐、魏源等一批忧国忧民的知识分子，以救亡图存为己任，奋起呐喊，希望挽狂澜于既倒。他们关心现实社会问题，猛烈抨击封建制度的弊端，大力倡导经世致用之学。要求学术思想要有益于社会、政治、经济。他的主张代表了中国知识分子的优良传统，为暮气沉沉的清代学术界开创了新一代的思想风气。他在诗中所表达的不是一时的灵感和自然的天赋，而是对国家和民族命运的深沉思索，也是为国家起衰拯弱而开的一服良药。正如梁启超以一个变法亲历者的身份在《清代学术概论》中说的："晚清思想之解放，自珍确与有功焉。"

龚自珍虽看不到后来风雷骤起的变局。但他坚信自己的理想总有一天要实现："浩荡离愁白日斜，吟鞭东指即天涯。落红不是无情物，化作春泥更护花。"经过百年多的风雷激荡，龚自珍的理想大体实现。但与现实中国的要求，我们的人才还太少、太少。我们需要更多的艳丽花朵，也需要更多有情的护花的春泥……

【为国分忧（二则）】 河北省石家庄市53岁出租车司机贾德利，20世纪90年代就收养了4个流浪孩子供他们上学，2002年开始照顾84岁孤老赵竹文，2003年"非典"期间他义务接送战斗在抗击"非典"一线医护人员的子女参加高考。2008年5月12日汶川地震发生后，他又开上自己的出租车直达灾区青川县木鱼镇，加入志愿者队伍抢险救援……

山西省长治市东河村民营企业家李安平，他的女儿在国外看到汶川大地震，让他给灾区捐款时，他已经带领企业员工在灾区成功救出8个人。当他看到灾区急需抗生素药品时，立即返回长治，将企业中正准备发往各地的1000万元的急救药全部留下，雪中送炭运往灾区……

2008年"5·12"大地震发生后，且不要说公职人员，就是成千上万在高等学府就读的学子、建筑工地的打工青年、繁华都市的自谋职业者、山乡农村的种田人、艰苦创业的企业家、自开门诊的医护人员……都和上面故事中的主人公一样，抱着为国分忧解难的激情，参加志愿者队伍救灾抢险，他们面对巨大灾难深知：多救一个孩子，祖国就少一个悲痛的母亲；多救一个母亲，祖国就少一个孤儿；多救一个老人，祖国就少一个哭泣的儿女；多救一个生命，祖国就会少一个残缺的家庭；早建好一个学校，就能让灾区的孩子早一天就读；早修好一座房子，就能让灾区一户群众早一天安居；使灾区少一份损失，就会让国家少一份付出；灾区重建早一日实现，国家就早一日少一份牵挂。

3. 维护国尊

【容闳维护华人权益】　清朝，容闳是我国近代第一位出国留学生。他毕业于美国耶鲁大学，因学业成绩显著，美国教会拟出一笔巨款要资助他留美继续学习，但他毅然回到祖国，立志把才华贡献给多灾多难的祖国和人民。他回国后做了许多有益于国家和民族的事。1873 年清政府令容闳与秘鲁特使谈判招募华工去秘鲁的事，容闳就想到华人在海外的悲惨遭遇：像牲口一样被人贩子拍卖，干的是牛马活，吃的是猪狗食，受尽了人间欺侮，尽管秘鲁特使说，华工去后将得到优厚待遇。他仍拒绝签订有损我们民族尊严的条约。清政府派他去秘鲁调查华工情况，他到秘鲁后深入到华工干活的农场，将华工身上被鞭打、火烧的斑斑伤痕拍成照片，带回国公布于众，使海外华人受虐待真相大白于天下。这样，大量华工被贩卖出国的惨剧，在一定程度上得到控制。

【胡锦涛拾起纸贴国旗】　2012 年当地时间 6 月 18 日，G20 峰会在墨西哥洛斯卡沃斯开幕。在各国领导人合影时，主办方用纸国旗来标示各国领导人的位置。合影完毕，领导人散去时，一些纸贴国旗掉在地上被踩来踩去。胡锦涛主席却弯下腰将纸贴中国国旗捡起细心地收了起来。这一小小的细节引发了中外网民一片赞叹。

祖国的尊严离不开每个国民去维护、塑造；维护、塑造祖国尊严更需要国民的崇高道德节操、文明言行举止作基础。随着改革开放的扩大，我国有许多人去国外旅游，这对扩大视野、熟悉异国、调整自己都是件好事。但我们有些同志到了国外很不争气，公众场合大声喧哗，随地吐痰，乱扔垃圾，在禁烟的室内吸烟，到不准踩踏的草地上照相，参观展览乱摸展品，甚至在自助餐厅吃饱了，走时还要带食物，到超市还偷盗……因而一些国家专门设立了针对中国人的中文告示牌："禁止随地吐痰"、"禁止吸烟"、"请勿用手摸"、"出门检查袋子"，甚止有些地方就写出："禁止中国人出入"……作为一个中国人，看到这些牌子，不知心里有何感想？

国民的言行是国家尊严的反映。在国外，你做了不道德、不文明的事，外国人肯定不会问你的姓名，只会认你是中国人。国家的尊严是国民尊严的综合反映。如果我们大家都不顾自己尊严，不要尊严，那我们祖国的尊严又何在？所以，维护祖国尊严，就必须不断提高自身的道德文明素质，真正做到：不做有损祖国尊严的事，对于有损祖国尊严的人事要敢于制止和斗争，以文明礼貌的言行展示于世，让外国人感到中国文明、伟大。出国要了解外国的文化习俗，不要因违忤异国习俗，而被人低看或反感。主动扩大对外交流，让外国了解中国的政治、经济、文化内涵，互相学习，取长补短，共同促进世界和谐、发展。

4. 捍卫国权

【冯婉贞率众抗外敌】 1860年第二次鸦片战争期间，英法联军攻占北京，奸淫烧杀，举世闻名的圆明园，也被烧成一片废墟。侵略者的暴行激起了中国人民的反抗，京郊猎户之女冯婉贞，把全村的猎户召集起来，号召大家团结战斗，保家卫国。大家听了，就按照冯婉贞的安排，手持钢刀、鱼叉等武器，选定了一处敌人必经之道，埋伏在两侧的树林里，待600多名侵略军拖着几十门大炮进入伏击圈后，冯婉贞大喝一声，飞身挥刀杀入敌群，猎户们也争相冲杀过去。敌人遭到突如其来的打击，一下乱了阵脚，根本来不及放枪放炮，只得举起枪上刺刀应战。敌人想拉开距离用枪炮开火，但冯婉贞率领大家紧追不舍，把敌人咬住，敌人的枪炮完全失去了作用，战斗一直打到天黑，消灭敌人100多人，其余的吓得扔下大炮和枪支，狼狈逃跑了。

【邓世昌以身殉国】　1894年甲午战争期间，一次战斗中，北洋舰队的“致远”舰在管带邓世昌的指挥下，为了掩护旗舰，被4艘日舰包围，邓世昌临危不惧，指挥官兵英勇还击。长时交战，“致远”舰多处中弹，舰身倾斜，弹药将尽。在这危急关头，邓世昌毅然下令：以最高速度向日军最凶猛的先锋舰“吉野”号冲去，邓世昌双手紧握着舵轮，愤怒的目光直射，甲板上官兵面向祖国的方向跪着。刚毅的神情，吓得日舰上的敌人魂飞魄散，纷纷跳水逃命。眼看就快撞上“吉野”了，突然，一发鱼雷击中了“致远”号，邓世昌和全舰官兵坠入海中，一个亲兵将救生圈递给邓世昌，他推开激昂地说：“事已至此，誓不独生！”他的爱犬游过来，叼住他的发辫不让他下沉，他把狗按入水中，随即自己也沉入茫茫大海之中，全舰200多名将士，也都与舰同沉，为国捐躯。

台湾一位校长高震东在大陆的一次讲演中说了一个故事：一次，他带着学生出游，忽然下起了暴雨。孩子们看见前面有一个草房，大家哗地就冲过去，也不管干净不干净，有没有人住过，只要能避雨就行。这时，风也突然大起来，草房就要倒塌，同学们又齐心协力想法扶住不让房子倒塌。在这种情况下，是我们需要房子，还是房子需要我们？我看是我们需要房子。这座房子就像我们的国家，再破也是我们的家，再穷再贫也是我们的家，我们要爱护她、扶持她……

这个简单形象的故事告诉我们：国家的兴亡，关系着每个家庭、每一个人的命运，国家一旦主权丧失、领土沦陷，哪有什么家庭的平安和个人的幸福？作为一个真正的爱国者，祖国的主权、领土受到侵犯时，都应挺身而出，勇敢捍卫，甚至为国捐躯。只要我们国家永远存在，我们就会永远有家的感觉，永远有躲风遮雨的快乐港湾。

再反思一下近年来国际上的一些事件：

萨达姆死了，如今伊拉克天天爆炸、袭击、教派冲突。卡扎菲也死了，如今利比亚遍地废墟，重建遥遥无期。穆巴拉克下台了，埃及和谐民主了吗？不仅没有，而且示威游行不断，血流成河……这究竟是社会的进步还是倒退，是西方鼓吹的人权高于主权的进步和文明吗？

卡扎菲的倒台，就是因为他要领导非洲建立自己的货币基金组织，摆脱欧美的束缚，是他们把自己的石油合同给了威胁欧美地位的中俄。卡扎菲不听老美话，同欧美唱反调，所以才招致杀身之祸……

我们应从这些事件中吸取什么？那就是：国家既是我们生存生活的家园，又是我们权利的坚强政治保障。只有祖国才是我们坚强的依靠，其他任何国家不管他现行多么好，都不会是我们的救世主。我们的祖国强大稳定才是我们老百姓安宁、幸福的可靠保障。要是祖国主权丧失，国家遭受战乱，受害最大的还是我们老百姓……

我们七十多岁的人，随着新中国一起长大，祖国经历的风风雨雨我们都记忆犹新。我们祖国有胜利的喜悦，亦有挫折的教训，我们祖国能走到今天实为不易。我们要珍惜前辈创下的江山，每一个有良知的国人、同根生的炎黄子孙，绝不能听信西方反华势力的宣传，一定要团结一心，齐心协力抵御他们的“文功武略”……

纵观中华民族历史，从远古时代常年在外治水，三过家门而不入的大禹，到“哀民生之多艰”、“吾将上下而求索”的楚国志士屈原；从以“匈奴未灭，何以为家”，戎马一生，终年仅24岁的西汉青年将军霍去病，到投笔从戎，出使西域，以“不入虎穴焉得虎子”的果敢气概，恢复了西域同内地密切关系的东汉班超；从鞠躬尽瘁，死而后已的三国诸葛亮，到献身科技，名垂青史的南北朝杰出科学家祖冲之；从坦荡襟怀为国谏诤的唐朝魏徵，到刚直不阿，执法如山的北宋包拯；从“死去元知万事空，但悲不见九州同，王师北定中原日，家祭无忘告乃翁”的南宋诗人陆游，到“敢为百姓诉冤情”，用杂剧揭露黑暗社会，促使国家政治进步的元代关汉卿；从“封侯非我愿，但愿海波平”，率军痛剿肆虐东南沿海的倭寇的明将戚继光，到“虎门销烟壮国威”的清朝钦差大臣林则徐；从戊戌变法失败，拒绝出走，甘为变法流血牺牲，以“我自横刀向天笑，去留肝胆两昆仑”的正气之歌唤醒民众的谭嗣同，到不遗余力为祖国实现“共和国”带头捐款，被家乡人民誉为“抱济世热忱，推衣解食，不愧万家生佛；奋海外事业，含辛茹苦，允推当代人豪”的华侨商人吴锦堂；从以“创立民国，平均地权”为革命宗旨的资产阶级民主革命的先行者孙中山先生，到少年时期即胸怀大志，追求真理，拨乱反正，大胆改革，对外开放，使中国走出困境，跨入富民强国之快车道的邓小平……完全可以说，一部中华民族史，就是无数英雄中华儿女为炎黄子孙幸福；为捍卫国家主权，为保卫祖国领土完整；为追求中华民族屹立于世界民族之林，不畏艰难，自强不息，前赴后继，越挫越勇的奋斗史、爱国史。

团结爱国是历史留给我们的宝贵精神财富，为了实现中华民族复兴，从政者就必须把团结爱国的目标落实到自己具体工作中，从每时每事做起，把自己的聪明才智奉献于祖国的特色社会主义事业中，牢固树立社会主义核心价值观，为实现两个一百年的伟大目标而努力奋斗！

五鉴　以民为本

（一）重视民生

1. 注重农业

【圈地运动】　15世纪末，英国毛纺织工业迅速发展，羊毛价格上涨，英国的新贵族为了追求利润，就开始用暴力大规模圈占农民土地，把耕地变为牧羊场。被圈地域的村庄、房屋被毁，家庭工业被破坏。农民也屡次发起反对圈地暴动，均被镇压。仅从1700年到1801年，圈地就达349万英亩。消除了独立农民，使土地合并于资本，为资本主义农业开创了活动领域，为工业的发展提供了劳动力和国内市场。也使农民同生产资料分离，失去生存保障，沦为流浪者和乞丐，被迫成为劳动市场上靠出卖自身劳动力才能生存的雇佣劳动者。

【毁粮储地】　2013年，邯郸市曲周县政府要将滏南村160多户农民的口粮田全部作为“储备”土地。因得知村里有13名村民为此事5月26日去北京上访时，县政府就于5月31日中午雇用了多台推土机把滏南村300余亩距收获季节不足10天时间的小麦、大棚、果园全部给毁掉。村民们将颗粒未熟的麦穗捧在手里跪在地上大哭……

人类在社会生活各个领域的动机，均来源于若干遗传的、始终不变的、本能的需要。即生理需要（食物、睡眠、性等）、安全需要（生命、财产、安全等）、归属和爱的需要（接受、给予爱）、尊重的需要（自尊和他人的尊重）、实现自我的需要

（促使潜能的发挥、实现的趋势）。首先是生理需要，如果没有食物，他的生命就要终结，其他需要就无从谈起。

我国是用占世界8%的耕地，养活世界近五分之一的人口。2012年我国粮食总产量达到5.9亿吨，粮食进口也首次突破8000万吨。也就是说2012年我国粮食供给超过6.7亿吨。

著名杂交水稻专家，宁波市农科院副院长马荣荣说："战争、动乱、灾难来了，粮食就困难了。基本口粮如果有10%的不足，社会就可能出现动乱；如果有30%的不足，那就完全乱掉了。"

截至2010年底，全国耕地总数不足18.26亿亩，已接近18亿亩红线；人均不足1.5亩，不到世界平均水平的二分之一、发达国家的四分之一。而联合国对耕地有一个警戒线，人均耕地低于0.8亩的时候会发生生存危机。而我国2000多个县里，就有660多个县人均耕地面积低于0.8亩。所以，对我们有13亿人口的国家来说，粮食问题绝对不能忽视。

1994年美国学者布朗提出"谁来养活中国?"著名命题，这个命题就像一个紧箍咒，刺激着我国农业领域的广大工作者。他们无不辛勤工作，为增加我国的粮食生产而奋斗，然而一些地方的做法无不让人担忧。

截至2011年7月，我国挂名为物流园区、物流基地的园区就有4218个，也就是说，平均每个地级市有12.6个物流类园区。而我国物流园区的平均空置率约60%，也就是说，在物流园区发展的过程中，不乏有部分地区借建物流园区之名，而行"圈地"之实。

还有些地方各类开发区规划，圈占了那么多土地（相当于一个台湾省），且大部分荒芜闲置着。"圈地运动"造成最直接的后果就是耕地锐减，粮食大幅减产。如今，从苏北、苏南、浙江，一路高速公路过去，已经很难看到10多年前那么多一望无际的良田了，许多原来的良田之上都盖上了房子或被圈起荒着。而且现在失去的都是粮食生产条件最好的土地，退补回来的土地（复垦的）大都是很差。一般都是山坡上开一点，荒地上开一点，滩涂上再围垦一点，大都很瘠薄。根据中国社科院农村发展研究所研究员李国祥提供的数据显示：在中国耕地资源中70%属于中低产田，且耕地质量呈下降趋势。耕地的水土流失，次生盐渍化、酸化等问题比较严重，由此导致的耕地退化面积占耕地总面积的40%以上。李国祥到下面调研发现，国家每年补贴粮食主产县8000万元。经过层层盘剥，真正到县里只剩1000万元。他不无担忧地说：如果粮食主产区也像经济发达地区一样，普遍地追求高度工业化和城镇化的发展模式，这可能会给国家带来灾难性的后果……

另据媒体报道，2013年1至6月份，全国306个城市共交易土地15493宗，土地出让金高达11305亿元，比去年同期增长60%。很多地方政府都想依赖“土地财政”促进当地经济发展，其实这是一种杀鸡取卵的幼稚想法。从表面看，“土地财政”对拉动GDP能产生快速启动效应，使政府的各项经济数据不因为经济形势不佳，企业经营状况不好而受到明显影响。但是，由此产生的后果却是十分严重的，不仅房价出现了反弹，而且严重挤占了社会资源。因为地方政府在大搞“土地财政”的同时，也通过各种手段，以土地为抵押，继续从银行争取各种信贷资金支持，这样势必导致实体经济得到的信贷资金更少。我国1978年GDP只有3645亿元，日子也过下来了，2013年我国GDP已达到56万亿元，反而却到处闹钱荒，其实很大程度上与地方政府大搞“土地财政”，继续负债建设有关系。更令人担忧的是，从2010年起，中央就要求地方政府通过“土地财政”获得的收入，要重点用于改善民生和偿还政府债务，用于保障房建设、教育投入等。但从实际情况来看，地方政府从土地上交易中获得的收入大都是继续与扩大政府负债相“配套”，进行城市建设与改造、大拆大建。一些城市在新型城镇化建设中热衷于“新城”，动辄规划数十平方公里的新区、新城。不可否认，城镇化进程使更多的人享受到城市生活的便利。但是，由于缺乏合理规划，不少“新城”成为“空城”……依赖“土地财政”的隐患，伴随着土地资源的浪费，房地产泡沫经济的蔓延，也渐渐浮现。

由于一些地方盲目扩大城区，侵占城郊大片优质农田，使城市与周边农民因征地关系也在步步恶化。因为征地与收税费不一样，过去的农业税费只拿走农民一部分产值，而现在土地一征收，就拿走了农民的命根子，所以，现在因征地问题出现的矛盾越来越严重。另一个就是很多城市将垃圾都堆放在城郊农村，污染环境，农民对此也很反感。还有个值得担忧的现象是利益格局的变化。取消农业税前，冲突当事人只有农民和政府，而现在还有企业加入，更为严重的是还掺进了些黑势力。在征地和拆迁中，地方政府与开发商联合对付农民。形成结果只有弱势农民利益受损，而利益集团获得超额利润。农民对此不服，所以形成在群体性事件中农村问题就占80%以上。这样长期下去，势必使农民不相信政府、对抗政府。

现在粮价太低，种地人工成本和生产资料太贵，“种地不挣钱”，所以农村出现两种现象。

一种是原来种粮的农户，相当一部分都转为种经济作物，甚至抛荒不种，守着农田买粮吃。

另一种是现在农村能进城打工的青壮年人都出去打工去了，从事农业劳动的大多是60岁以上的老人。

根据九三学社发布的调查报告，我国农村常住人口每年以1.6%的速度在减少，但宅基地却以每年1%的速度增加，农村每年建房用地200万亩左右，农民建房投资每年达到数亿元。

目前部分农民已开始第四轮建房高潮。却有四分之一已建好的住房常年无人居住。许多家门上都是“铁将军”把门，“空心村”日益显现。由于老人年迈力衰，不能耕作，现在外出的年轻人习惯了打工城市的生活习惯，将来有多少人愿意再回村种地？即使有些回来，也是农盲、科盲，许多传统农业技术将面临失传，这不仅影响农业发展，影响粮食安全，还会加速农村社会的凋敝……

近年来，以GDP为主的考核机制，也进一步将农业生产推向尴尬境地。使一些“农业大县”不甘于“工业小县”、“财政小县”，也盲目大力推进工业化。为了招商引资，不惜代价，将一些发达地区淘汰的企业、污染企业、高能耗企业也引进来。结果以牺牲农业和农业生产环境为代价换取了工业“发展”。这种漠视农业、忽视农民利益的结果，就是越来越迫切的粮食安全危机和越来越严重的气候环境污染……

西汉政治家晁错（公元前200～公元前154年），从“民为邦本”的思想出发，强调贵粟重民的施政主张。他说：“珠玉金银，饥不可食，寒不可衣。而粮食和布帛则不然，是国计民生中的大事，一日不食则饥，终岁不制衣则寒。”如果百姓“腹饥不得食，肤寒不得衣”，作为一国之君，“安能有其民哉？”

“仓廪实则知礼仪，衣食足则知荣辱。”这句经济学上的至理名言，是我国古代著名的政治家、思想家管仲首先提出来的。就是说，粮食充裕，人民就知道遵守礼仪；衣食丰足，人们才懂得光荣与耻辱。如果老百姓连温饱都谈不上，哪能谈到礼仪和荣辱呢？当人们连礼仪荣辱都不顾时，他怎么能遵纪守法；人们都不能遵纪守法，国家怎么会安定，政权怎么会稳固呢？管仲重视物质文明对于精神文明的作用，把发展生产作为提高国民思想觉悟和道德境界的前提，这一治国理政的指导思想，即使在今天仍然对我们从政治国有着重要的借鉴作用。

我们各级主政者，不能轻言粮食问题已经过关了，无论何时饭碗里都要保证有吃的。

“人是铁饭是钢，一顿不吃就心慌”。“民以食为天”，土地是唯一能生长出纯天然、无污染的食物资源。土地也是不可再生的资源，占一分就少一分，污染一亩就少一亩。而且今后需要占用土地的因素还很多。所以，每一个主政者，都要坚决守住耕地保护红线，高度重视农业，加强和完善强农惠农富农政策。不论社会怎么发展，都要重视粮食生产，确保国家粮食和重要农产品有效供给，把饭碗牢牢地端在自己手中。否则，总有一天，要饿死于碗中无食的惨景中……

2. 保护生态

【百亿珠宝不开采】 辽宁省锦州市北普陀山的黑曜石矿晶体纯净，国内罕见，总价值至少百亿元。黑曜石是宝石的一种，其开采成本远低于煤矿，市场价最低每公斤7元。经媒体报道后，北京、天津、浙江和辽宁省内十多名开矿商赶到普陀山景区洽谈商机。景区领导认为，黑曜石几乎遍布全山，一旦开采，整座山就完了，决不能为了钱而破坏自然环境，被子孙后代指着脊梁骨骂。为了顶住压力，他们通过当地媒体正式宣布：山上的黑曜石矿不许开采，永远封存。

【小镇反对采金矿】 瑞士阿尔卑斯山脉深处有一个小镇，世世代代以农牧为生。阿尔卑斯山雪水滋润着小镇，养育着小镇的人们，空气中流淌着沁人心脾的馨香。小镇民风淳朴，人们热情善良，过着日出而作，日落而息的平静生活。一年加拿大一支勘探队经过勘探，发现小镇地下埋藏着价值几十亿美元的巨大金矿。加拿大矿业公司提出优厚的开采权条件：小镇上每个居民可获得高额补偿费，并成为城里人，子女上学、就业和城里人一样。但遭到小镇居民的反对：金钱固然诱人，但开采地下金矿，会破坏生态环境，我们的子孙将来吃什么？招商引资没错，但为了眼前利益，而去牺牲子孙后代长远利益，将后患无穷。矿业公司接着又抛出了更加诱人的条件：只要现在居民允许他们开采，就给每户盖一幢别墅，并担保为他们的子女将来到加拿大留学，提供一切便利条件。对此，全镇公投仍然全部反对。矿业公司老板深为感动，对下属说：小镇的居民是智慧的，我对他们的抉择理解、支持，并敬佩他们。

早在几千年前，我们古代贤哲就提出了“天人合一”的朴素生态文明思想，在实践中还设置了专门机构、颁布法律法令等措施。周文王时期颁布的《伐崇令》，被认为是世界最早的环保法令。秦朝的《田律》是迄今为止保存最完整的古代环境保护法律文献。到宋朝，就十分重视资源与环境保护方面的立法、执法。保护对象包括山岭、林木、植被、河流、湖泊、鸟兽、鱼鳖等众多方面。元、明、清时，资源环境保护方面的法令都较前有所发展。如清代就设有专管水利的官员，保护水道河堤，并一直沿用至今……

20 世纪 60 年代，美国生态学家长逊发表《寂静的春天》，普遍引起了现代人们对环境的重视，各国政府才相继纷纷制定了保护环境法规。但多年来，我们有些领导既不恪守老祖宗的遗训，也没有和时代同步。为了 GDP 增长，为了彰显政绩，无视环境，森林乱砍、矿产乱挖……

【村民下跪求治污】　湖南省双峰县杏子镇溪口村，当地一家氯酸钾企业排放毒气污水。群众多次反映得不到解决，村民无奈之下，在一次县委书记路过时，十余位村民跪在路上，拦住书记吴德华的车请求关停那家排放毒气污水的氯酸钾企业。

“男儿膝下有黄金”，村民不是万不得已能放弃自己的尊严，双膝下跪，拦车喊冤吗？老百姓面对污染企业的嚣张，双膝下跪讨要公道，既是对当地“人民公仆”，也是对某些政绩的莫大讽刺。

多年来，“先污染，后治理”几乎成了地方经济发展的“铁律”。一些污染企业关系到地方政府的财政收入，关系到地方官员任内工作的“政绩”，关系到他们未来的荣辱升迁。于是，在跑偏的政绩观的牵引下，“保护环境”在一些地方主政者的眼里，就成了“只喊不做”的“假把式”，甚至捉起迷藏……

【咬铅笔超铅】 按照国家规定2007年以后，新建和扩建的电锌类项目生产规模都要在10万吨以上。而湖南衡东县大浦乡两级政府欺上瞒下，违规上马了产能只有一万吨的电锌厂。尽管企业排污烟尘弥漫，气味刺鼻，县环保局却依然评价其“厂内管理基本到位”；分管环保的副县长更称“监测排污达标”。2014年6月大浦镇的300多名儿童被查出血铅含量超标，村民怀疑与村口电锌化工厂有关。然而当地官员则称，超标原因不能确定，嘴里咬铅笔“也可能超铅”。

大谬不然，这不是无知，而是侮辱公民智商，是一种权力犯罪。正因于此，才使我们的环境遭到如此的破坏……

近年来，出于对产量和经济效益的追求，农民大量施用氮肥和磷肥，土壤酸性急速飙升。根据中国水稻研究所与农业部稻米及制品质量监督检验测试，我国五分之一耕地受重金属污染，其中镉污染耕地涉及11省25个地区。全球每年进入土壤的镉总量为66万公斤左右，其中经施用化肥进入的比例高达55%左右。2013年全国有1200万吨粮食遭受砷、镉、镍、汞等重金属污染，被污染的粮食均来自被污染的土地……农药残留也是食品安全的重大危机，中国的农业生产中，农药的过量施用在水稻生产中达到40%，在棉花生产中超过50%。在一些高产地区，每年施用农药可达30多次，每公顷用量高达300公斤以上。我们不到全球10%的土地，每年却消耗全球化肥总量的三分之一。我们现在食用的食物根本没有真正意义上的绿色食物……

【牛畸形人患癌】 2013年记者随着环境志愿者探查某市

境内多条河渠，发现一些地下管道源源不断地向河内排污。污水有黑色、泛红色，在入河处聚集起团团泡沫，散发出刺鼻的气味。有些企业白天歇业，晚上开工，趁黑排污；有的企业排污管道“打一枪换一个地方”；更有些小作坊企业，今天被查封，明天又开张，屡禁不绝。当地农民因地表水、地下水被污染，都不吃自家生产的粮食，有些农田因污染减产就干脆不种。一些长期养牛户，因环境污染，有的牛不发情，偶尔发情怀孕，生下的牛犊畸变，根本养不活。村民养的鹅，也只能长到正常水平的六七成，请专家看，说与村里环境污染有关。畜禽遭殃，人也未能幸免。从20世纪80年代开始，淮河流域内的河南、安徽、江苏等地污染引起癌症高发，个别区域癌症死亡率高于离河流域较远地区四五倍，其中某县一年癌症死亡就两千余人。

据媒体报道，全国90%地下水遭受不同程度污染，其中60%污染严重，水质较好的地下水只有3%，近年全国每年水污染事故都在1700起以上。

看了这些冰冷的数据，实在让人恐怖，惶恐之余，不免黯然感喟，如果我们这一代人连作为生命之源的水都给以污染，那我们的子孙后代如何自保呢？

【臆想的效果】　北方某县，有一片几千亩的西北防护林，它是该地区人民在上世纪五六十年代辛辛苦苦栽植的人工林，这片人造林既阻挡了西北的风沙，保护了大片良田，还调节了当地气候，又成了该地区人人闲暇时游览的一个景点。但在90年代那股房地产开发热潮中，该县的时任县长竟下令将几千亩防护林砍掉，要就地开发房地产，以吸引外资，发展本县经济。就这样凝结着无数人的辛劳，生长三四十年的价值难以估量的几千亩防护林毁于一旦。结果这种无知的大胆的“高招”，并未给当地带来臆想的效果。因为防护林一去风沙弥漫，也吸引不来投资者……

【口罩的猛增】 山东胶州大店村，1988年开始生产口罩，进入21世纪后，沙尘暴、“非典”、禽流感、雾霾相继袭来，使口罩生产作坊由23户暴增到300户；产量由88万只暴涨到9亿只，产值由670万元飙升到11.1亿元，最高年增达35%；销售区域由西北、东北扩展至全国。

有数据显示，世界上污染最严重的10个城市，我国就有7个，我国500个城市中，空气质量达到世界卫生组织推荐标准的不到5个，环境污染在我国已经相当严重了。

沙尘、雾霾频频出现，再次向对转变经济增长方式尚存疑虑甚至抵触的一些官员和企业敲响了警钟：调不调结构，转不转方式，不仅关系中国经济的健康和可持续发展，也关系着中国人民健康和民族命运。我记得原来有位专家就说过：人类的灭亡并不一定是那些巨大的场面，像一些预测家说的行星大爆炸，它很可能默默地发生于环境恶化之中。现在看来，这句话不仅不过分，而且击中要害。当然，细找雾霾成因，每一个人都有责任。每一脚油门、每一片焚烧的秸秆、每一串燃放的爆竹，都是在不经意地向霾“喂食”，催生着霾。所以，驱霾的过程，不仅是官员、企业，也是你、我、他净化自己的过程……

据调查，国内癌症村已超过200个，遍布27个省区市。每一个癌症高发区域都和当地被严重污染的水、空气以及土壤有关。脆弱的乡村环保体系和医疗保障体系，让病魔更显得肆意妄为，其所及之处，使一个个鲜活的生命凋落，一个个幸福家庭破碎。

不论是土地的污染、水质的劣化，还是沙尘、雾霾的频现、癌症的多发，我们每一个从政者，尤其是主政者，都应有一个清醒的认识：粗放经营必然带来经济与生态之间的失衡，我们宁可发展步子慢一点，成绩逊色一点，也不能让山秃、河枯、天霾、地毒。以牺牲生态环境为代价来换取经济快速增长的模式不仅是不能持续的，还是危险、绝后的；“先污染、后治理”、“边污染边治理”的发展思路是得不偿失的；再不能粗放式经营了，不能“只管发财挣钱，不考虑环境污染”了。人民群众不要带血的GDP，更不要绝后的GDP！

我们有良知的从政者和主政者，绝不能将自己的政绩建立在损害全人类生态环境的基础上。因为生态问题无边界，人类只有一个地球，你损人时，同样也开始害己……

现在，猎杀珍稀动物之风也在兴起。有一些人，已把吃野味已当成了权贵富豪身份的象征，当成炫耀财富的消费，当成一种心理上的非生理上的满足。他们的头脑已被奢侈虚荣所禁锢，就不明白嗜食野味是种不健康的生活方式，而且使人类生命的防御系统变得十分脆弱。不论是十年前的“非典”，还是现在的禽流感，病毒的源头都还是一个谜。大自然高深莫测，我们应该认真反思，改变那种有害的生活方式、生活理念，谨防大自然的报复。养成一种朴素、科学的生活态度。把自然界丰富而具体的多种物种存在，当作与人类相同的生命体系对待，树立一种科学理念：地球不仅是人类的，也是组成我们赖以生存的这一生物圈的所有生命物种所共有的。一定要保护物种爱护生态，给自然生态留条活路，也是给我们人类留一条活路！否则总有一天人类要死于生态环境报复之中……

党的十八大强调“把生态文明建设放在突出地位，融入经济建设、政治建设、文化建设、社会建设各方面和全过程。”习近平同志也指出：生态环境保护是功在当代、利在千秋的事业。要清醒认识保护生态环境、治理环境污染的紧迫性和艰巨性，清醒认识加强生态文明建设的重要性和必要性。

抓生态建设，也是落实科学发展观的重要体现，也是要追求人与自然的和谐相处，实现经济发展和生态建设的双赢。所以，我们都应该遵照党的十八大的要求和习近平同志的指示，在经济发展和社会发展中，和自然保持和谐相处。除了对已污染的土、水、气进行有效的治理外，今后在处理经济建设与环境、生态保护矛盾时，要把环境、生态保护放在重要位置，甚至不惜让经济建设让位。

政之所兴在顺民心，政之所废在轻民生。人民的吃、喝、吸直接关系着人民的健康、生命。主政者不仅要重视农业，保证人民的饭碗里有饭吃，还要保护好生态环境，使人民的吃、喝、吸都是无毒、无污染的。

3. 珍惜资源

【里革破网】 鲁宣公喜欢捕鱼，一年初夏，他带着随从来到泗水边撒网捕鱼。大夫里革听说后，就赶去劝阻。鲁宣公不听，还望着网里许多鱼发笑。里革急了就拿刀将网砍破放走了鱼，并对鲁宣公说："你不是要学习古代治国的方法吗？古时候，为了保护动植物的繁衍和生息，什么时候捉鸟、捕鱼、砍树等都有明确规定。春季是鸟兽孕育期，禁止捕捉，是为了鸟兽生育繁殖。初夏鱼类开始孕育，就禁止下网捕鱼。就是到山上砍树也不能砍新生树……这些都是为了使万物繁衍生息，保护人类环境，也是我们祖先总结的经验，你作为国君，不教育人民保护资源环境，反而带头破坏，怎么能治理好国家？"鲁宣公听了后说："我错了。"

【生态崩溃，物种消失一半】 "2013 年长江上游联合科考报告"发布会上，农业部长江流域渔业资源管委会办公室主任赵依民心情沉重地说："长江里原有 175 种特有物种，近年来，已经有一半以上找不到了。"他们在丽江附近的石鼓江段使用网具试验，一天只捞上来 5 条鱼，多数还很小，而这里过去是鱼类资源十分丰富的。总体看，长江生态已经崩溃，长江上游的金沙江干流鱼类自然资源也已濒临崩溃，特别是金沙江流域大规模地建设水电项目，今后恐怕还会有更多的长江特有物种消失……

全国655座城市有近400个缺水，其中约200个严重缺水。但这丝毫不影响一些城市大搞水景建设，现在人工河在华北、西北等缺水城市并不少见。对“水老虎”高尔夫球场，从2004年起我国就陆续下发十余个禁令，但2011年却由170家增至600家。一些地方的主政者至今也不明白：“水可以诞生文明，也可以毁灭文明”的道理。

时下城市绿化的巨大需求，致使银杏、桂花、红豆杉、香樟等名贵树种奇货可居，这样的“大树进城不仅破坏了山村的生态，还会导致大量的珍稀古树名木在迁移中死亡……”

【人类透支了自然资源】　据世界自然基金会计算，2013年8月20日为2013年生态超载日。也就是说地球当天进入了本年度生态赤字状态，已用完了地球本年度可再生的自然资源总量。在2013年剩下的4个多月里，人类已进入了生态超载阶段，将透支自然产品和生态服务。

“天育物有时，地生财有限”。地球生态系统的正常资源每年的再生能力是有限的，地球每年具有再生资源的土地为120亿“全球公顷”，而实际上，现在地球每年消耗182亿“全球公顷”。近年来地球的生态赤字越来越严重。生态超载日年年往前提，1993年是10月21日，2003年提前到9月20日，2012年是8月22日，2013年又提前两天，为8月20日。

人类正面临着一场新的文明转型，以资源的高消耗来刺激快速发展的中国经济也正面临严峻挑战。如果我们不彻底改变高消耗的经济增长模式，中国不仅很难逾越这次文明转型的门槛，而且必将导致资源日益奇缺、生态日益恶化，发展愈不平衡的畸形发展。

人与自然的矛盾，从来没有现在这样紧迫，我们已没有足够的资源来支撑高消耗的经济增长方式。实施绿色战略、常态化发展，是中国经济可持续发展的必然选择，也是中国的根本出路。我们每位从政者，尤其是主政者，一定要有危机意识，不能盲目学西方一些国家高消费甚至刺激消费。西方工业文明是建立在少数人富裕，多数人贫穷的基础上的。必须转变经济增长方式，不能不给后代留一点余地，竭泽而渔、焚林而猎，疯狂消费，耗费资源了。一定要走常态化的节约发展、可持续的循环经济发展道路。不仅要提高资源使用效率，降低生产过程的污染，还要减少消费过程对生态的破坏，更要以发展新能源（发展风能太阳能，重视废钢铁、废玻璃、废塑料等的回收利用）实现生产方式的彻底转变，否则，迟早要停滞于资源匮乏之中……

（二）关注民情

1. 耐心听民诉求

【汉明帝方便民上访】 汉朝时，公车、反支日不接受奏章，明帝继位后，感到这有阻下情上达，便对朝臣说："百姓停止农桑，远来京师陈情，而京都官署却受禁忌的约束不接待，这是为政的本意吗?"于是就废除了这种制度，使老百姓上访比原来方便多了。

【赵广汉发明举报箱】 汉宣帝时，赵广汉（字子者，蠡吾人）赴任颍州太守，到任后他看到豪门大族之间相互联姻，又和官府结党营私，欺压百姓，社会风气极坏，平民百姓苦不堪言。为了获取证据，为民除害，他发明了"举报箱"。他让手下设置了一种口很小，信件可入不可取的陶器具"受吏民投诉书"。有了举报箱，官吏和百姓纷纷投诉、举报。赵广汉根据投诉、举报线索，组织力量取证，很快就打击了犯罪，铲除奸党，颍州治安状况变好，社会风气大为改观，赵广汉也因此受到百姓拥戴，名声大震，后升迁为京兆尹。

【包拯撤销“门牌司”】 宋朝包拯在历代人民的心目中，一直是秉公执法，为民请命，刚正不阿的包青天。按宋朝旧制，百姓打官司须把状纸先交给“门牌司”，由他们收转，这样他们就从中勒索钱财，造成“天下衙门朝南开，有理无钱莫进来”。包拯知情后，便果敢地撤销了“门牌司”，打开府门，击鼓升堂，凡是告状的，都可以直接见官投状纸，面陈案情曲直，任何人不得刁难阻挠。这一规定从程序上为秉公断案提供了更大的空间，在我国的法律史上占有一定的地位。

【保护告状人】 邓小平同志在处理人民来信来访上，不仅高度重视、认真及时，而且很注意保护写信人。1977 年，某单位 30 余名群众联名写信给中央，反映新选为党中央委员的某一领导干部压制群众，不够资格，邓小平当即批示：我看不宜选入新的中委，尊重民意。1978 年 12 月 19 日，某县干部来信反映该县县委书记追随“四人帮”弄虚作假，骗取“大寨县”的称号，邓小平阅后两次批示：一个时期以来，山西告状的很多，值得省委重视，对告状的不管对否都要保护，这是非常重要的。

上访，是任何社会都有的一种群众反映诉求的形式。上访不仅是广大群众对自身权益受到损害的一种诉求渠道，也是对执政者一种谏言渠道，更是一种基层广大群众对一些政府执法管理部门的监督渠道。所以要保证人民群众的言论自由，就要畅通上访渠道。畅通上访渠道，就能使执政者对下情通达知晓，对政策的执行利弊就能及时了解、校正，对下级官员的失职、渎职及贪赃枉法的情况也能及时掌握，为奖罚、升贬提供依据。这样社会就会日益趋向政通人和。

【汉文帝废除诽谤罪】 汉文帝是一个比较明智的国君，他认为群臣批评朝政，百姓背后诅咒皇帝，都是对现实不满的心情发泄，要对此也治罪，就使得群臣和平民不敢畅所欲言，为此，他就废除了诽谤罪，并下诏鼓励下属和百姓给他指出不足和过失。

【王旦不计书生过】 北宋太尉王旦在中书省任职时，一年天气大旱，百姓心如汤煮。一天，他下朝回家途经一家酒楼时，酒楼上有一个叫王行的酒醉书生指着他大喊："百姓们遭受旱灾，穷愁困苦，你们却无忧无虑地享受着朝廷丰厚的俸禄，心里就那么坦然！"喊着喊着，就将手里的书本向王旦头上扔打过去。王旦的随从人员立即将王行捉住，准备扭送刑部大堂。王旦急忙拦住说："此书生之言，说出了百姓心声，也说中了我们的过错，如果将他送刑部，人们必然同情他，还会给民意上达带来阻碍，给政局稳定埋下隐患。行为过激是他为民气愤所致，他有什么罪呢？"于是就命人将王行释放了。

政之所兴，贵在民主。一个和谐、民主的社会，必然是个可以充分表达自己真实意愿、言论自由的社会。一个群体中，每个人的见识、阅历、修养、利益、要求等不可能都一样。况且每一个党派、一个群体都是在成员的利益、目标上找出相近的最佳结合点，并以此作为共同追求的理想而制定的、大家认可的、能以其约束自己行为的规范作为保障。但在具体追求、实施中，对一些方式、做法、行为有不同的看法、意见，也在情理之中。所以作为一个从政者，在决策、执政、管理中，有人提出一点异议、意见，甚至反对都是正常现象。而且，不论学术、真理或是集团、国家、社会，没有不同意见的争论就不会进步；没有对立面的异议、诘难，就不会前进。所以，一个领导能求同存异、尊重不同意见，既是一种雅量、一种民主风度，更是一种推动事业发展前进的原动力。

现在很多在基层的从政者，尤其是主政者，听到群众对自己工作的意见或刺耳的话，不是反思自己的工作，不去自省，而是巧立“罪名”，借公权力对群众进行打击报复：

陕西定边县道路运输管理所从事打印工作的女职工赵晓玲，打印了一份由全体职工联名写给县委、县政府的信，反映单位存在诸多问题，就被当地公安机关拘留。

湖北民族学院郭广林老师在博客中撰文批评学校70周年校庆时的一些做法，就遭校方解聘……

近年来在基层，因言获罪，举不胜举……其共同特点都是，当地领导被群众“诽谤”，公安、法院迅速行动相继助力，以“诽谤罪”的名义进行执法或公诉。他们虽均冠以“基本事实清楚，程序基本合法，适用法律正确”等类似之名，实际尽显的是地方官员权力大于法，一手遮天之实。在一些“天高皇帝远”的地方，政法机关似乎已经成了主政者手中随意使用的工具。

一些主政者为什么要将群众的意见定为诽谤罪？一者可能因群众之言戳到其腐败肮脏的真实一面，于是便以无辜受害者形象，高调动作以图掩饰，既能杀鸡儆猴，又能强力压下类似舆论；二者或是官老爷做派，受不得一点批评意见，刺耳之言，闻则盛怒，杀一儆百以图显示其老虎屁股摸不得，以此告诫群众不可对领导指手画脚。

一些群众从不同角度提些批评建议，是其行使言论自由民主权利的表现。如果将群众的批评、牢骚及一些偏激言论视为侮辱、诽谤，通过刑法解决，不仅于法无据，反而可能激化矛盾。

其实很多时候，群众骂“官员”不一定就是不尊重官员人格（因互不熟悉，又无交往），而是想以骂的方式引起主政者反思决策的正确与否。

古人云：天下虽乱，民心未离，不足忧也；天下虽治，民心离，可忧也。不论是基层干部，还是平民百姓，也不管是他们为了自身利益的诉求，还是对各级政府官员的监督，或者是为了理政治民的谏言，他们能不计成本去上访，向上级政府诉说呼号，都是他们对主政者的信任和依赖。就怕基层干部群众默受不公和冤屈，不去向政府诉说、呼号，对政府失去信任和依赖时，那不要说强势的主政者，就是法律条文也会在他们眼中成为一张废纸，到那时形势就很难稳定了……

有位英国记者说："四人帮"覆灭的原因之一，是自己被自己制造的舆论迷惑了！也就是说"四人帮"（当时）大造"革命舆论"是对"大造舆论"有种迷信的依赖。舆论是什么？舆论是执政者检验执政效果的需要。舆论应该是来自执政者的执政对象（在专制时代是被统治者，在民主时代是服务对象），而绝不是来自执政者本身。舆论反映了执政对象的物质和精神需求，反映了他们的利益诉求，也反映了他们对主政者的评价和他们对执政者的态度。

舆论是执政对象在生活中由实感而发的自然流露、不听命任何他人的自然表达。对执政者来说，对舆论只能原原本本地听，根据民意对执政方针、方式进行调整。万不能左右舆论、制造舆论、歪曲舆论，否则受到最大伤害的还是执政者自身。

新中国成立以来，最典型的舆论，莫过于1957年前后的"右派言论"和1976年的"天安门诗歌"，就因当时对这些舆论打压，而使国家付出了沉重代价；后来也因国家主政者"从善如流"认同了这些舆论，使中华民族得以走上了复兴之路。

执政者当然要表达自己的政治诉求，也就是要宣传他们的政治理念、主张和措施。而这是一种政治宣传，与舆论不同。一个是自上而下，一个是自下而上，不能混同，却又互为因果。如执政者不放弃自己宣传，又能重视舆论，并以此检验自己的理念、措施，并根据民意，及时调整自己的主张、政策、方法，就会达到人们希望的政通人和境界。

习近平在俄罗斯访问时，曾引用了通俗而深刻的比喻："鞋子合不合脚，自己穿着才知道。一个国家的发展道路合不合适，只有这个国家的人民才最有发言权。"

领导干部在工作中要做到"多谋善断"，就是要注意听取不同意见。研究问题，不但要看好的、有利的方面，还要有意识地从反面考虑，看到不利的一面，敢于自己否定自己。从不同角度考虑，充分研究各种不同意见是否有道理，有哪些好的有益的东西，这样作出的决定，才能立于不败之地，避免或少犯错误。彭真说：开会讨论问题，不同意见讲得越多越充分越好，问题看得越清楚，就越好解决问题。

民众的批评和意见不是洪水猛兽，不让人民说话，才是危机之源。作为一个从政者，尤其是主政者，也要像对待群众诉求一样正确对待社会舆论。首先要坚持我虽不同意你的意见，但我认真听你的诉说。其次要冷静分析与己相左、相反的舆论，逆耳忠言常常是最佳的忠告。其三即使是错误的也不要压制，更不能"杀鸡给猴看"，以防猴子不出声了。其四开放舆论也是一个群众自我教育的过程。民众也不是一个一元化群体，他们的意见也不会单一，而是众说纷纭，在交流中就会使正确者得人心，谬误者必失去市场。

强制人们去做不可能做的事的法令必然无人拥护；禁止人们去做肯定要做的事的法令必然行不通。我们每一个执政者一定要以史为鉴，认真反思新中国成立后的反右、"大跃进"、"人民公社"、大炼钢铁、"文化大革命"……再不要做那些大造舆论，强迫或引导人们去做那些不愿干、盲目干的蠢事了。

2. 认真化解民怨

【耐心化怨】 申纪兰名气大，许多人有怨屈事都慕名找她反映诉求，她对每一位来访者都耐心接待。四川有一位60多岁的老妇人，找她反映自己女儿被县领导儿子霸占，丈夫为此事上访又被活活打死的情况后，她立即把告状信转给了有关部门，不久就收到这位老妇人的感谢信……

2006年一位老人找到申纪兰，说自己儿子在一家企业上班，遭老板诬陷下了狱，申纪兰接过材料说："你有冤枉，我一定过问。"并专门到有关机关了解情况……后来老汉哭着对人说："老天有眼，我遇到救星了！"

我们每一个在基层的从政者，尤其主政者都要守土有责，认真为民化怨，就是对于权位高者的问题也应主动向上反映，不要百姓奔波，何来那么多越级上访人？当然，这既要国家有可靠的保障制度，又要防止官官相护，使上诉者遭诬或死于非命！

【"难题"并不难（二则）】 居民熊海峰，2007年5月因房子被强拆后，选择了激烈的对抗态度，他们先是搬到废墟上，在窝棚、工地暂住。最后实在待不下去，就搬到居委会拆迁办的仅有十来平方米的办公室住下。并由此开始了7年上访。他先后9次到北京，去省里、市里更是频繁，县里更是上访常客。县里四任领导也都启动了多轮领导面对面沟通不下百次，但收效甚微。2012年5月县里将此案交由信访局副局长芮红卫为包案组的牵头人，直接对接解决。芮红卫和一直陪着熊海峰上访的大女儿熊世兰同住在一个小区。从此，不论早上锻炼，还是晚上散步聊天，都和她在一起。后来熊海峰也随女儿世兰到芮红卫家闲聊，一坐就两三个小时，情感也日益亲近。熊海峰一家也感到芮红卫解决问题的诚意。2012年8月24日芮红卫接到熊世兰电话说父亲突然生病，她就马上赶到，帮助将熊海峰送到嘉兴治疗。在医院陪疗时，芮红卫深情地对熊世兰说："我自己的父母都不在了，有种"子欲养而亲不待"的遗憾，这永远是我的心结。你还有福气有机会伺候两个老人……"熊世兰听了很感动，看看生病的父亲，想想常年卧病在床的母亲，也认真进行反思，生性倔强的她，受到很大震动……9 月 18 日下午，熊世兰在信访协议上签下了代理人的名字，9 月 21 日，病床上的熊海峰也在协议上签下了名字……使七年漫漫的信访案得到终结。

60 岁的山乡农民吕畅，是个老上访户。由于他不分场合，直言不讳，在很多人的印象中，他是一个无理取闹的人。所以形成多年上访无结果，他也对公社干部一肚子怨气。澄波到公社不久的一天，刚下乡回来，吕畅就找到他的房间。正当办公室同志以领导刚回来需要休息，打发他走时，澄波招手一挡说："我不累，他这么大年纪，来次也不容易，我和他谈一谈，看他到底有什么事。"于是澄波就先让老人坐下，倒了杯水。他洗完脸就从灶房端来两份饭菜和吕畅边吃边谈……原来，十年前的一天凌晨，吕畅正赶着羊去坡上放牧，走到村北不远处，看见路边一棵大桐树被人锯了。树身不见，只有树根还留在地上，树枝全丢弃在马路上。他还暗喜自己运气好，就急忙返回家，让儿子去放羊。他拿上镢头、铁锨就跑去挖树根，最后把挖出的树根和丢弃在路上的树枝全部拉回家。谁知，他的汗没擦干，失主就随特派员（民警）到现场，顺着拉树枝的痕迹就找到了他家。尽管他一再说明自己没有偷树，只是挖了树根，拉了枝条，特派员还是将他带到公社，后来竟以坏分子罪名拘留三天……虽然已经给他摘了帽子平反了，可他一直嫌未在全公社干部群众大会上宣布，就一直上访不断……澄波听完吕畅的讲述，感到他是一个心直口快、嘴无遮拦的人。澄波先保证下次公社大会上宣布给他平反后，就又顺势对他进行了开导："你年纪大了，今后遇事不要发火，火气太大容易出意外。你很直爽，这很好，但并不是任何时候任何场合都直说就好。你应在有生之年，给子孙、给世人留个好印象……”谈着谈着就不觉夜深人静。吕畅要回家，澄波说：“天这么黑，路又远，你要出个事，我咋向你家里交代？”说完就将他安排在公社招待室住下。澄波回到自己房间刚睡下，想到吕畅年迈，肯定晚上多尿，就又起来给他送去了一个尿盆……第二天，澄波一早起床就到招待室，让吕畅吃了早饭再走。吕畅双手紧紧握住澄波的手眼含泪水说：“澄书记，我不吃啦！他们要像你这样，我绝不会一直上访……”澄波说：“你放心，我下次在公社大会上一定宣布。”“不，澄书记，只要有你这句话，我不争那口气了……”从此，吕畅再不上访了。澄波为他倒水、端饭、送尿盆的事情也在乡间传开……

在基层很多从政者，都把老上访作为“难题”。难就难在作为强势一方的政府官员，总是无视作为弱势一方的平民百姓的尊严和诉求。难就难在对公民的权利及公权力行使缺乏一种基本的认知和界定，致使一些弱势的百姓就抱着“就是再强的公权力，再强的官员，我也要跟他去斗，‘不争馒头，争口气’”。因此就不考虑输赢，甚至抱着鱼死网破的念头，所以就难。相反，我们每个基层干部如都能像公仆侍奉主人，心里装着群众，抱着敬畏之心拿出真诚和智慧，直面其难，用真情架起沟通的桥梁，那么任何难题都不难解决。

无视群众、不讲理是极为危险的。现在出现的一些让人们不安的暴力和仇恨中的报复，都起源于无视群众，不讲理。基层就有些官员不讲理，讲的是权术，讲的是大话，要不就是恐吓“你再不闭嘴，我就修理你。”有一些议论，也不讲理，而多是迎合、献媚，甚至是充满着漏洞百出的诡辩、先入为主的判断和让人不禁捧腹的笑料……

现实中，经常能看到县乡政府部门门前有三五个甚至一二十个上访告状的群众，被保安挡在门外或被告知要找的领导不在的无奈或愤怒的神色……要是底层老百姓找讲理的地方，经常遇到的是衙门的踢球、公仆的冷脸、法律部门的冷漠、媒体的势利和听诉说者的不耐烦。这种环境还会逼出更多的极端行为，使求助无门的人们，在无望和仇视中，报复社会，伤害他人……

近年来，“瓮安事件”、“乌坎事件”、“北京机场爆炸案”的发生，都具有偶然中的必然。再从近年来的爆炸纵火案看：2008 年 7 月 21 日昆明公交连环爆炸案，2 死 14 伤；2009 年 6 月 5 日成都公交纵火案 27 死 74 伤；2010 年 7 月 4 日无锡班车纵火案 24 死 19 伤；2013 年 6 月 7 日厦门公交车纵火案 47 死 34 伤……

静心反思这些案件，嫌犯多数都是处于社会底层，他们因为个人行为、遭遇或其他因素而受到不公后，投诉无门，感到实在无力抗争的情况下，就对社会产生不满，才铤而走险，通过极端手段，甚至采取两败俱伤的行为报复社会。

一次次事件，不仅显示当今社会矛盾的日渐激化，也暴露了社会深层的问题：社会公平正义缺失，个人合法权益屡遭侵害。正是个别底层民众对社会信任缺失，才酿成一个个危害社会的恶果。

很多群体事件都说明，政府部门的从政者，一定要经常深入基层，广泛听取群众意见。我们只有畅通民意表达渠道，真诚俯首倾听人民群众的呼声，倾听社会大众的心声，打捞沉没的声音，认真审视和解决社会的各种矛盾，还老百姓公平正义，使他们的合法权益不受侵害，才能保证他们不上访。尤其作为乡镇基层干部，一定要把好信访第一道关，不要再“掏钱买平安了”，不能以丧失公平正义原则去“求稳怕乱”了。只有认真对待底层百姓的正当诉求，分清是非，及时化解百姓心中的怨气，才能消除他们仇视社会的土壤。作为上级部门，也要适当激活基层的能量，从源头上遏制、化解矛盾，才能最大限度地预防类似事件的发生，才能从根本上筑牢和谐稳定的社会基础。

不可否认，近年来随着一些潜规则大行其道，信访秩序越来越乱，信访工作付出的代价成本也越来越大。在越级上访人群中，也确实有些胡搅蛮缠者。这就要求上级对一些重点越级上访者，不要层层动笔批转，而应直接派人员深入查处，对属于有悖公正，侵犯民权民利的责任人要给予公开处理；对于无理取闹者，也要公开处罚，只有这样才能产生以儆效尤的结果。否则不分是非曲直，一味主张维稳，势必使贪赃枉法者更无顾忌，让一些无理取闹者更加狂妄，使社会越来越失范，陷入更加混乱的局面。

几年来《信访条例》运行中引发群众“信访不信法”、“找大不找小”的现象绝不能忽视。应该对向上负责的信访制度进行改革，不能用“零上访”作为考核地方社会治安的硬指标，对不分青红皂白的“属地负责”，也应细化完善……

2013 年 1 月 10 日召开的全国信访局长电视电话会议要求：今后将推进以市县两级为重点的领导干部接访下访工作，到下级和基层实地解决问题，加强督导，坚决纠正一切“拦卡堵截”正常上访群众的错误做法。真正把来访群众当家人，把群众来信当家书，把群众反映的问题当家事，把群众工作当家业来做，千方百计解决群众的合理诉求。

科学发展不偏离，执政为民固根基。水能载舟亦能覆舟。心系群众鱼得水，脱离群众树断根。我们每一个从政者，尤其在基层工作的领导，都应以古今为鉴。按照中央要求，重视群众上访，认真化解民怨，实在惠于民生，为和谐社会打好基础。

（三）为善管理

1. 人性管理

【心太冷酷（三则）】　内蒙古自治区包头市百灵庙镇医院，一位产妇在手术台上等着用血，医院却无血可输；家人要求抽血应急，医院以“不得私自采血”为由拒绝，最终导致母婴双亡。

昆明市东川区人民医院妇产科的一名医生，眼看病人大出血不止，在四处寻血无果的情况下，本着救死扶伤的精神，献血救人。产妇和婴儿得救了，医院却遭到上级部门的处罚，理由是“违法采供血”……

某市医院里两个病人都是尿毒症患者，急需进行肾脏移植手术来挽救生命，然而各自亲人的肾脏都未能与其匹配成功。但两个家庭中各自肾源提供者恰恰都能与对方进行匹配，只要交换一下，双方都能得到最好的手术治疗效果。但是，按照2007年5月1日的《人体器官移植条例》规定，非血缘和家庭关系的活体器官供应不能进行……

采供血、人体器官移植的条例规定没错，它的终极目的是为了救死扶伤。以上的事例并不是规章制度的问题，而是执行者太冷酷。他们只注重制度、规定刚性原则的一面，而忽视了制度规定柔性灵活的一面，忘记了制度规定的终极目的是救死扶伤，实行人道主义……

【宽容的管理（二则）】　某公司经理巡视时，到一个柜台前看见一个顾客在柜台前等候买东西，没一个店员在柜台前招呼，却见几个刚来的年轻店员全都挤在角落嘻嘻哈哈地说笑话。经理一句话也没说，快步走进柜台，问明顾客要买的东西，就从货架上取下货物，包装好，微笑着递给顾客，并说：“欢迎再来。”几个店员看见后，立刻回到各自岗位，似乎等着批评。可是经理一句话也没说就径自离开了，大家更深感愧疚，从此大家再不在上班时离岗说笑了。

一位部门经理外出时，手提包被盗，里面除了钱物，还有公司的公章。她又内疚又担心地站在总经理面前讲完发生的事情后，总经理却笑着说："我再送你一个手提包好吗？你前段时间工作很出色，公司早就想对你有所表示，但一直没有机会，现在机会终于来了。"总经理没有暴跳如雷，而是以宽容的态度使部门经理心怀感激。后来，任凭别的公司以再优厚的待遇聘请她，她都不为所动。

一般人犯了无意的错误以后，在未受批评前，本人也会深刻自责、反省。这时，如果再对他斥责、处罚，当时可能本人很害怕，但过后他会因已受到训斥、惩罚而感到犯的错误已经给予了补偿。所以，这时如保持沉默，不声色俱厉地批评、处罚，更能促使其深刻反省，心怀感激，认真改正，有利工作。

【执法分明　法外施情】　2013年2月17日，重庆市民警李自立纠违时，发现樊某骑摩托车带着妻女二人。根据规定李自立开出100元罚单。违章者樊某苦苦求饶：只能罚分，不要罚钱。因为家里欠债，妻子有胃病无钱去医院治疗。女儿上学还欠着学费，老人还要他赡养……李自立和同事商量后告诉樊某，按照《道路交通安全法》第四十九条规定，超载必须接受罚款处理。说完，李自立坚持把罚单交给樊某。但罚单里夹着100元现金，还没等樊某拒绝，李自立和同事就已离去。后来记者问李自立："为什么要这么做？"李自立表示：枉法不能，法外施情，让对方吸取教训就好。执法当分明，法外也有情。法律是刚性的，不容折扣。但恻隐之心，人皆有之，处罚是手段不是目的，此时的帮助，会让法的威严与情的温暖同时同样给违法者留下深刻的记忆。

作为维护社会秩序的制度，其本质属性并不限于其刚性，还有柔性的一面，即彰显原则性的同时，还有相对灵活性。否则无情的制度之下，必然产生人性的无情和冷漠，这显然也违背了制度设计的初衷。在特殊的环境下，制度需要亮出其温柔的面目来。所以管理不能是简单的惩罚，简单惩罚的管理方式，最大弊病就在于，它只能在短期内禁恶，而不能劝善，更无法激励人们的积极性、主动性，相反，不断加重处罚，会使人们的承受力也不断增强，同一种惩罚多次使用后，它的禁恶功能就会日趋减弱，为了达到威慑效果，惩罚的强度就必然相应提高，久而久之，形成恶性循环，最终导致公开的反抗。

我们每一个从政者、管理者和执法者，都应以人为本。对犯错者，没有惩罚不行，但单纯依靠惩罚也不行。

2. 耐心“帮教”

20 世纪 80 年代，昕江县针对综合治理中存在的“四多四少”，即政法部门抓的多，全社会抓的少；被动治表得多，主动治本得少；上级抓的多，基层党员作用发挥得少；形式抓的得多，思想工作抓的少。在企业提出“包联”活动。

对一些工作后进或矛盾多的门店、班组、股室，由党政领导成员和支部委员包。对一些有劣迹行为或经济比较困难的人、户由党员联系。主要任务：一是宣传党的政策、方针解释群众疑虑，提高执行党的方针政策自觉性；二是对失足青年、后进青年进行帮教，使其能遵纪守法勤劳致富；三是帮助联系人员解决家庭、婚姻及与邻里之间的矛盾，使其建立和谐的家庭、邻里关系；四是帮助解决家庭、生活中的困难，使其尽快走出困境；五是进行深入细致的思想工作，使其能遵纪守法进而提高其道德和精神文明水平，为社会稳定打下坚实基础。包联中，首先从感情上投资，困难上帮助，动之以情，晓之以理，导之以行。其次持之以恒，一联到底，防止反复。再次语气平和，禁用大话空话，以势压人，做到激而不怒，促而不反，恰到好处。最后要善于借助社会、家庭、同学、亲戚等各方面的积极因素，做好包联对象转化工作。为了把“包联”落到实处，在组织措施上，各企业领导都把包联成效列入岗位目标责任制；每季支部全体会上，将“包联”情况进行汇报，受大家监督；各局办党委对“包联”情况每季抽查，验证真伪，半年小结，全年总结，奖优罚劣。为了保证“包联”的严肃性，不走形式，对一些年迈体弱及本人言行不端的党员不让参加包联。“包联”活动随着时间的推移，也取得了明显的效果。

【监督作用能发挥（二则）】 印刷厂副书记和全龙包的是印刷车间。一天有个外地人到厂里联系业务，要出高价印刷一批黄色淫秽读物。如果承印这批读物，基本上就可以完成全年利润。很多职工都认为是挣钱的好机会，都主张接下这单生意。和全龙同志知道后，就组织大家开会讨论。经过充分争辩，最后基本统一了思想，使大家认识到，我们是社会主义企业，要追求经济效益，更要注重社会效益，这笔钱宁可不挣，也不能让黄色淫秽读物毒害青少年，败坏社会风气。

县副食品厂向外地发出一万余箱罐头，后来有几家客户因质量问题提出要退货。有职工不想退，说食品成交不能退，不然要赔钱。包点的厂支部书记李刚及时做职工的思想工作，使大家认识到：企业一定要讲信誉，讲商业道德，决不能为了钱就什么都不顾了。最后职工就同意接受退回的产品，赢得了客户的信任。第二年，这些客户又纷纷来要求订货。

【思想工作落实处（二则）】 昕江袜厂青年工人王某某，过去曾因打架被判过两年刑。刑满回厂后，自暴自弃，对生活失去信心。党支部就让威信较高的厂卫生室医生苏铁刚联系他。苏铁刚经常主动接触他，苦口婆心，循循善诱启发他振作精神，并帮助他找了对象，结了婚。终使这块顽石被感化了，他说：“我要再不做好，就谁也对不起了。”此后，他再不打架闹事，把劲全使到工作上，而且还协助公安部门破获了三个作案团伙，被大家评为模范。

酒厂青年工人李某某，比较自由散漫，还有小偷小摸行为，支部书记侯绍文联系他后，经常同他谈心，引导他树立正确人生观，使他进步很快，不仅主动退赔了过去一些赃物，他在上班途中拾到的存款单，也能向侯绍文汇报、交还。

【密切了党群关系（二则）】　汽车配件厂党支部委员梁玉梅包了行政后勤股后，不仅办好游艺室、图书室，并经常深入食堂、幼儿园帮助解决实际困难，免费给职工轧面条，给单身职工做生日饭……使大家对支部更加亲近，无话不说。

线材厂党支部书记段宝林联系的青年工人王某某因犯法判刑，媳妇回了娘家长期不归。段宝林不想把问题推到社会上，便主动和他、劳改农场、家庭协商订了帮教方案。他不仅经常给王某某写信鼓励教育。还主动到农场看望，给他送些书和学习用具。并多次到家里做家庭成员的思想工作，使住娘家并准备离婚的王某某媳妇重返回家。种种事情使王某某很受感动，在农场表现很好，不仅受到场部多次表扬，还担任了小组长……他的父亲逢人就说："段书记为我们操碎了心，他真是我们的贴心人。"

【加强了党组织自身建设（二则）】　包联后，每个班子成员肩上都有压力。糖酒副食品公司就有三大变化：一、由过去坐镇指挥，变为亲自出征。不论组织货源，还是推销产品，都是领导带大家一起去。二、由只动嘴，变为既动嘴又动手，公司领导参加义务劳动多了。光公司自己装卸货物就为公司省了一大笔费用。三、由于包联的要求，领导必须经常深入群众了解情况，这样就能及时发现一些职工的困难而进行救助。

色织厂党员彭某某，由于一度放松了自律，在群众中的威信不高。所以支部就没有安排他参加包联。他自身就感到一种无形压力，促使他严于律己，变化很大。鉴于他的进步，支部按大家意见，给他分配了包联任务。

【促进了改革与经济发展】 色织厂的销售科是个关键部门，由于缺少对市场调查，生产的产品大量积压，支部委员包了后，不断完善岗位责任制，大家服务态度立即改善。他又带领推销人员外出进行市场调查，收集到不少信息，对花色品种进行了针对性调整，很快就打开了产品销路，推动了厂里的生产发展。

“包联”活动，是一项稳定社会治安、育人治本的基础工程。虽然时过境迁，但对我们在基层从政、主政的领导仍有可借鉴之处。它不仅能从小从早从快调解人与人之间的纠纷，把可能出现的矛盾、突发事解决在萌芽之中，而且，引导“两劳”人员、失足者和后进青年遵纪守法，自食其力，减少社会犯罪主体，给稳定打下良好基础。还能促进人际关系和谐，促进经济发展，保证物质、精神文明协调发展。更能提高党员素质，密切党群关系，提高党在群众中的威信，促进和改善党的领导。

说实在的，没有人天生就是刁民，也没有一个人天生就愿意生活在权力的对立面，愿意生活在社会的边缘，刁民大多是主政者施政的不完善产生的。要构建和谐社会，就要消除滋生刁民的社会空间。每一个从政者，尤其在基层直接与群众接触的领导干部，一定要把群众的冷暖放在心上，千方百计帮助他们排忧解难，对他们遇到的人生困惑，要耐心引导教育，使他们由衷地感激你、相信你，愿和你共同步入和谐社会。

【问题青年成了人大代表】 葛启义在2008年6月28日“瓮安事件”时才15岁，好打架滋事，是个“问题青年”。“瓮安事件”中他拿着汽油瓶冲进县政府大楼，后来被逮捕。在贵州省治理理念指导下，瓮安县开展了“轻罪从无”试点工作……经过耐心帮助教育，葛启义重新回到正常社会生活中，他痛改前非，勤劳致富，不仅成了一个小型装饰公司老板，还被群众选为瓮安县人大代表。

因为很多人在作恶时并不认为自己有错，所以对犯错者在惩罚中要渗透教化、安抚。“诲之以忠，导之以行，教之以务”。即：通过教诲感化唤出人的良知使其忠诚；通过引导使其有合乎社会公德的言行；通过教育传授使其学会谋生的各种技能本领，只有这样才能上安下悦，民治国安。

（四）执政为民

1. 权为民所用

【为救灾民不顾己】　宋朝，韩国公富弼因受到石守道的诽谤，从河北宣抚使贬到青州当知府。当时正赶上河北发大水，流民往山东逃荒的有六七十万之多，富弼全部接纳下来，并劝说富户拿出粮钱，给饥民提供饮食、医药、住处。有人劝他说：“现在还有人攻击你，像这样还不知会给你带来什么祸事。”富弼不以为然地说：“难道用我自己一条命去换这六七十万人的性命还不值吗?”所以他不仅不顾虑，而且干得更起劲了。由他救助保护存活的百姓无不感激万分，最后，就连攻击他的人也对他由衷敬佩，朝廷也就解除了对他的怀疑。

【王翱救民不恋官】　明朝王翱在任右佥都御史时，一年冬天到淮阳等地巡察，当时凤阳、淮安、徐州因遭特大水灾，老百姓妻离子散，流离失所。他深入民间，了解到老百姓因无粮无衣，死人不少，就立即向朝廷上书如实报告灾情，请求赈灾，可是朝廷迟迟批不下来。按照明朝法律粮仓放粮要朝廷批准，否则就要罢官杀头。王翱见灾情严重，人命关天，就冒着被罢官、杀头的危险，开仓放粮，救济了百余万人，安置了外地流徙而来的平民一万多家。

【两袖清风朝天去】 于谦，明朝人，他为官清正、权为民所用。他任河南山西巡抚时，按当时规定，地方官员每年都要轮流到京城去接受吏部的考察，每到这时，有的贪官污吏就用搜刮来的钱财向顶头上司和京城大官行贿送礼，以求再升一级。一年轮到于谦进京汇报，他只把自己管辖区域内的治理计划和方案，及老百姓的苦难和要求等整理成详细报告带上进京。他的一个下属私下对他说："现在世道就是这样，你不送点礼什么事也办不成。"于谦又好气又好笑地说："我年俸有限，家有父母妻儿供养，哪有钱去巴结上司？"下属心急地说："没有钱财，也可以带些地方土特产，像手帕、香菇、线香什么的，该给的就送点也行啊！"于谦听了，就提起两个袖口说："你看，这就是我要带的东西。"下属不解地问："什么呀？""两袖清风！"于谦说完两人都哈哈大笑起来，事后于谦还专门写了一首诗，表明自己不巴结权贵的决心：

手帕香菇及线香，本资民用反为殃。

清风两袖朝天去，免得闾阎话短长。

"闾阎"指的是老百姓。这首诗既是他为官清正，权为民所用的真实反映，又是他美好心灵、纯洁人格的体现。

【辞官救百姓】 清朝康熙初年，高荫爵被任为蠡县知县，他到任后发现，因黄河几次决口，当地闹饥荒。他了解到官仓有粮2万石，便求上级发放以赈济饥民，申报了两次，上司不许，高荫爵便以请求辞去知县之职相胁，上司才答应发放5千石。高荫爵感到不够，又请求上司说："发2万石、5千石我都一样以死罪担保，我得暂且先让我的百姓活下来呀！"上司见高荫爵言辞慷慨激烈，于是就把仓库里的粮食全部放出，同时又拨出库银5百万两贷给老百姓种麦子。

【群众的好当家】 黑龙江富锦市砚山镇福祥村十四年前还是个"人心散、兜里空"的村子。2000年44岁的女共产党员姜驰走上党支部书记岗位后，福祥村随着改革也发生了翻天覆地的变化。

姜驰上任后的首要工作是整顿村风、清理陈欠。在清理陈欠工作中，她把集体利益放在首位，不讲个人情面，不怕打击报复。凭着这股韧劲，她得到了老百姓的理解，不到两年的时间里收回了积压多年总计87万余元的村里欠款。

作为村支书，姜驰一直践行着她的就职誓言："我一定要带领大家从穷窝棚走向致富路，让福祥村彻底改变落后面貌。"为了带领村民致富，她把自家房子、拖拉机拿去作抵押，贷款将村里的低产旱田改造成高产水田；带头培育种植甜菜，使得福祥村成为当地著名的甜菜种植专业村；发展畜牧养殖业，带头组建了农机专业合作社，与粮油贸易公司进行合作，建成产值过亿的精制米加工厂。

为改善村里的办公条件，她将自家的二层小楼改造成集办公、学习于一体的村级活动场所。还投资修建了休闲广场，安装了体育器材以便村民休闲健身。

经过十三年的辛勤耕耘，福祥村已由一个负债累累，村民涣散的落后村变成了一个发展迅速、人心向上的先进村。

当年小岗村农民发起搞包产到户时，安徽省委书记万里同一位干部曾发生一场关于"要群众"还是"要社会主义"的争论。万里以"我要群众"这一理直气壮的回答，坚定地支持了小岗村农民改革的首创精神。这种求"实"，不"唯意志"的思想，值得我们深思。有些人表面上信仰坚定，处处把"社会主义、共产主义"挂在嘴上，只讲抽象、空洞的信仰，不求群众之所需，只是为主义而主义，追求的只是虚无缥缈的意识形态，而不是实实在在践行的革命行动。

真正的中国特色社会主义，只能是权为民用，同最广大人民群众心连心的一种社会制度，而不是放弃人民群众的实在利益不顾，只为信仰主义空喊的社会制度。

当年有人不理解甘祖昌的行为时，甘祖昌就说过：“我们干革命不是为了个人升官发财，不是推翻一个剥削阶级再培植一个新的特权阶层。我们干革命是为了解放全人类，实现共产主义。”

叶利钦在《我的自述》中谈到苏联“是少数人过上‘共产主义’的生活，而群众却在贫困中挣扎”，这样的结果是使执政党失去民心，进而“谈不上任何有前途的改革”。叶氏的语言很朴素，却一语洞穿苏联解体的根本内涵。

权为民所用，就是我们每一个从政者、主政者要有“先天下之忧而忧，后天下之乐而乐”的情怀。在执政时，不论在订立目标上还是每一个工程的设计实施中，或者在平时的工作中，都要吃苦在前，享受在后，兼善天下，不以一己之利为利，而使天下广大群众受其利，不以一己之害为害，而使天下释其害。不论顺境、困境，都要为民辛苦，由民驱使。绝不能凭借执政权力只顾自己或特权部门利益，而置广大人民利益于不顾。

2. 情为民所系

【舍己救民】 宋仁宗末年，陈希亮任凤翔知府时，凤翔闹起饥荒。陈希亮要开仓济民，主管粮仓的官吏顾虑重重地说：“知府大人，官仓的粮食不能随便动用，一旦朝廷怪罪，轻则罢官，重则杀头。”陈希亮毅然回答：“我是知府，要为百姓负责，我愿以官职和性命担保！”于是，将粮仓中12万石粮食救济了灾民，使受灾百姓免于饿死。

【两次让药】 抗日时期，太行山根据地药品很紧缺。彭德怀有肠胃病，警卫人员一见到有治疗肠胃病的药，就没法买下珍藏起来以备彭总急用。1940年夏季的一天，彭德怀得知在黎城县的滕代远急性肠胃炎发作，就带上自己珍藏的肠胃药前去探视。由于来去匆忙，在回来的路上彭德怀的胃病又犯了，疼得他头上直冒汗，只得在中途一个村里停下，找药铺买药。还好在村里药铺买到几粒治胃病的药。当正要付款买药时，有一个老乡急匆匆前来买治胃病的药。当药店掌柜说药刚卖完时，彭德怀见那个老乡很失望又无可奈何的神色，就对警卫员说："把那治肠胃病的药给老乡。"老乡拿着药走后，他找一点石灰放进水里，等水澄清后，喝了下去。但仍胃痛不止，为了不让警卫员担心，他强忍着一声不吭。

【为民遭难而惭愧】　2008 年"5·12"震后救灾过程中，广元市市长马华在接受记者采访时，说到遇难群众情况和数字时就泣不成声，并称自己"惭愧"。我们可以想到，马市长为自己所管辖和服务区域内成千上万人伤亡于地震灾害时，内心是多么痛苦，又是多么的无奈，虽然地震灾害至今仍是人类难以预测的，但马华市长仍感惭愧，个中的责任感、负疚感，情为民所系显而易见。

【火场尖兵】　南昌市消防支队西湖大队中山路中队 23 岁的胡庆松，他面对从火海中救出深度昏迷的 61 岁老人，不嫌满脸的污垢和嘴角流出的浓痰，跪下去，就嘴对嘴地吸出浓痰，使老人转危为安。

【一件小事】　和焦裕禄一起在兰考县创建了一片新天地的兰考县县长张钦礼有个女儿，当年最大的愿望是想当一名解放军战士。一年征兵，按照正规手续都已办完，快要走时，张钦礼把女儿的名字划掉，换成了一个贫农的儿子。他对女儿说："这个贫农的儿子如果在部队里能提干，他和他家人都可以改变命运。你爹是县长，你一走向社会，就有一个比他高的平台，你应该让出这个名额。"

【村民的亲人】　平顺县西沟村连任全国人大代表的申纪兰，在西沟村人的心里她不是一个高高在上的名人，而是他们日常生活中离不开的大姐、大娘、奶奶。

张秋才老人家孩子多，又困难，是申纪兰给他儿子说的媳妇。儿子办喜事时，还给了他许多资助。

五保户张灵女，申纪兰一直照顾着。她家没粮了，申纪兰就给她送，她衣服脏了，也给她洗，她有病，就为她找医送药。张灵女去世后，申纪兰又亲自为她安排后事。

无儿无女的老羊工张根则得了胃病，申纪兰就亲自送他到县医院救治。老羊工去世后，她又给他洗脸，剃头、穿衣、送殡……

情为民所系，首先要有人民是我们的衣食父母，自己是人民的公仆的情怀；要把为人民排忧解难作为最大的幸福；要把广大人民群众的满意、幸福作为我们一切工作的出发点和落脚点。

【要雪中送炭，勿锦上添花】 1975 年江波在机关分管工会工作。年终福利发什么，众说纷纭，但有一个同志的话给他留下深刻的印象：去年发福利，有些人非让每人再添几块钱买一身好秋衣。说实话，我没穿，便宜 2 元钱给卖了。我上有两个老人要养活，家属常年有病，两个孩子都正在上学，我女儿过年都买不起新衣，我凭啥穿十几块钱的秋衣？就是穿上，人们也会笑我打肿脸充胖子，穷大方……在机关吃饭，我就不愿和有的人在一起。他家庭条件好，他吃炒肉、炒鸡蛋，我条件不行就吃一般菜。他还反复开导我，要把身体搞好，不能舍不得……我还不知道吃好身体营养就好，但我吃不起，我要是多吃一次炒菜，我的父母就会少吃一次，我的孩子可能就买不起一个作业本。我为此还写过一首打油诗：父母妻儿小，家境各不同，生活应有别，切勿求等同，看似善言劝，实乃伤隐情……他又经过广泛了解后，在职工福利会上说：福利发放上不让发钱，只让发物。咱们职工都有父母妻儿老小，家境条件各不相同，今后在发福利上，以生活必需品为主。米面油家家都得吃，洗脸巾、肥皂人人都要用，发这些东西没有适用不适用的问题。经济条件好点想买其他好东西，自己可以去买。今后不仅福利发放，就是慰问困难户，也要雪中送炭，不要锦上添花。因为对一些真正困难者，你送去花，他也不会戴，而且心中还难受。话未说完，同志们就热烈鼓起了掌……

【施善的结果】　一个城里的三年级孩子与一个家住农村失去双亲的三年级孩子结对。一天，城里孩子的爸爸开着车，将农村孩子接到城里玩了一天，不仅给他理了发，买了新衣，给了一千元钱，还带着他去肯德基餐厅美餐了一顿。农村孩子对买的新衣，给的钱没什么概念，但对肯德基的美味印象很深……

后来，他爷爷就发现家里的钱总是少，先是一元、两元，后来竟是伍拾、壹佰。在爷爷的留意下，才发现竟是小孙子拿的，到村里小店里买炸鸡汉堡吃……

一次高福利的发放，伤害一些经济条件差的同志心情；一次奢侈的美餐，打开一个贫困孩子的享乐之门。这是幸，还是不幸？所以当我们对困难群体扶持，对贫寒者给予救济时，一定要以底层群众的需要为基石，注意技巧和方法。否则善心起不到善意，还会给受助者带来一种无形的伤害。

情为民所系，第二个要求就是要心为广大基层老百姓着想。古人说的“上善若水”就是这个意思。再如时下全国铁路高铁、动车纷纷上马，而铁路在“提速”的同时，价格也在提，高铁、动车组的票价往往是普通列车票价的好几倍。这样对有钱没时间的人来说再好不过，但对于有时间没钱的人来说却是件很无奈的事。铁路运输还承担着一定的公益属性，对这些无奈之人也应考虑，也要根据社会广大底层群众的需求，给普通列车保留一定的空间，让收入拮据者不至于感到无奈。社会发展谁也难料，今天无奈的是他，明天无奈的就可能是你。在社会发展中，在满足“有奈”人的同时，也应考虑到“无奈”群体的需求，这既是人性化的体现，也是实实在在的情为民所系。

【不当的采访】 深圳外来工杨某的媳妇被人强奸，他本来就感到很屈辱，却有一个记者去采访他，并一再要求他讲述事情的详细过程。杨某最后被逼得只好跪在地上苦苦哀求：“我忍受的是所有男人不能忍受的屈辱和压力，我不愿意回忆，求求你们出去好吗?”而他的妻子则躲在出租屋里床上用手抓着床单，将脸死死捂住，也未被记者放过……

对外来工杨某采访实际是偷窥，这样剥衣式采访简直就是对他的二次伤害。对热点事件和人物，新闻记者应当及时报道，但不能为了抢到独家新闻而无视无辜者的尊严，或者肢解新闻伦理。我记得当年汶川地震后，救援人员在北川发现并开始营救两名幸存者，可某电视台记者竟然要一位遮住了镜头的救援人员给他让一下。人们说救人要紧，而记者还不依地说只要五分钟。好大口气，不要说五分钟，在生命危急关头，几秒钟就可能是生死的分水岭。这位记者如此追求拍摄，罔顾生命，与其说他敬业，还不如说他有病。这正如一位学者所说：“有一种现场，呈现的不是专业性，而是无德、无知，利益至上。”在现实生活中，许多时候，对新闻记者不是利益诱惑，而是盲目追求独家新闻的狂热。许多记者能拒绝收买、拒绝诱惑，却拒绝不了成为独家新闻的报道，甚至为此不顾新闻伦理，放弃了新闻记者应有的人文情怀。这很值得从事新闻工作者借鉴、警惕的……记者应该对所服务的媒体负责，对事实真相负责，但更应对伦理负责，毕竟采访之上还有人性。

我还想起几年前，河南电视台记者曹爱文女士在一次采访落水少女的现场，不是先去摄像，而是放下摄像机为落水少女做人工呼吸——因为 120 急救车还未到。经过多次努力，女孩最终没有醒来，曹爱文落泪了，一时间曹爱文被百姓称为最美的女记者，这是人们对她良知的褒奖，也是对她具备新闻记者的职业道德的敬佩。

情为民所系，第三个要求就是从政者在工作中一定要设身处地、将心比心，换位思考，千万不可只求工作的效率，而忽视人们的心灵感受，有损伦理道德。

3. 利为民所谋

【父子治水为民生】 战国末期，秦国李冰任蜀郡太守，看到岷江一下雨就造成水灾，无雨时又严重干旱的情况，就和儿子二郎沿江进行考察，弄清水情、地形，并吸取了前人治江的经验，制订了具体方案，发动和组织民众在岷江中游兴修水利。他采取在岷江内筑分水堰，使岷江水分为两股，以便引水与分洪，经过万名民工几年的艰苦劳动，修筑了把灌溉和防洪结合起来的综合型水利工程——都江堰。都江堰建成后，不仅消除了水患，便利了航运，还引水灌溉成都平原800多万亩良田，使成都平原成了旱涝保收的“天府之国”。李冰父子忠于职守，尽职尽责，不辞劳苦，为民造福的功绩，受到广大民众称赞。人们为他父子立祠祭祀，二王庙至今仍宏伟秀丽。

【不敢以私一家】 范仲淹的为政原则就是“先天下之忧而忧，后天下之乐而乐”。他的处世原则是“不敢以私一家”。他在苏州任知府时曾买了一块土地，准备建住宅。一位阴阳先生对他说：“这块地风水很好，如果在此建宅，将来一定家门兴旺，卿相辈出。”他听了后便说：“不敢以私一家”。他不为自己光宗耀祖，望子成龙的欲望所动，而是为了使当地培养出更多的人才，毫不犹豫地把这块风水宝地捐献给当地修建成学舍，创办了州学。几年后，苏州学府越办越好，一时名冠东南。

【心为救民不恋官】 唐代萧复曾任太子仆射，广德年间连年饥荒，谷价飞涨，他家不富裕，看到无数饥民在死亡线挣扎，就想把一处住宅卖了，以赈济灾民。当时的宰相王缙听说他的住处风景优美，很想得到，便让弟弟前去劝说萧复，让他把住宅让给王缙，从而提拔他的官职。萧复说："我变卖家产是为了拯救灾民，如果说为了换取高官厚禄，而听任穷苦百姓冻饿而死，于心不忍。"王缙听到后非常恼怒，就罢了他的官，而萧复却坦然处之。

以上前贤，利为天下谋，"不敢以私一家"、心为民想的从政理念，值得我们从政者，尤其主政者，效法借鉴。但在现实中，确有一些主政者，没有利为民所谋的情怀……

【发展 GDP 为贪欲】 某省副省长郭某，因涉嫌严重违法违纪而落马。他在主政某市 12 年中，用 4 年时间将某市的 GDP 从 1000 亿元做到 2000 亿元以上，他在工作中确实在很多时候是为了 GDP 而奋斗。但他在工作中忘记了自己是谁、为了谁、代表谁。所以与商人勾肩搭背，进行权钱交易，帮助不法商人侵害公众利益……当然，以 GDP 论英雄的考核方式和以胜败论英雄一样是不对的。但他落马的根源是他个人错误的从政理念。他不是用 GDP 的发展去造福百姓，而是用 GDP 的发展去换取更大的官帽，满足自己更大的权欲。

【收费无异抢钱】 一个纸箱 40 元，一个包装袋 15 元，缠几圈保护膜 20 元……刘先生坐飞机去北京出差，将随身携带的一瓶白酒托运一下就要 180 元，再加防止酒瓶破裂的包装 18 元，用了三个纸箱一个泡沫箱共计 360 元，而且发票也不正规，是手填发票，没有收费细则。

这种昂贵的包装收费，在航空、铁路交通等场所随处可见。这就是少数人垄断了公共资源，借机掠财，只为个人或少数人谋利，不顾广大人民群众的利益。

1979 年 2 月 4 日根据邓小平提议，由中共中央和国务院决定，中央机关和军委在北戴河的休养区拨给旅游部门接待外宾用，中央国家机关今后不用了。并将原来设在路口的警卫岗哨统统撤掉。这就是中央领导同志拿掉自己的特权利益，为国家创收，为人民谋利。

一座城市、一个地区，乃至一个国家的繁荣，绝不是少数富人的繁荣，社会的发展也不是少数人的发展。执政为民，就是要把人民赋予自己的权力，完全用于保护人民权利，富裕人民生活，提升人民的境界。

老子认为，群众对主政者有四种情态："恨之侮之"、"敬而远之"、"亲而誉之"、"不知有之"。唐代柳宗元曾说："为吏者人役也。"我们每一个从政者在处理与群众的关系上，一定要明确自己是"仆人"，人民是主人。要勤谨为民，始终与群众融为一体，直至达到群众"不知有之"的境界。也只有这样，你才能眼睛向下，心系基层，自然深入群众之中，"跪拜大地"，利为民所谋。

【难答的发问】　1991 年耿飙退下来，同夫人回到甘肃陇东看望父老乡亲。晚上他刚吃了饭，他住的县招待所门外就人声鼎沸，来了一群百姓要告县乡干部的状，怎么劝说都不肯离去。这事对耿飙震动很大，他对干群关系如此恶化感到痛心……离开的那天，耿飙会见了县地市的各级干部，心情沉重地给大家讲述了一件往事：

50 年前，他所在的旅在此驻防，一个战士犯了严重损害当地群众的错误，旅部决定按纪律将他枪毙。当地老百姓得知后，一下来了一大群人，替那个违反纪律的战士求情。他说服群众，要坚决按纪律办事。群众就跪下一片，哭着说："共产党都是好人，请饶了这个战士，让他戴罪立功吧。"他再三反复向群众说明八路军的纪律，可群众就是不起来，最后他只得流着眼泪接受了群众的要求。

说到这里，耿飙激动地大声问道："现在，你们今天在座的这些人，不管哪一个如果犯了事，老百姓还会替你们请求吗?"他语出惊人，全场鸦雀无声……

2012年腊月二十三，国务院副总理李克强同志到包头火车站看望返乡农民工。他说，你们为了过上好日子在外打工不容易。我也当过农民，知道你们的辛苦。我在政府工作，也是给你们打工。

李克强同志的“为农民工打工”一语道出了“人民公仆”的真谛。其实公职人员就是人民的“打工仔”。然而有些领导干部根本认识不到这一点。他们的“官本位”思想严重。不仅脸难看，话难听，而且事难办。有的甚至要等老百姓送点礼，给些好处才给办事，完全忘了自己是人民的公仆，忘了自己是执政为民，为人民服务的。

4. 保障人民生命财产安全

【霸道的强拆】 2014年8月8日凌晨，河南省新郑市龙湖镇的张江伟和妻子还在熟睡中，就被不明身份人员撬开门闯入家中将他夫妻强行掳走，带至镇里的公墓被控制人身自由达4个小时。待夫妻二人赶回家时，房屋已成一片废墟……

【征地致三人丧命】 河南省中牟县姚家镇西春刚村农民宋合义等3人承包了10亩地。2013年河南省弘亿国际农业科技公司一直想以每亩800元的价格占用这块地，由于补偿款没谈妥，协议就一直没有签。但3月27日，弘亿公司就将铲车直接开到地里，宋合义上前阻拦时，被铲车碾死。事后，中牟县政府发布信息称是一起意外事故，施工方却强调死者是因酒精过量而亡……

2013年3月30日，湖北省巴东县沿渡河镇西边淌村村民张如琼因财产补偿诉求与宜巴高速29标段项目部发生纠纷，互相交涉过程中，施工方水泥罐车将其碾压致死。事后肇事者说自己是受人指使，并有录音作证……

四川省西昌市太和镇麻柳村，有一条唯一的生产与生活用水灌溉渠，却屡遭附近一矿区废弃的矿渣堵塞，经常使村民的生活用水及生产用水受到影响。为此村民就委派宋武华就此事与该矿协商，因协商无果，双方经常冲突。2013 年 4 月 3 日，宋武华正在查看灌渠时，被矿区推土机碾压身亡。事后，家属被告知“意外身亡”，宋武华的儿子说：父亲尸体多处骨折，四肢及胸腔全被压碎，颅骨处有一明显大洞，遗体惨不忍睹。此前矿上就曾放出话，麻柳村再闹，一律不客气……

三起惨案惊人地相似。地方政府在事件中扮演了什么角色？地方政府在社会发展中应该扮演什么角色？当农民和企业发生利益冲突时，不主动协调，农民遭暴力而死，就急于协调赔偿了事。那人民的生命尊严谁去维护，社会的公平正义谁去伸张？主政者应该知道这样的恶性事件伤害的不只是被害人，而是整个社会，它传递的信息更可怕：强势者，要征你的地，谈不妥就强拆；你敢抗拆，就让你死！屡屡这样，人民对政府还信赖吗？

非法拆迁背后必有黑手，由黑手操纵的发展建设，必然是自掘坟墓的发展，分裂社会的建设。近年来，因征地拆迁发生的强拆强征事件，以致群众被碾轧、伤亡事故频频发生。也不知有多少百姓被强行剥夺了财产，有多少百姓因非法拆迁而被碾、被轧，有多少自焚、自杀，又有多少上访、堵路、骚乱、凶杀乃至纵火、爆炸事件……

认真反思，二三十年无视群众生命财产非法拆迁，是形成社会最大不安定因素，是招致民怨、引起民愤、民恨的主要原由。

“民为邦本，未有本摇而枝叶不动者”。在经济发展和人民生命财产安全的价值判断里，忽视人民生命财产安全的侥幸心理，经常占据着一些主政者的心灵。所以，每次事故之后，一些地方的安全检查只不过是一阵风，并未能使一些主政者从悲剧中醒来。不论是火灾、水灾、车灾、电灾、楼灾，总会过去的，但死于灾难的人，却永远不能复生，毁于灾难的财产，永远不能复得。所以，作为一地的主政者，应该首先为辖区人民的生命财产负责。在发展思路、工作理念、工作进程中确实把人民群众的生命财产安全放到社会发展的第一位。

周朝政治家周公的治国三要中的第一要就是：“保民”、“明德”为上。保民就是要保障人民生命财产，保障民生，让老百姓过上好日子；明德就是要统治者有好的品行，不要苛刻人民。

战国哲学家荀子在《荀子·王霸》中说：“用国者，得百姓之力者富，得百姓之死者强，得百姓之誉者荣。”宋朝崔敦礼《刍言》卷上说：得民之劳者昌，得民之忧者康，得民之死者强。两段话的意思是人民肯为国家出力，这个国家就会昌盛；人民肯为国家分忧，这个国家就会安乐；人民肯于为国家献身，这个国家就会强大。

回顾历史，夏桀王以民为虐，商纣王以民为乱，秦始皇以民为肉丸，汉灵帝以民为戏，都落个亡国的下场。“以民为本”是安邦治国颠扑不破的真理。“水可载舟亦可覆舟”。人民群众是国家的基石，要想取得天下和安定天下，关键是在于得到广大人民群众的支持和拥护。所以，每一个从政者，尤其是主政者，一定要树立五种崇高情感：一要学习邓小平同志的情怀感：我是中国人民的儿子，我深情地爱着我们的祖国和人民。二要学习雷锋同志的幸福感：为人民服务就是最大的幸福。三要学习孔繁森同志的境界感：爱的最高境界就是爱人民。四要学习郑培民同志的责任感：把“做官先做人，万事民为先”作为自己的行为准则。五要学习钱学森同志的光荣感：把群众的口碑当作自己无上的光荣。

只有学习和树立这五种崇高的情感，才能以民为本，心里装着群众，凡事想着群众，工作依靠群众，一切为了群众，才能把全心全意为人民服务做实做透。

六鉴　德法结合

要管理一个群体，治理一个国家，古今中外都是以理想吸引人，以道德教育人，以法律约束人，只是偏重不同。一般都是：一是以理想吸引人，以道德教育人为主，尽量让人们在理想和道德两个同心圆里活动，不要超越出去触犯法律，并且主张宽刑轻法，以法治为辅；二是以法律约束为主，只要你触犯法律，我就制裁你，而且主张严刑峻法，以理想吸引人，以道德教育人为辅。前者就谓之德治，后者就谓之法治。

为了保证我们改革顺利进行，必须实行德法并治，使其互相辅佐，相互补充，充分发挥德法结合的优势与威力。为此，我们每一个从政者，尤其是主政者，必须在自己所辖区域或部门范围内，夯实德育基础，亮出法治威力，德法有机结合。

（一）夯实德育基础

1. 必须重视德育

德育，就是通过道德的评价、激励等方式，造成社会舆论，形成社会风尚，树立社会榜样，塑造理想人格来培养人民的道德观念、道德境界和道德行为。从而促使人们自觉积极地按照一定的善恶观来调整自己的行为。

任何人都不是一个人活在社会上，而且只有让别人生存，自己才能生存。有些人为了让别人生存好，而主动放弃自己的利益、所得，甚至生命，那是“境界”。而作为一般人，至少不能妨碍别人生存，不侵犯他人的利益，不扰乱社会秩序。在社会生活中约定俗成，大家都遵守的就是“道德底线”。境界不一定人人都有，但底线却不能缺失。我们国人长期以来，正是坚守这条底线：做生意明码实价，童叟无欺；做学问，言之有据，持之有故；做官，不夺民财，不伤无辜；做人不卖朋友，不丧天良……才使中华民族虽历尽苦难，仍能得以延续。

我国的传统文化，有它一套规范性的价值理念。比如：“自强不息”的积极人生态度；“天下为公”、“天下大同”的理念精神；“以德治国、以德服人”的重德精神；“重人轻神、以人为本”的人文精神；“忧国忧民、献身国家”的爱国精神；“经世致用、实事求是”的务实精神；“协和万邦、各族一家”的共处精神；“以和为贵、求同存异”的人和精神；“富贵不能淫、贫贱不能移，威武不能屈”的高风亮节；“先天下之忧而忧，后天下之乐而乐”的宽广胸怀；“安得广厦千万间，大庇天下寒士俱欢颜”的济困救苦、舍己为人的精神；“见利思义”先义后利的高尚价值观；“老有所终，壮有所用，幼有所长”的人道主义精神等等。虽然其中有些糟粕与一些消极因素，但随着历史的前进，有的已被扬弃，有的正在扬弃，有的即将扬弃。但几千年来，保持的一定道德底线，仍在调整着人们之间、个人同社会之间、群体与群体之间的关系。

我们国家两千多年来，社会可以主要不靠武力、不靠宗教，乃至不靠法律，而一直维系“大统一”的局面，就是以德治天下的结果。这不能不说是中国道德文化独有的智慧。

但在20世纪经过数次的政治运动，尤其是十年“文革”，冲击了传统道德，动摇了人们情操、气节、传统道德人文底线。正如冯骥才先生说：“当今社会一切难解的症结，都与‘文革’深刻联系着，甚至互为因果。比如：人们缺乏历史精神，不正是与‘文革’灭绝传统有关？我们轻贱自己的文化，不正是‘文革’践踏文化的直接原因？为此，至今我们对自己的文化缺乏光荣感和自信。至于人本身精神的低迷，就是由于‘文革’把封建主义发挥到了极致，更别提‘文革’对中国人朴素的人性本质的破坏，将猜疑与敌意，注射到人们的血液里了，如果不将它彻底地清除出去，在当今充满功利的市场经济中，必然会恶性发酵……”

改革开放后，我们国家从计划经济向市场经济转变，为了尽快发展经济，改善国民生活水平，我们在政治、经济、社会、生活都向前进的方向有所迈进，但在道德文化重建上却未能同步行进。特别是近年来，伴随着经济全球化的日益加强，只顾发展经济，增加 GDP，使中华道德文化的传承链出现了断裂。随着改革开放的扩大，西方对中国的文化渗透也在不断扩展和延伸。西方通过互联网、广告、电影电视、报纸杂志、高层论坛、学术交流研讨、讲座培训、基金会资助等各种文化形态，也给我国输入了西方的个人主义、享乐主义、金钱至上、损人利己、尔虞我诈及资产阶级腐朽奢靡的生活方式。这些对我们社会主义核心价值，爱国主义、集体主义、艰苦朴素、勤俭节约……的冲击也不可小视，特别是幸福重物质、轻精神的价值取向和追求奢靡享受的生活方式，使我们人与人的关系，日益趋于利益化，社会诚信度也日益下滑。形成假冒伪劣商品充斥市场，坑蒙拐骗随处可见……国人正从和睦友好的关系中脱离出来，走向冷漠。传统文化传承链断裂，引发了信仰缺失而导致价值观混乱多变。

我国几千年来的优秀传统文化，不只属于过去，也属于现在，还应属于未来，它将始终是中国人民的行为指南。但由于我们扬弃有误，当传统优秀文化遭遇到实用的理论冲击和现实浮躁心理的挑战，却默默屈服于现实。就这样，我们的传统文化秩序，都一一悄然离去……

强国先要强民，强民先要强魂。而强魂的根本在于提高国民的整体道德情操，铸造我们中华民族坚不可摧的精神脊梁。

这就是我们当前道德文化建设的急中之急。

早在北魏孝文帝时（467～499年）就认识到："马上取天下是可以的，但马上治天下不行。"但时至现在，我们一些地方的主政者，仍然沿袭战争时期的一些理念、谋略、方式、方法，治理政务，对待民事。他们不知夺取江山的一些理念、方式、方法，不能用在治理国家上。因为对象不同，在夺取江山中，为了巩固自己，消灭对方，可诈可贿、可离间、可恐吓、可偷袭……但在夺取政权后，治理国家上，一定要以诚待民，要促进经济生产健康持续发展，不断完善法制，全心全意为人民服务。要爱民、教民、富民、卫民，形成以精神境界引导人，以富裕生活安定人，以制度法律约束人，使国家风清气正、富强民主、文明和谐。千万不可对人民要手腕，否则，你骗民众一次，民众则可能骗你十次，你搞一次虚假，老百姓就可能对你搞十次、百次虚假。长期与群众貌合神离，必然脱离群众，失去民心，带坏民风……

史鉴值得我们深思，不论你主持一个群体、一个区域，一定要言传身教，重视对民众的道德教育，关注民心向背，不可倚仗权重势大，枉用专政手段。严酷的专政手段可以暂时地制止犯罪，但却无法使人心灵获得道义信仰的支撑，也难获得永久的和谐文明。只有对国民进行扎实德育，打好群治基础，再配以法治手段，才能达到德治目的，即：富强、民主、文明、和谐。要打好群治基础，一定要及早加强对国民的道德素质教育，使国民普遍能以社会公德要求约束自己，在社会公德范围内行事，并能监督违背社会公德的人与事，当好社会公德的卫士；要用好法治手段，就是对刚显露的违犯社会公德的人与事，要及早打击，既能起到捍卫社会公德秩序，又能给国民以警示和教育，使国民坚信政府，更加守护社会公德；也只有这样，长久坚持，才能使广大国民把有意的约束，变为自觉习惯，人人都能按社会公德的要求和社会规则行事，没有突破道德底线的行为……当然，现在很难说，这个目标的实现要经过多少代人的辛勤努力，才能达到。而当下最急需的就是各级主政者，一定要重视国民道德教育，铸强中华民族的灵魂。

多年来基层存在的实际问题是：在两个文明建设中，物质文明建设实，精神文明建设虚。在教育上，提高人们科学知识要实一点，思想道德素质要虚一点。而且实的好把握，虚的相对难把握，尤其虚的是潜绩，实的是显绩，虚的见效慢，实的见效快。所以一些主政者，新到一地都愿抓实的，不愿抓虚的。为了应付上面，有时也唱唱高调，但从不下功夫，所以造成一些地方国民道德教育严重滞后……

有位哲人曾比喻：政治是骨骼，经济是血肉，文化是灵魂。我们很难想象，一个四肢发达，血肉丰盈的精神病人能怎样。同理，一个国家也不论政治再辉煌，经济再富有，如果国民道德沦丧，官场腐败，群体事件不断，上下也不会舒心、幸福……

人，不一定能使自己伟大，但一定可以使自己崇高。成才之外，还有成人；成功之外，还有教养。

记得几年前一位市长在大学演讲中曾说："不少中国人受到过教育，但没有教养……有教养比拿到文凭更重要。"我们深刻反省一下，我们新中国成立初期国民受教育的程度和现在相比怎样，而现在的社会信任度和国民的社会公德和那时相比，又是怎么样……那时人们的生活水平不高，有时甚至都吃不饱，但我们的人民却那样爱国敬业，勤奋向上，诚实友善。那时谁家有了盖房垒墙事，左邻右舍都带上工具去帮忙，当作自家事去认真做，遇到一些困难家庭，大伙干完活后，连主家一顿饭都不吃，回自己家吃了饭，就又去帮忙……对当时那种助人为乐的社会风气，一直都是我们过来人的美好回忆……现在人们生活水平是高了，手里是有钱了，但人们之间的感情怎样……就是谁家有了红白事，接到通知，也只是送上礼金，但缺少的是真情……

教育盛，虽战乱纷争，仍人才辈出、民力丰沛、国体向上；教育衰，纵四海平定歌舞升平，也社会浮躁、未来迷茫，振兴乏力。

教育部门和教育工作者的责任，不能只是“授业解惑”，更重要的责任应是“传道”，即：示范风骨与风度，教导帮扶，传授为人处世、立身立德之道……

当一个国家教育不能够哺育良知，当文化失去方向，当法规制度不能约束权力时，就意味着一个国家从它未来中抹去了“希望”二字。

一个有教养的人，即使不能成为栋梁之才，也是一个心地善良的合格公民，无论他事业成功与否，都会有“谦虚而不自卑，自信而不傲慢”的素养，都能遵守社会公德，不会作出损害他人和社会的行为，都能与邻里互相帮助、和谐相处。一个没有教养的人，知识再多也是一个利己主义的狂人，终究是社会一个毒瘤。所以，任何法律制度，虽然没有它是万万不行的，但要完全依靠它也是万万不能的。因为再完善的法律，再全面的制度，还是要靠人自身的约束才能见效。要是人心坏了，不管有多少法规、制度的约束，他在大庭广众之下，也会正儿八经按法规去行事，但，一背过人，他决不会认真依法律、制度去行事。所以说一个社会的正常运转，法律制度方面的硬约束是必需的，而以道德的软约束，也是离不了的。只要国民有了正确的价值观、人生观与道德自律，自然而然就会严于律己，依法行事，遵守公德，我们国家就会和谐发展，也就会成为一个被世人欢迎的富强、民主、文明、和谐的国家。

我们每一个从政者，尤其是主政者，应该清醒，要建成一个现代化强国，必须首先培养国民有一种心智健全的完整人格。

应该深悟国民道德教育对现实中国伟大复兴的意义。

2. 把握文化导向

——继承传承 博采众长

我国是一个有着深厚道德基础的国家，是举世公认的礼仪之邦。在以自然经济为基础，以宗法关系为纽带的中国传统社会漫长的历史进程中，逐渐形成一个庞大而严密的道德文化体系。这个体系在人们心理结构中积淀而成的道德意识、道德信念、道德心态和道德感情，滋养了中国人温柔敦厚、平和礼让的人文性格，给传统的国人提供了稳定的价值支撑和理想认同。

在近代、现代的政治历史变迁中，我国的传统道德文化遭受到不同程度的冲击，尤其改革开放后，在西方文化的冲击下，使国民陷入了道德困境：

一、道德评价失范。人们对荣辱、善恶、洁污、美丑评价时，不像过去那样一目了然就能作出肯定或否定，而且哪种标准似乎都有一定的合法性，任何一种标准的背后，又都可以找到反向标准，使得对道德评价模棱两可，流荡失据。

二、价值取向紊乱。使人们对职业选择、婚姻选择、人际关系选择、行为方式选择、理想人格选择，总难找到一种最具充足理由的标准，从而严重干扰着人们的敬业精神和工作质量，使人际关系走向商业化。

三、各种非道德文化泛滥。反对道德约束，主张放任自流，极端个人主义、颓废主义盛行。不正之风，以权谋私，生活腐化，坑蒙拐骗，主张性自由、赌博、吸毒、“小三”等，给社会和个人生活带来严重危害。

四、道德控制机制弱化。人们做了正义和奉献的事得不到社会彰扬，做了违背道德的事，也受不到社会谴责，个人良心也感不到羞耻。

五、道德教育扭曲变形。由于双重或多重价值标准的并存，道德教育的内涵往往缺乏一致性和相对稳定性。有时出现把相互对立的东西一起向受教育者灌输的现象。另一方面，道德教育的理想性与现实生活中非道德性之间的巨大反差，社会不良风气的影响，往往使道德教育流于形式，对道德教育产生排拒和抵触。

建设中国特色的社会主义，实现中国梦，就必须重视道德文化体系建设，使国民走出道德困境。要确立现代中国的道德文明，就必须对传统道德进行扬弃继承，然后再博采众长。为此，我们不但要认识现实的中国，而且还要认识历史的中国。“不但要懂得中国明天，还要懂得中国的昨天和前天。”不仅要了解中国，还要了解世界。只有这样，我们才会在走自己的路时不至于出现太大的偏差与失误。

中国几千年历代王朝不停地更替，各个阶层，人际关系不停地变化，但每个王朝在治理国家，管理人民，改造自然，提高自身素质等方面，都积累了丰富的经验。随着历史的鉴别、扬弃，有些经验，已经成为不同时代不同国家不同信仰的人都能借鉴接受、利用的人类共同精神财富。其中有些东西，只要我们赋予新意，便可成为中国特色社会主义精神文明的组成部分。那种把所有历史经验，都贴上偏见的标签，不是唯物主义的分析方法论，而是庸俗的社会学。

【不懂的，就是糟粕】 经典名著《摩诃婆罗多》里有一条蛀虫，将书从封面到封底啃了一个洞。学者打开书，看到后就揪住蛀虫的脑袋，怒斥道：“你为什么恣意毁坏书？磨砺牙齿填饱你肚皮的东西大地比比皆是。”蛀虫说：“你何必大动肝火，书里除了黑斑还有什么？让我吃个痛快算了，反正我不懂的都是糟粕！”

“我不懂的都是糟粕”这恰恰是一些人认识事物的标准。

世界上未知真理比已知真理多得多。我们所在的地球并不在太阳系的中心，而太阳系也是位于银河系的边陲，银河系也是在宇宙中一个角落里，所以我们置身于地球来看宇宙，很多都是不全面的。就是“日心说”也是16世纪才提出的，现在我们对世界观察而得来的知识，就包含不确定的成分在内。所以说，我们每一个人的认知都很有限，对大多数事物仍处于蒙昧状态。我们认识了某件事物的价值，就要珍视它、接纳它。对那些还未认识不懂其价值的事物，绝不可草率地当作糟粕而毁弃。

我们中华民族是一个受封建文化影响和毒害很深的民族。对古代文化遗产抱残守缺，照搬照抄是不可取的；但对中华文化采取虚无主义态度，将我国悠久的历史文化遗产，视为封建糟粕而抛弃，更是极端有害的。近代以来，许多发达国家都用很大精力研究借鉴中国文化，相比之下，我们有些从政的同志对民族文化了解、学习、研究甚少，甚至达到妄自菲薄，数典忘祖的地步。

任何国家的优秀文化都是继承和发展的统一，不继承就无从发展，不发展就无所前进。如果把中国特色社会主义的思想文化和意识形态体系比作一棵大树，那中国传统文化就是根、主体，那各国的优秀文化和近代新兴的主义、思想、理论……都是干、枝、叶……

我国几千年的传统文化，不仅对维护和发展统一的多民族国家起了重要作用，而且对于当今我们的政治制度建设和企业管理也大有裨益；它不仅对中国有重要价值，而且对世界许多国家影响巨大且深远。现在世界各国兴办孔子学院，就说明我国的传统文化对各种意识形态的国家，都有可通用的东西，存在一些共同的价值可以遵循。

西方也越来越感到，中国儒家传统文化的“博爱”思想、“中庸”风度、“经世济民”的胸怀、“天人合一”的自然观、注重气节和勇于献身的精神等，对克服西方资本主义社会所产生的能源枯竭、生态失衡、道德沦丧、物欲横流等“现代社会病”，有着奇特的疗效。

美国学者长恩认为，中国文化中提倡个人与家庭、组织和社会的和谐、合作，限制个人私利和过多的性欲望，努力培养人的节制、牺牲、忠诚、责任、义务等等，这种文化精神远比西方文化更能适应现代化的需要。

1988 年，75 位诺贝尔奖获得者，在巴黎发表了一份联合倡议，其中宣称：“如果要在 21 世纪生存下去，必须回头 2500 年，去吸取孔子的智慧。”

英国学者凯思也认为：“也许儒家思想在促进工业化和现代化文明要比幸福文化更有价值。”

1989 年的《温哥华宣言》指出：为了改善21 世纪科学、文化和人类的生存发展，要更新思想、观念，要展示一下不受机械规律硬性制约的、具有持续创造力的宇宙形象。如何展示这种形象呢？人们仍然求助于悠久的中华传统文化，求助于“天人合一”、“天人相应”的宇宙观。中华传统文化与传统教育标榜和追求的是人自身的身与心、人与人、人与社会、人与自然的和谐统一。这种从微观的个体自身到宏观的宇宙环境和谐统一的人生哲学、世界观，对新世纪完善人的性格、情操，对于物质文明进程中构建精神与物质、局部与整体、人与自然生态环境等相互沟通融合的新型发展模式，以实现物质文明在未来社会的可持续发展，均具有现实意义。

我们中华民族的优秀传统文化，能流传至今的治国智慧、理念、方法，都是历经几千年实践了的宝贵结晶。只要我们真正理解、领悟，扬弃、继承，必将政通人和、天下太平。如果弃之而另标新立异，甚至背道而行，不仅不会被广大中华儿女接受，也不可能有扎根于民众的坚实基础，而且还可能自招祸患，遗患于后世。

【别盲目学外】　南非总统祖马在一次夸祖鲁—纳塔尔的传统仪式上说：南非黑人养狗、遛狗、带狗去看兽医是在效仿西方文化，那些爱狗超过爱人的人缺乏“人性”。祖马呼吁本国黑人停止效仿西方，他说：“你就再用浴液，把头发拉直，你也永远不会变成白人!”南非总统发言人马哈拉杰称，祖马想要表达的核心内容是希望南非人民在内心“去殖民化”……

向别人学习，如果搞不清别人真正美在哪里，矮子看戏，人云亦云，一味盲目模仿，难免闹出东施效颦的笑话来，结果事与愿违。

我们的传统文化是一种强调人文精神、伦理道德、中庸和谐关系的“道德理性”文化，是一种强调集体主义、克己复礼的“德性”文化；西方文化是一种注重科学主义的“工具理性”文化，是一种注重追求自我价值的“智性文化”。两者各有长短，中国传统的人文精神、道德理性正是西方世界开始进入现代社会所迫切需要的；而西方文化中的科学技术、创新精神和注重效率，也正是中国由封建的农业经济迈向现代经济、知识经济所急需的。所以我国强调以传统文化作为建设当代先进文化的基础，并不排除吸取外来先进文化的营养，更不是意味着传统文化可以原封不动地全盘继承。而应采取扬弃传统、博采众长的态度。

回顾我们改革开放以来，有些国人对西方文化中的正面东西学的不多，却东施效颦，追逐西方奢侈之风日益盛行，先从服饰到扮相，再从生活方式到业余爱好，乃至追求名牌高档已达到走火入魔的地步。盲目跟风，随大流，没有主见，缺乏独立思考能力。从炒股到房地产，从日常消费到文化消费，从广告明星代言到电视栏目，从留学到文凭，一浪高过一浪。在社会转型背景下，价值多元化，良莠难辨，大多数人都表现出浮躁心态。跟风使我们在生活方式、文明习惯乃至人生境界等方面陷入流行、浮躁、庸俗化。在越来越多的西方人开始研究中国古老文化中“平衡生活”和“平静心灵”的智慧，学习如何让“气”循环流动不被压力阻碍时，我们国人却在追逐西方唯利是图，金钱至上，奢侈的消费，醉生梦死的生活方式，遗失了传统文化的美好心灵境界。跟风背后是文化的迷失，折射出了主流文化中价值观引导的乏力和影响力的弱化。

要消除跟风现象，传媒应努力提高自身素养，观众应消除媒介崇拜心理，善于辨别媒介的真伪。要有质疑精神，要形成尊重科学的理念。只有歪风邪气失去了市场，那种一波刚平，一波又起的怪象才会消失。

我们现在正在建设具有中国特色的社会主义，具有中国特色的社会主义文化还处在起步阶段，要使具有中国特色社会主义文化得到发展，必须正确地看待自己，既不要妄自菲薄，也不能妄自尊大。在继承中国传统文化的基础上再完善中国特色社会主义文化思想，充实老一辈革命家和新时期广大干部群众在实践中探索创造的新文化，然后再有分析、区别地引进国外的先进文化，吸取人类文明成果，并使之“中国化”。只有这样才能产生出一种溶于中华民族血脉，扎根于炎黄子孙心灵之中的，具有时代气息特征的，奋发向上的，健康文明的文化。

倡导创新　抑制复古——

【两省三地争西门庆】　山东阳谷县2003年10月就投资3470万元兴建了占地30余亩的狮子楼旅游城。2006年又投资5600万元，占地25亩，建设了“水浒传·金瓶梅文化旅游区建设项目：水浒文化游览区；宋代民风民俗商业游览区；《金瓶梅》文化游览区。”

山东临清亦力挺西门庆，占地8公顷，总投资3亿元，上马“金瓶梅文化旅游区”。

2006年，黄山市徽州区也声称投资2000万元开发“西门庆故里”、《金瓶梅》遗址公园等项目，并于当年5月1日对外开放。同时声称西门庆不是山东人是安徽人，是徽商的代表。

就这样，两省三地一改传统文学名著中西门庆的反面人物的艺术形象，华丽转身成为当地政府追捧的文化产业英雄。人们在笑骂之余，不得不对三地政府的价值观、利益观、政绩观产生怀疑。就是借文化台唱经济戏，也应看一看文化舞台的内涵和价值，不能只求眼前经济利益，不注意被开发者的价值取向和开发后对人们的价值导向和伦理道德的影响。

近年来，动辄几亿的申遗成本在诸多地区司空见惯。五台山风景区整治搬迁就花费8亿元，河南登丰的“天地之中”，政府9年花费98亿元，河南开封市重现北宋“汴京”，仅拆迁费用至少1000亿元，洛阳投资55亿元占地1500亩，打造“洛阳古城”，湖南凤凰投资55亿元建造一座“烟雨凤凰”……还有些地方把一些已被自然淘汰的古文化的糟粕，统统称为“国粹”、“省粹”、“县粹”而加以保护，上报“非遗”。把一些老民间艺人统统封为“艺术泰斗”、“文化精英”……

继承传统文化不是恢复遗址，建几座庙宇，塑几个菩萨。推陈出新，不是胡乱“拆旧建新”，建几条仿古街，造几座仿古楼，甚至用假古董代替真古董，毁掉珍贵文物。

近年来，一些地方在文化建设上风行复古主义。恢复古建，老戏重拍，有的出版部门违背“爱和善良”原则，竭力宣扬中国封建文化中的阴谋、权术、诡计、厚黑学……正面教育不知多少，但使沉迹多年的封建残渣浮起不少……

现在一些国家机关门口堆放大石狮子，谓“镇邪兽”，而巨石之类则寓意“时（石）来运转”，大球象征“有求（球）必应”。有些单位门里门外巨石造型奇特。有的甚至用重达几十、上百吨的整块巨石做“照壁”，还有的用大量泰山石等石材造假山。相信“业内人士”的说法，自然形成各种奇石，“聚天地之灵气”，有着“消灾避祸并促时来运转”的神效……

从“神仙道长”李一、“食疗专家”张悟本到气功“大师”王林，为什么类似各种“大师”隔一段时间就出现一个，到底是什么滋生了“大师”，折射出了怎样的社会心态？

一是人们处在急剧变化、竞争激烈，欲望、诱惑众多的社会中，普遍有种命运难以把握之叹；处于中等收入广大群体，常有渴望成功的愿望，总想找条捷径实现；处于名利场中所谓“成功人士”更有花无百日红之叹，对命运有种不确定感，总想预知未来；还有些位尊财丰的人可能在其聚财、仕途上做过有违天理、人伦、法律之事，在心理层面总想寻求一种忏悔、补偿，佑护的法术便顺理成章成为这类神怪异类的心理基础。

二是由于现在人们普遍浮躁，成功欲太急，因而压力很大，亚健康状态频频出现，特别是一些中老年人，更是对养生保健情有独钟，往往给一些所谓掌握保健治病奇术怪招的人一些可乘之机……

现实中，对复古的风行，对风水的追求，对奇术怪招的迷信，完全是对传统文化的异化和扭曲。

这种异化和曲解势必伤害到后人的人格建设，势必有损中国的国际形象。

任何文化的生命力都在于创新，而不是形式上的复古。这种复古文化对创新文化的冲击，不仅阻断了传统文化、民间艺术新陈代谢的自然选择，而且还会恶化文化生态。所以在文化建设上一定要抑制复古，倡导创新。

引导理性　防止粗鄙——

【流行的不一定就好】　俄罗斯杰出的思想家、文学家赫尔岑年轻时，一天他应女朋友邀请去参加一场音乐会。音乐会开始没多长时间，他就用双手将耳朵捂起来。女朋友看到后奇怪地问：“你难道不喜欢听音乐？”他摇摇头说：“这种怪异、低级的乐曲有什么好听的?”女朋友惊讶地大叫:“这是现在社会最流行的音乐,你知道不?”赫尔岑心平气和地说:“难道流行的就一定好吗?”女朋友不服地说:“当然,不好的东西怎么会流行呢?”赫尔岑不以为然地说:“那按你的说法,流行感冒也是好的?”一句话问得女朋友哑口无言……

一件事情,往往有完全不同的解释,关键是自己要有自己的主见,千万不能人云亦云,随风走,跟大流。

物质主义,热爱享乐,这是西方资本主义社会的主流价值观,要说会赚钱,谁比得了华尔街上的金融家?可是翻开美国文学史,却很难找到对于物质顶礼膜拜的文学作品,多的是对物质崇拜的批判。之所以如此,是因为在美国文学、艺术也有自己的空间,人文精神也会被倡导、被推崇、被培育。

而近年来我们市面上,类似成功的书籍可谓汗牛充栋,而且书本越来越大、越来越奢华。然而对成功的定义不是财气袭人,便是高人一等。反过来,在赢者通吃的逻辑下成功又仿佛可以为一切价值正名。

【吓哭孩子怪谁】 2013年春节的一天,市民刘某带着六七岁的儿子去看电影《西游·降魔篇》。当孩子看到壁炉里挂着一具具恐怖的死尸,正在被火烤时就吓得大哭。而类似的恐怖镜头很多:鱼妖张着血盆大口吃下人脑袋,女妖用刀叉把人肉一块一块割下来吃掉……当时影院里孩子哭声四起……据说,该片票房一路飙升,春节七天就以5亿拿下全国电影票房成绩冠军。但我真不明白,当这些电影人钱包一再鼓起时,想过这影片对幼儿心灵的伤害吗?如果连孩子都不顾了,你要那么多钱干什么?难道还嫌时下青少年中冷漠残暴的人少吗?

近年来,时尚文化、媚俗文化、伪劣文化,正在以越来越大的阵容,越来越精美的包装向国人涌来。有些文学、电影、网络上恣意炫富,肆无忌惮地炫耀暴力、魅力、奸诈。一些报纸杂志布满明星、美女头像，内容多为谈情说爱、偷情打俏。也记不清不知从何时起，历史与戏说密不可分，在调笑与夸张中，失去的是对历史本身的严肃思考与认真考证，缺少的是对历史的敬畏。很多都是华丽而又甜腻得几乎能够粘牢飞虫的文字、音符、影像，随时可见胁肩谄笑、锦上添花的姿态。上演的一些抗战剧和武侠剧差不多，飞檐走壁，七八米开外随手扔根绣花针就能轻取人命；也有如科幻剧一样，手雷炸飞机，手撕鬼子等违背历史自然规律，不尊重科学的内容比比皆是；还有的拍成了色情剧……打开电视机，有的电视台为了博得人们眼球，追求收视率，不是宫斗、家斗，就是如何娱乐、如何吃。讲“人是怎样”的多，说“人应该怎样”的少，讲述些好人的故事，宣传正能量少之又少。它们很少弘扬实实在在为我们创造社会财富，保障人民安全的工人、农民、解放军战士、武警官兵及各行各业的优秀人物。而多为百般阿谀、逢迎权势豪门，明星大腕，或曰新时代的“才子佳人”……再如，现在有些广告商极力拉大表象与事实之间的差距，极力宣称追随及拥有就是时尚，千方百计引诱人们关注事物本质以外的东西，并为之着迷，追求虚幻的虚荣享受……还有现在的一些文学作品，只注重人的直接感官刺激，人物立不起来，语言显得苍白。粗鄙、挑逗的文字，在给读者带来强烈感官刺激的同时，也在制造着恶俗、情色、污秽的信息垃圾，使一些读者沉溺其中不能自拔。以上种种，可以得到一时的票房盈利，但失去的将是文化的目的与原则。

一个没有娱乐的社会肯定不正常，过分严肃通常意味着刻板、专制与胆战心惊。但如果娱乐成为社会精神产品的主流，席卷所有传媒时，那也是一种不正常。

现在，在一些地方主政者的眼里，文化无非就是唱唱歌、跳跳舞、吹吹喇叭、打打鼓，让人们吃饱之后有个感官上的消遣、享受。他们不理解，高层次的文化关系着人们的心灵。那是一种美好的境界，一种高贵的品格，一种优雅的气质。

在文化领域中，流行的不一定是好的，但好的、积极向上的精神文明产品，必须占领文化生活的主流地位。你不占，别的就要占，这就是残酷的文场法则。早在十多年前邵燕祥先生就指出，文化粗鄙化现象已经成为一种社会病。冯骥才先生也曾痛心疾首："我们一向自诩中华文化博大精深——但那是古代。而我们今天的文化正在走向粗鄙化！媒体和广告上的话语，已经完全不遵循任何文字规范了……从无所不在的例子中，可以看出，当代中国文化面临的问题——我们的公众已经生活在这种日益粗俗不堪的环境中了……"要"警惕中华文化的粗鄙化"，因为文化的粗鄙化必将"给国民精神带来对自己文化的轻蔑、轻视"，把伟大的文明成果"变成失落的文明"。

不可否认，任何时代粗鄙文化都有生存的土壤，而简单的感官享受也是人性之中难以抗拒的脆弱之处。现实的商品社会，就有许多对人类文明进步毫无助益，只能给人提供简单的感官享受的"文化"产品，却能让人们沉迷其中。近年来，我国文学艺术兴衰消长的态势也最直接不过地说明了这一点……

还有近年热炒的酒文化、醋文化、烟文化……无不以消费为最终目的，只是想通过对文化的附着，把没有文化的商品打扮成有文化的模样，成全自己，糊弄别人。特别是时下在"金风"劲吹的环境里，国人从来没有像现在这样对金钱表示出来的亲热，"恭喜发财"已成为人们年节间最顺口、时兴的祝福。就连花店里，萱草也变为金娃娃，草胡椒叫招财草，粟豆树叫元宝树，栾树叫摇钱树……试想，这样的戾气、臊气、俗气、阔气能与文化相提并论吗？

这些消费至上的喧闹，无端恶搞的轻浮，美丑莫辨的无知共同组成粗鄙化的推手，让文化万劫不复，让人们对文化的兴趣日减，对伪文化的执迷不悟。文化粗鄙化实际上就是对文化的毁坏。当然在这个过程中，有人可能出于无知，有人为了“利益”，但有的人则是故意的……

在时下低俗的民粹文化充斥市场，各级主政者和主管文化的领导，一定要认识到：文化企业是发展文化产业、建设社会主义先进文化的重要力量。文化企业提供精神产品，传播思想信息，担负文化传承使命，必须把社会效益放在首位，实现社会效益和经济效益相统一。各级文化团体，绝不可忽视社会效益，单纯为挣钱盈利而奔走。否则文化团体不仅可能被铜臭污染，低俗文化就可能更加泛滥。当然，文化团体在企业化和产业化后，也得生活存在，这就需要我们各级政府对文化团体，“扶上马送一程”，待到理性、优秀文化占领市场后，再撒手，让它们自己闯荡。

一个健康运转的社会，价值取向可以多元化，但多元化绝不是低俗、粗鄙化。先进文化应当既有先进性，又能体现群众性；既不“趋利媚俗”，又不远离市场。所以我们各级主政者，都应教育引导广大文化工作者，创作生产“贴近实际，贴近生活，贴近群众”和“面向现代化，面向世界，面向未来”的文化产品去占领市场，提高国民道德情怀，不断巩固和扩大社会主义意识形态阵地。

维护道德　彰扬正义——

【判后车担责】　2011年10月10日晚7点左右，成都市龙泉驿区柏合镇敬老院老人曾一在龙华路散步，过马路时被一辆银灰色微型货车撞倒，该车在不远处停了一会儿就又离开了。一会儿，又有一辆白色卡车和一辆红色运渣车从老人身上碾过，此后，又有一辆QQ轿车从老人身上碾过，但这辆车主发现后就主动停了下来报警。结果法院就依QQ车主彭某陈述的下车后看到老人“腿动了一下”而认为彭某的碾压是造成老人死亡的直接原因，判处彭某赔付死者家属40万元，其中31万元由保险公司承担。在其他车辆逃逸被破获后，彭某享有追偿权。

这起碾压事故和曾经轰动一时的“小悦悦”事件极其相似。原来南京“彭宇案”判决过后，全国出现了路人不敢搀扶倒地老人的尴尬现实。而这次成都判碾压后停下报警的后车负责，是否会出现一波鼓励碾压事故后逃逸的浪潮……

【吓倒就赔】　天津市车主许云鹤因搀扶违章爬马路护栏摔倒的王老太被天津市红桥区法院判赔10万元。法院一方面认为现有证据无法证明许云鹤的车撞倒了王老太，另一方面却判许云鹤承担40%的民事责任，理由是“被告发现原告时只有四五米，在这短距离内的原告，必然发生惊慌错乱，其倒地定然是受到驶来车辆的影响。”

照此推理，任何一个人倒地，都可以此理由要路过车辆赔偿，甚至要求飞过的飞机赔偿？有网友和专家认为，“彭宇案”的一纸判决，让中国的道德水平倒退了30年。而这份判决向社会传递出一个非常不好的信号——“做好人要付出很大的代价”。它将使人与人之间关系更加冷漠，社会氛围更加冷酷，恐怕以后有人摔倒，人们连走近察看的勇气都将丧失。

【扶救反遭诬】　广东汕头市两名高中生路遇骑车老人摔倒，就上前将老人扶起并送回其家，反遭老人污蔑是两位学生将其撞倒，并要求两个学生承担赔偿责任。两个同学无奈只得报警，经查看监控后，确认不是两位同学撞倒，老人才道歉并称“一时糊涂”。警方也就再未追究老人讹诈事实。

“尊老”不能以牺牲无辜者和见义勇为者的权利为代价，尊老不能纵老。老人的讹诈，要不是监控，必然得逞。这要扼杀多少有良知的幼苗，破坏着未来社会的公序良俗？应该追究老人责任，让讹诈善良人者承担沉重违法成本。

【小偷逃跑溺水，起诉捉小偷人】 江苏省淮安市涟水县建筑工地工人刘飞抓住一名到建筑工地偷东西的小偷，小偷乘刘飞不备，撒腿就跑，刘飞则穷追不舍。慌不择路的小偷跳进一条20米宽的河中溺水身亡。涟水县检察院则以刘飞因涉嫌过失致人死亡罪而起诉……

让守护道义的人受到惩罚，实在让人心寒。记得有一句名言：一次不公正的判决，比十次犯罪所造成的危害还要严重，因为犯罪是个别人无视法律，好比污染了水流；而不公正的裁判，则是从根本上毁坏了法律，好比污染了水源。如何用制度鼓励人们勇于站出来，成为善良的好人，应是全社会的系统性工程。我们平时对道德模范的宣扬，对于好人好事的褒奖，固然可以起到一定的感召作用，但如果“好人难做”的现实窘境一直得不到改变，判决总让好人流血又流泪，长期下去，只会让见义勇为的人越来越少，社会道德底线滑向更加危险的境地。

司法判决对社会风气有着重要的引导和示范作用。一个公正的判决能引领好社会风气，而一个违背道义的荒唐判决，则会加速公民公益心的流失和崩溃，起到围剿社会上的义行善举的效果。

【主动还玉就从轻】 黄某在广东佛山乘大巴，途中他盗窃了一位乘客的背包。打开后，他发现里面除了有身份证、钱包、手机，还有一批玉石（价值914000元）。看到这些不菲的财物，他又良心发现，悔恨之后，就决定归还给失主，于是他带着盗窃的背包，又到广州乘坐前往郑州的火车，中途又转车数次，最后抵达失主身份证上的所在地——江苏淮安大坪镇将失主的背包和35件玉石一件不少地还给了失主。法院经对此案审理，宣判黄某有期徒刑7个月，缓刑1年，罚金100元。黄某听到后，当庭痛哭说：“我以为我会被判10年，没想到法庭会给我重新做人的机会……”

【赏罚分明】　安徽黄山市乌石镇清溪村张文理因盗伐木材罪被判6个月徒刑，缓刑1年。在此期间，一天他正在山上采茶，得知有一辆双排座货车翻入山下的清溪电站水库中。他迅速赶到现场进行营救，又打110报警，又联系本村村民的车将伤员送到医院。因救治及时，车上两人脱离生命危险。事后他被评为“中国好人”，当选为黄山市2011年度精神文明建设“十大新闻人物”、“见义勇为人物”。

一般人的善恶，不是绝对的，好人也有恶的时候，坏人亦有善的一面。一般人作恶，不是环境所致，就是一时糊涂所为，而且大多过后都有一种内疚感。法院对黄某的判决，不仅看他作案的数额，而且考虑他作案后能良心发现，并主动归还失主的结果。黄山市的主政者，不以一时善恶定终身的奖罚分明的做法，值得我们广大法律工作者，和各级主政者借鉴。只要我们多向思考，赏罚分明，就能激起许多做过错事的人改过从善，不至于“顽固到底”、“对抗到底”。

【向罪犯三鞠躬】　一个30多岁的农民工，在老板那里干了8个月，却未拿到一分钱的工资。他几次哀求老板先预支点钱，哪怕几百元也行。因为他是家中唯一的顶梁柱，母亲患有严重的心脏病，妹妹患有精神病，儿子上学都急等用钱。他每次向老板要钱，老板都是一脸不耐烦，往往还没说几句话，就叫保安将他赶出办公室。实在无奈之下，他就以绑架老板的儿子来挟持。但当他把老板儿子抱来后就后悔了。他想逃跑，又怕孩子一个人出什么意外，也怕孩子害怕，受到惊吓，就一直把孩子抱在怀里。当警察出现在他面前时，孩子仍在他怀里睡得正香。结果他被判了5年，就在法庭要宣布退庭时，从旁听席上传来：“等等，我有话要说。”人们望去，原来是被绑架男孩的奶奶。只见老人向被告席走去，站在民工面前，弯下腰深深地向民工鞠了三个躬。老人抬起头，泪水直流。良久，老人说："孩子，这第一躬，是我代表我儿子向你赔罪。我教子无方，让他做出了对不起你的事，该受审判的不应该只是你，还应该有我的儿子，他才是罪魁祸首。这第二躬，是我向你的家人道歉。我儿子不仅对不起你，也对不起你一家人，作为母亲，我有愧啊！这第三躬，我感谢你没有伤害我的孙子，没有给他心灵上留下丝毫的阴影，你有着一颗善良的心。孩子，你比我的儿子要强一百倍。"老人说话时，大厅里鸦雀无声，老人说完话，令在场的人为之动容。那个民工失声痛哭，是悔恨，也是感动。事情的最终结果是：老板不仅支付了民工的工资，还把民工的母亲和妹妹一起接到城里治病。

深明大义的母亲三鞠躬，救赎的何止是两个灵魂……近年来拖欠农民工工资这种现象非常普遍，因农民工讨薪而引发的案件也时有发生。有农民工"打砸烧"的、捅死人的；亦有农民工因维权上访被毒打致死的；也有讨薪无望而跳楼、自焚的……各个案件的具体原因虽有不同，基本上都是处于社会底层的困难群体，自身权益受到"侵害"，投诉无望时，而采取的激情报复犯罪或厌世而自裁行为。农民工的无奈之举，实际上是维护自身权利的一种抗争。但在审判此类案件时，有些司法部门往往舍本逐末，不问或轻判侵权者，只问或重判维权、抗争者。古人都知道"斩草除根"的道理，试想：此类案件刚一出现，就重判侵权者，还会相继出现那么多的为维权而抗争的案件吗？

再反思，近年来安全事故频频发生的背后，事故的起因大都牵扯着当地主管领导和管理部门。但每次事故调查结束，很难让人们看到对责任人的惩处结果。这样就使人们自然想到，后台有权，要不就是官商结合，有钱能使鬼推磨。

我和基层干部群众交谈为什么现在求神拜佛的人越来越多时，基层同志说："现在群众在权利受到侵犯，感到求助无门时，就不信政府，信大仙了。"所以，把握文化方向，不仅媒体宣传文化思想工作部门要尽职尽责，各级主政者、信访部门也要认真解决群众诉求，维护群众权益，化解群众怨气，取得群众信任。各级司法部门更要在审理案件中，一定要坚守维护道义、彰扬正义的原则。

“万民之利也，如水之走下，不以教化提防之，不能止也。”也就是说，天下人，追求财利的欲望，就如水往下处流一样。如果不加以教育引导，用法律法规约束，使其勤劳经营守法经营，就无法抑制他的贪欲膨胀。政府部门，要为经济建设保驾护航，维护企业正当权益，促进当地经济发展是对的，但绝不能包庇违法企业，甚至纵容企业侵犯群众的权益。各级主政者，也不能只顾 GDP 攀升，而不顾民心的丢失，盲目追钱不看线。所以，不论行政执法，还是司法部门在行使判决或裁决时，都应维护公平正义，以事实提升社会的道德层次。

大力弘扬正能量——

【不坑老实人】　2004 年 12 月 27 日凌晨，沈阳市出租车司机方键送人回来，在浑河大桥上行驶时，感觉到猛地被一障碍物将车漂了一下，他停下车一看，是一个不全尸体，便立即报警，交警放了监控录像，因当时天色未亮，车牌号看不清，只能判断他是第 97 个碾过死者的司机，其他车找不到，交警便裁定方键赔偿死者 10 万元。其受害方代表不服，又提出上诉，经法院裁决方键赔偿死者 16.8 万元，方键的妻子叶玉芳为此也和他离了婚。后来死者的妻子刘小慧知道后，认为方键能勇敢报案，就非常难能可贵，结果让他付出妻离子散的代价，内心不忍，刘小慧就提出只让方键把保险公司赔偿的 10 万元给了，其余的就不要了。刘小慧不让老实人吃亏的见利思义的精神，不仅感动了执法人员和民众，也感悟了叶玉芳，使叶玉芳和方键办了复婚手续。复婚后，方键夫妇的第一件事，就是去感谢刘小慧的理解和宽容。良知让肇事人和受害人家属彼此真诚宽容，谅解了对方。

爱原本就是喜悦的关怀和无欲的付出。倘若，赠人玫瑰，手留尖刺，谁还愿赠予？当做好人要付出代价、吃官司，谁还做好人？

刘小慧不让老实人吃亏，是对良善的守护，是对道义的捍卫。对这样事实的宣传，对以后此类事故的当事人，肯定有一定的启发，也是彰扬道义的正能量。媒体要是对前面“向罪犯三鞠躬”中深明大义的母亲广泛宣传，将打动多少大大小小老板的麻木心灵，将使多少大小老板的母亲、亲人受到启示，将促成多少老板，远离为富不仁的悬崖，步入富而有仁的正道，将防止多少起因民工讨薪而引发的事故案件……要是对江西参加高考的中学生柳艳兵、易政勇，与歹徒搏斗见义勇为的事迹，大力弘扬，将使多少学生青年会远离冷漠，投入见义勇为之列……

2013 年初，多路记者向路人提出“2013，你缺什么?”的问题时，很多人都说是缺钱，乃至提出“人民币多多益善”。而不少人也感叹道德溃败，伦理沦丧的当下，“社会最缺的是道义、感恩。”确实，对于如今无处不在的麻木、冷漠、自私甚至无情，缺的是亲情、爱心、道德，缺的是责任、担当、奉献，一言以蔽之，对于我们心灵的净化，对于我们社会文明缺的是正能量的弘扬。

社会有序地运行和健康发展，不仅需要抑制负能量的教唆，更需要传递正能量的引导。正能量对促进社会健康持续发展的动力是不可小视的，像媒体当年报道的：北京市民被暴雨围困在车里时，有农民工兄弟勇往前去无私救人的身影；农民工过年回家，遇到困阻时，有“爱心车队”免费送其回家；学生面临冲来卡车碾压的危险时刻，就有爱生如子的老师，冲上前去以血肉之躯保护学生的无畏举动；飞来铁片击中司机腹部，致使全车旅客生命处于危险时刻，司机镇定自若，忍受极度疼痛，将车缓缓稳停在停车道上的勇气毅力；代课女教师，为解救 52

名被劫持的学生，主动当人质……这些普通的身影，以其非常的举动，是对国民注入最急需的朴实无华的德育教材，也是对国民注入最急需的正能量，也使国民理解什么是道德境界。近年来中央电视台的“感动中国”和一些省市台的“感动×省”、“感动×市”节目的播出，这些注入国民的正能量，对愈合不同阶层裂痕，增强情感认同，都具有不可估量的作用。

人都有喜好善良、崇尚美德的本性，也有贪求荣誉财利的一面。我们主政者，要坚持以人为本，以人民为中心的导向，把服务群众同教育引导群众结合起来，把满足人们的物质需要同提高人们的精神素质结合起来，及时彰扬人民群众所崇尚的，又要及时抑制其所贪求的，多宣传报道人民群众中涌现的朴实无华道德模范和感人事迹，丰富人民精神世界，增强人民精神力量，满足人民精神需求。只有这样，我们社会的道德文明之风才能兴起，假、丑、恶现象才能控制。

文化是由经济基础决定的，经济力量能为文化发挥效能提供物质平台。但是，任何经济的发展又离不开文化的支撑，文化不仅赋予经济发展深厚的人文价值，从而使人的经济活动与动物的谋生方式有着本质的区别；而且文化能赋予经济发展以极高的组织效能，促进社会主体之间的相互沟通和社会凝聚力的形成；还能赋予经济发展以更强的竞争力。先进文化与生产力中最活跃的人一旦结合，劳动力素质就会得到极大的提高，劳动对象的广度和深度也会得到极大拓展，人类改造自然、取得财富的能力与数量会呈几何级数增加。

文化力量对政治建设、社会建设的导向和引领作用也十分明显。一定社会的文化环境，对生活在其中的人们产生着同化作用，进而化为维系社会、民族的生生不息的巨大力量。要化解人与自然、人与人、人与社会的各种矛盾，必须依靠文化的熏陶、教化、激励作用，发挥先进文化的凝聚、润滑、整合作用。

文化事业是一个系统工程，它牵扯多个方面。道德思想文化建设又不能像科学技术、设备那样能“引”而“进”之，它主要靠自修、教育、引导与环境感染，循序渐进。所以在文化建设上，我们的各级主政者，一定要把握好中国特色社会主义制度和社会主义核心价值观的文化导向，使我们的文化建设始终服务于政治建设、经济建设、社会建设和生态文明建设，并与政治建设、经济建设、社会建设、生态文明建设同步、同向、同发展。

改革开放30多年来，中国积累了丰厚的物质财富，也积累了复杂的社会矛盾，其中最让人揪心的是人心趋坏，行为失范的社会溃烂。要建成中国特色社会主义强国，必先治好社会肌体的溃烂。这就要实实在在加强国民道德教育和社会文化建设，提升国民的精神境界。因为浇灌世界上最有生机的社会、最有生气的人生的那股清澈甘甜的活水都是从人们心田中道德精神泉里引流出来的。只要国民道德源泉不枯竭、道德行为不疲惫，不仅社会肌体上的溃烂，很快就会痊愈，而且社会肌体也会越来越健壮。

道德力量是无穷的。任何社会都离不开道德的约束。道德在维护社会秩序，稳定社会治安方面的作用绝不亚于法律的作用。道德是社会进步的原动力。面对现实、加强国民道德教育，提高全民的道德素质，不仅可以使国民尽快走出道德困境，保证下一代健康成长，也为法律、法规的执行打下坚实基础。每个从政者、主政者，一定要重视德育，在自己所管辖范围夯实国民道德教育基础。只要我们各级主政者、从政者都以身垂范，以崇高的理想、高尚的情操严于律己；以德教民、以德理政、以德待民、以德富民。我们中华民族的复兴就一定能实现。

（二）亮出法治威力

1. 立法科学　严谨不漏

【对内有效，对外无效】　2012年7月24日南方某市纪委下发了《落实公务接待“三严四禁”规定实施细则》，对公务接待进行了规范。正当人们对规定叫好时，负责人表示这规定只对本市有效，接待外市单位或上级机关不受本规定制约。

在落实中央关于改进作风，密切联系群众的八项规定时，很多地方和单位都制定了实施细则、具体办法。粗看既有针对性，又有可操作性，细看这些细则、办法的文件中“原则上”、“一般情况下”、“尽量”等模糊含混的词很多。这也恰恰是这些规定的硬伤。

当然，不同地区、不同行业，情况确实有差异。所以上级对政治、经济发展上的一些要求，不能“一刀切”，文件中有“原则上”、“一般情况下”、“尽量”无可厚非。但对一个单位落实八项规定的“实施细则”都不时“原则上”、“一般情况下”，就使人产生疑问：有“模糊”就有“空子”；有“原则上”，就有“原则下”；有“一般情况下”，就有“特殊情况”。这样势必为特权留下空隙。当特权屡次钻这个空隙，得到“好处”，对下属及群体成员就有一种引导作用，形成下属及成员也会采取上有政策、下有对策的方式去钻政策法规的空隙。这样长此以往，“潜规则”必然代替明规定。现实中层出不穷的这种现象，不就是明显例证吗？

规则是为了群体共同利益而应共同遵守的约定。如果规则能由一些人随意变通，只用来约束一部分人，而放纵一些人，“恶”就随之产生。因为被约束的人，看到不受规则约束是多么诱人，他也就不会老老实实地去守规则，反而会想方设法争先恐后去违反规则。“争”是因为恐怕失去正当利益，“恐”是因为没有大家可以共同相信、遵守获得利益和保障自尊的规则。“争”必然不择手段，“恐”必然丧失理性。我们很难想象一个无处不“争”，无时不“恐”的社会能文明和谐。

习近平多次强调必须“坚决反对和克服特权思想、特权现象”，无论是“八项规定”还是反对“四风”，无不剑指于此。如果我们在制定法律时不把“权力”也约束进去，我们的法律就只约束老百姓，而约束不了官。所以，要真正实行法治，就必须科学立法、严谨不漏，使权力和群体成员一样都只能在密扎的篱笆内行事活动。须知只有在法律法规面前人人平等，公正执法，才能做到以法治国。

【看似无情却有情】 西方法律里一直有着将人逼债逼到死的传统。欧洲进入资本主义社会后，鉴于私有财产神圣不可侵犯的原则，各国法律都有对欠债不还进行严厉处罚的原则。比如著名的《拿破仑法典》对于不能清偿债务、破产的债务人，利益相关人可以提请法院裁定破产者为“浪费人”，由法院指定辅助人，来代为履行几乎所有的有关财产交易行为。当债权人或债务人本人提出破产申请后，债务人往往被关入负债人监狱，防止卷产潜逃。被宣告破产后，破产者也就丧失公权，不能出任公职，也不得加入任何社会团体，更不能开业经营。即使还清了债务，原来的破产者也必须要在三到五年的法定期限后，向法院申请“复权”。

欧洲长期延续的严酷追债看似“无情却有情”。它只是对债务人无情，而对债权人、社会却有情。以这样的强制力量，在社会上逐渐也会树立起“诚信”概念。

【看似有情却无情】 我国古代法律主要目的是保护朝廷本身的统治，并不注重社会的经济利益。在传统法律上，对债务问题无过度使用政府的强制力量，更没有逼债逼到死的规定。虽说“杀人偿命，欠债还钱”，但在法律中“违契不偿”罪名最高处罚只是责打100下（明清规定60下）。而现在连责打也不许了。这样，使社会上欠债纠纷越来越多。这里面也有些确实还不起，但相当多的是赖账不还，尤其是些企业老板，一遇到经营困难，不是尽力拼搏，争取经营好转，而是利用分家、离婚先将财产转移到亲属名下，然后宣布破产……结果坑害了他人、国家，而他本人乃至后代则钱财不缺，照样奢侈。

我们这种仁慈的法规，看似有情却无情。它对债务人有情，但对他人、对社会却无情……

我们现在的刑法中，对挪用公款罪、巨额财产来源不明罪、隐瞒境外存款罪，都没有规定财产刑；对贪污罪和受贿罪处一年至七年、七年至十年，二年有期徒刑以下刑罚的，也没有规定财产刑，对行贿罪只有处十年有期徒刑以上的才并处没收财产。这种刑罚规定根本不符合现实需要，极易使一些犯罪分子产生“服刑一年，享受终生”的心理。职务犯罪属于贪利性犯罪，不论职务犯罪的轻重，均应适用财产刑，以增加违法犯罪成本，达到有效震慑犯罪分子。

反思近年来，我们的环境治理效果不好，根源就在于环保法规、制度定得不完善、严谨，我们的环保法规是污染气体只要在浓度和总量上符合一个规定标准，就谁都可以排放。而美国的法规是，任何可能对大气造成污染的排放行为，只要是没被允许，就都是被禁止的。

另外，我国的环保法规基本上属于行政指导的法规，归于行政法序列，平常管理主要也是依靠行政化手段。而在一些环保立法比较成熟的国家，他们很注重公众在环保中的法定权利，在具体落实上，公众对于任何企业、个人造成环境污染，都有提起公益诉讼的权利。

人有无穷的潜力，可是这潜力既可能是动力也可能是破坏力，就像元素中的铀 235：既可用来造原子弹，也可以用来发电。把铀 235 用来发电提供动力，而又不让它的放射性外泄造成破坏，就要建造安全可靠的核反应堆。对人使用也得这样，核反应堆需要设多层防护，对人的使用也需要设多层防护。第一层是道德，第二层是政策制度纪律，第三层就是法律。有法律但法治不力，这样包括法律法规在内的各项规章制度，其约束力就会脆弱不堪。法律规章制度既不足以有效保障遵守者的正当权益，又不能使违反者受到应有的处罚。于是一种悖论就产生了：守法者承担的成本和风险往往比较高，而违法者却反而比较低，甚至不必承担任何成本与风险，伴随此等悖论的是，违法者继续低成本、低风险甚至无成本、无风险地违反各种法规制度，守法者也就不会再依法照章办事，甚至转而与违法者一样无视各种法规制度的存在。随心所欲想干什么就干什么，想怎么干就怎么干。

现在很多法律规定伸缩性太大，自由裁量权太大，势必给一些贪污受贿者可乘之机。一些执法部门人员抓住违法者，先来个“下马威”，说按最高处罚，你要是给他送些礼，就降下来，只要不下最低限，都不违法。让一些执法者，收了好处，也不违法，被处罚者还心怀感激……这样慢慢就发展为执法者贪赃受贿，违法者行贿送礼成风。

任何执法，如果不受法律的约束，就可能变成暴政。在现实中，有的政府行政执法部门，执法者只依法治民，不依法治官；只依法治事，不依法治权；只要求别人依法办事，不检点自己是否违法；只强调公民、法人或其他组织的违法责任，不承担自己违法失职的责任。一些地方和部门在制定法规时，总是设法扩大自身的许可权、处罚权、收费权等，加重法人或其他组织的义务和责任，减轻对自身的监督和制约。有的在执法依据上只选择对自己有利的执行，有的在执法对象上对当官的和老百姓、对大老板和小业主对待不一……有的在执法上，平时不主动尽责，到问题成堆时，就搞集中式、运动式执法。以上种种，不仅动摇、威胁着法规的平等性，而且在很大程度上消解着人们的公平观和法治意识，也造成一些权力滥用，产生一些腐败。

我们真正建立法治国家，其一，必须科学立法，制定严谨的法律制度，对官民都能起到同样的约束效果。其二，法律必须符合公理。公理，就是基于人类合作的需要而长期演化形成的一些天经地义的戒律。像不劳而获的富有，不顾良心的欢乐，没有品格的学识，不讲奉献的宗教，失去原则的政治都是违法行径。再比如杀人要偿命、欠债要还钱，不能随意侵吞他人财物、说话要算数，这就是公理。如果法律只限制老百姓，不约束掌权者或只约束多数人而放纵少数人，就会导致人们之间、官民之间不是更好地配合，而是更大的伤害、对抗。

所以政府官员在决策、行政时都应把自己放在普通老百姓位置上，按"己所不欲勿施于人"最简单的标准想一下，应该不应该这样做。这样不符合公理的法律、规定就少了。

习近平在2013年1月22日中共纪律检查委员会第二次会议上指出："要加强对权力的制约和监督，把权力关进制度的笼子里，形成不敢腐败的惩戒机制、不能腐败的防范机制、不易腐败的保障机制。"法律是公共利益的载体，是公共责任的依据。所以我们在制定法律法规时，一定要科学公正，严谨无隙，使不论为官的、为民的、经商的、做工的、富贵的、贫贱的在法律面前一律平等。

2. 执法必严　重典治乱

【执法不徇情】　春秋时期，子文在楚国担任令尹。他的一个亲戚自特有后台，在外面胡作非为，就被抓了起来。当司法官得知被抓的是令尹亲戚时，就让下属将其释放了。然后得意地到令尹府上汇报此事，想得到子文的夸奖或捞到一些好处。不料子文听完情况后，大义凛然地说：国家之所以设司法官，就是来维护国家法令的。你作为司法官应该法不阿贵，执法无私，怎么能因是我的亲戚就不顾法律而擅自释放呢！要国人守法，自己就应带头守法，维护法律的尊严。说完，就派人把自己的亲戚抓起来，交给司法官，依法治罪。

【隋文帝免子】 隋文帝的第三个儿子杨俊当并州总管时，奢侈放纵，挥霍无度，违反国家制度，拿钱放高利贷，使百姓和一些官吏苦不堪言。文帝派人调查核实后就让法司处罚，大臣杨素等人劝奏免除处分，隋文帝说："法律是不能违背的，我如果听了你们的意见，我就只能算作是我儿子的父亲，而称不上百姓之君，我怎么能为儿子损害法律的尊严呢？"隋文帝始终没有答应众臣的求情，依法免去了杨俊的官职。

【原则高于一切】 当年哈佛把一块地皮和250本书遗赠给了当地一所学院，这个学院就是现在的哈佛大学。

哈佛大学规定：对哈佛遗赠的250本书，学生只能在学校图书馆内阅读，不能携带出馆外。1764年的一天深夜，一场大火烧毁了学校的图书馆。在火灾发生前一个学生把哈佛遗赠的一本名为《基督教针对魔鬼、世俗与肉欲的战争》的书私自带出了馆外，放在宿舍了。第二天这个学生就立即意识到，这本书已经是哈佛遗赠250本书中唯一保存的一本了，他立即主动将书送还给学校。霍里厄克校长收下了书，并感谢了他。然后就下令开除了他，理由是：他违反了校规。

这看起来不近情理，但实实在在是讲"原则"。直到现在，哈佛文化依然闪烁着耀眼的光芒！

我们国家早在1999年，计委就发布《关于印发党政机关办公用房建设标准的通知》，对各级干部办公用房使用面积进行了明确规定。2009年国家发改委又发布《党政机关办公用房建设标准》，再次重申各级干部办公室使用面积。前些时候，国家发展改革委、住房城乡建设部又发布《党政机关办公用房建设标准》。将三份文件对比来看，内容没有不同，只是发布时间不同，这就使我们感到：领导干部办公用房规定，不缺"广告"，而缺执行。

再如公车超标问题，1988年国家就出台了《中央国家机关汽车配备标准的规定》和《中央国家机关汽车使用管理办法》，但多年来，公车超标仍然不止……

法规、制度的生命力在于执行。有时候，有法规制度不执行可能比没有法规制度造成的后果更严重。如果制度规定出台后，就严格深入检查落实，对违反制度、规定者，严厉打击，提高违纪违规成本，使违纪违规者，付出惨重的代价，则一定能使规定、制度很快落地执行。

【为何“硬骨头”越啃越多】 自2004年起，我国就陆续下发了针对高尔夫球场的禁令十余个，国土部也将高尔夫球场项目列入《禁止供地目录》。然而，近十年来的情况却是各地区一个又一个高尔夫球场“顶风而起”，要么是只见曝光不见查处，要么是相关部门严厉表态之后再无下文。2011年，国家发改委等11个部委又联合签发“特急”《关于开展全国高尔夫球场综合清理整治工作的通知》，但是，人们也没听到过有关高尔夫球场被清查的消息。倒是一年后，人们从《瞭望》周刊一篇《11部委整治高尔夫一年追踪》的新闻调查中看到“硬政令遭遇软抵抗，多地企业顶风建球场”。

高尔夫球场污染、威胁地下水源，甚至一些球场采空地下水。有专家称，因滥采造成的破坏和污染，深层地下水几乎不能恢复，恢复的年份往往以万年来作单位。然而，不管是高尔夫球场顶风违建，还是威胁、污染水源、采空地下水等问题，在相关执法部门那里不仅成了“啃不动的骨头”，而且越啃越多，2011年就由170家增至600家，而经过审批的只有10家左右。未经审批的球场，基本上都是以偷换概念的形式打着体育公园、生态园、休闲园、绿化项目等旗号由地方审批，待建成后再“上车补票”……认真反思，为何高尔夫球场这块硬骨头越啃越多？主要是执法不严，不用重典。如果严格执法、重典治乱，一切魑魅魍魉，邪行怪举都不敢现形、妄动，再难啃的硬骨头，也会自酥而散。所以说出台一个严格的法规并不难，关键在于能严格执行，落到实处。

现实生活中“先上车后补票”不单单是高尔夫球场一个领域。无证售楼“先上车后补票”，也成为一些房地产商的明规则；一些超标办公楼先破土动工后，再报请审批；某市“推山造城”工程已经开始半年时间，但环评报告仍未通过审批……

“先上车后补票”已渗透到多个领域，它是典型的上有政策，下有对策的软对抗，也是“潜规则”对明政策的公开挑战。

现在我们国家的法律越来越完善，但有法不依，执法不严，违法不究的现象依然存在。有些不法分子为了逃避法律的制裁，不择手段、不惜重金四处活动，收买司法人员，干扰正常的司法程序；有些意志薄弱的司法人员，经不起“香风”、“迷雾”的诱惑，成了金钱的俘虏，以致有的以“情”施法，以“言”代法，有的按“钱”办事，进行权钱交易。于是违法不究，执法不严，徇情枉法的事情时有发生。有些地方甚至搞些牛头不对马嘴的事，以蒙惑群众。比如：江河污染了，不去查封污染企业，不追究主政者责任，却让小学生搞起“我爱青山绿水”百米长卷签名活动；违规行车，交通堵塞，不狠罚违章者，却让娃娃上街当小交警，还美其名曰从娃娃抓起。其实百姓都知道，凡是从娃娃抓起的事，那惹祸的准是大人，是大人在执法时出了问题；凡是从老百姓抓起的事，那准是当官的惹了祸。如果我们当官的都像个官样，那个老百姓敢不像样？如果法律法规的威严没受到蔑视，人性能那么卑鄙吗？

再如，为什么近年来，公款吃喝越来越凶，我记得2009年的岱山县高亭镇中心卫生院院长傅平洪因公款吃喝而入狱后，这几年，再没见到有人因公款吃喝而受到刑罚。所以说，“一个没有问责或问责乏力的政策”只能算是“纸上规定”。再往深层分析，一些主管问责者本身可能也就是公款吃喝的既得利益者。让他们去问责，岂不是让强盗去捉他手下的贼，他能去真捉吗？

【无为的判决】　2013年6月5日，荆门市东宝区法院对中南地区最大一起销售女学生内衣、橡皮擦等高考作弊接收器进行审判，以非法销售间谍专用器材罪对9名涉案人员判刑，最高判处有期徒刑2年6个月，缓刑4年。

对销售作弊器材的轻判，实际是对作弊的纵容。后来发生的高考作弊成风，跨省代考，就是例证。

【不惩推手　血案难止】　2013年3月27日，河南中牟县农民被开发商铲车碾死事件舆论正酣，3月30日上午湖北巴东县一村民因财产补偿诉求与宜巴高速29标段项目部发生纠纷，又被水泥罐车碾轧致死。巴东官方已表态，这一次不是“过失杀人”。然而故意杀人的认定，并不能消减人们的愤怒和疑问：身为司机，何以敢如此肆意妄为，视人命如草芥？惨案接踵而至，是偶然是巧合，还是存在某种必然性？

近年来，因征地拆迁引发的冲突和惨案不断。每次血案事故后当地官方惯用的回应及调查结论都是：意外事故、交通事故、非故意伤人。表面上看，这些惨案的发生都是因为某些开发商胆大妄为，为了赚钱丧尽天良。但辽宁盘锦血案中，警方在征地现场开枪打死被征地村民，不得不让人深思：那些强行征地、拆迁者之所以敢于公开拆房占地，恐怕身后都有权力支撑、利益诱惑。事实上许多征地强拆事件，都是当地政府默许、纵容的，有些霸道行为就是由当地政府主导的。惨案发生后，直接肇事者多被从轻追究，幕后指使者则很少追究，即使是江西宜黄拆迁自焚案中被免职的两名当地官员，时隔一年，不也都复出担任新职了吗？这也就让人们看清了这类暴力事件层出不穷的原因：施暴成本这么低，效率这么高，自然效仿者就接踵而至。

所以要制止此类暴力事件发展，不仅要惩处直接施害人，更要查清幕后推手依法严惩，同时不断健全完善法律法规，将法律法规落到实处，真正使法律成为保障个体权利，约束行政权力、惩戒暴力行为和个体与强权博弈的坚实后盾。

【嫌犯笑称判的轻】 2013年3月13日，浙江省温岭市人民法院审理了2012年查获的温岭特大制售“病死猪”案，并当庭宣判了46名涉案人员，判罚最重的为监禁6年6个月，并处罚金80万元。其余涉案人员处以监禁6年以下不等，并处罚金，情节尚轻者则处以拘役。宣判已完，一嫌犯当庭笑称判得很轻……嫌犯微笑的戏谑，正揭露了我国多年来在食品安全问题上一直未能彻底解决的一个原因——低廉的犯罪成本，已经对不法商贩构成了纵容。

马克思说过：一旦有适当的利润，资本社会就会活跃起来。如果有10%的利润，它保证到处放利；有20%的利润，它就会更加活跃；有50%的利润，它就会铤而走险；为了100%的利润，可以践踏人间一切法律；有了300%的利润，它就可以敢犯任何罪行，甚至被绞首也在所不惜。这段话对我们现实很是应验。

为什么醉驾入刑后，酒后驾驶肇事大大减少？为什么走私、进口洋垃圾不时发生？为什么假冒伪劣药品、食品屡禁不止？为什么多年来乱采乱挖、污染环境、传销等现象难以制止？主要还是惩处严与不严。如果对这些事件的幕后支持者，一开始就严厉惩罚，就很少有追随者。

治乱用重典。有良吏而无良法，事情就无法办成；有良法而无良吏，良法也发挥不了作用。只有兼用良法良吏，才能天下大治。而现实中，虚伪扰乱风俗，自私毁坏法律，放荡逾越常轨，奢侈败坏制度，这四种祸患不除，市场经济就无法正常运转。所以，要保证市场经济正常秩序，就必须建立完善市场经济秩序的法规，对破坏市场经济的首恶商贩重典打击。轻惩少罚，犯罪成本低，违法分子就不会认为犯罪是一种铤而走险，公共秩序和人民生命安全就不会被其敬畏……

近年来，各地袭警、干扰执法的事件也不断增加，使正常执法受到干扰。对这些抗拒正常执法者也要进行严惩。否则执法环境必然越来越坏，发展下去，后果也很难想象……

【对酒驾的惩处】 美国纽约州在打击酒后驾车的规定中明确规定：在过去25年中有3~4次酒驾记录，但没有违反交通规则行为的人将被禁止开车5年，5年后他们将被列为“有问题的驾驶员”，持限制性驾照。对一生中已有5次以上酒后开车记录的，永久性禁止开车。

【严厉的惩罚】 新加坡公路沿线都设有电视监控装置，一旦车辆违章被摄下后，第二天一张通知单给车主，从车主银行账号上要罚去一大笔款，因此，驾驶员不敢违章。在地铁、巴士上喝饮料或抽烟，罚款500~1000新币。违法后处罚更为严厉。一个汽车驾驶指导，动手动脚侮辱了一位18岁的学驾驶的姑娘，控告后就坐牢挨鞭。凡是毒贩，一经查实就判死刑。

工厂也有严格的厂纪厂规，在厂里赌博、打架，在船厂工作时买船上违禁品，上船工作时抽烟，一经发现，就开除出厂。

【管理严能提人素质】 范先生到美国探亲旅游，他看到美国的汽车如潮，却没有见到乱扔垃圾的，也听不到鸣笛，晚上不见远光灯，遇到有人步行过路，远远停下相让，不由得叹服人家的素质高。而范先生在美国留学的孩子则辩称：啥素质高！美国不过是规矩多，管得严。我的同学一次开车超速才四五分钟，扣了分，还罚了500美元！

我们很多地方在管理上，既不认真，又不严格。我看到有些司机在当地不遵守交通规则，乱闯红灯，可一到北京和大城市，就很规矩；不少人随地吐痰成习惯，但到了新加坡就鲜有人随地吐痰，因为花园般的环境你乱吐就容易产生一种负罪感，再主要是处罚严厉，一罚就是几千元；抽烟人有瘾难克制，但乘坐飞机时，即使连续十几个小时，他也就不抽烟了，国际航班也毫无烟味，因为飞机上管得严。我也去过一些私营超市，虽然人流不断，因为禁烟规则到位，偌大超市也无一丝烟味。这都说明难题都有，就看管理认真不认真，严格不严格。高速公路上乱抛乱扔垃圾也时有报道，有关管理部门也感到束手无策，这主要是因为虽有《公路安全保护条例》，但缺少硬件管理，像监控之类应该添置，没有细则应该制定细则，制定后应该认真执行。祛邪扶正结合起来，禁止抛撒要有醒目标识，对乱抛乱撒者应及时处罚，要罚得痛心难忘，只有这样坚持下去，长期必成习惯，人们的素质也就会提高了。提高人的素质，不仅在教育，还在管理。不仅对在公路上乱抛乱撒垃圾这样，对其他管理也应这样。管理松散其实是对人的一种误导，是在纵容甚至培养人们的低素质。在很多时候人的素质低，其实也是社会管理之耻。

我们每个从政者，不论是司法人员还是行政执法人员，或者是一个地区、部门负责人，都要严格执法，公正司法，重典治乱，严加管理，只有这样才能维护好社会公共秩序，保护住社会公德底线。

3. 严禁逼供　有错就改

【逼供出冤案】　1996年12月2日，安徽省蚌埠市南山路于英生的妻子韩露在家中被人杀害。于英生当时34岁，正挂职区长助理。12月22日，于英生被控杀妻，随后蚌埠市中级人民法院以故意杀人罪判处于英生无期徒刑，安徽省高级人民法院二审裁定维持原判。从此于英生就背着一个莫须有的“故意杀人”罪名在监狱度过漫长的17年。从他入狱起，其父亲和兄长也就开始了漫漫申诉之路……直到2013年5月31日，安徽省高院决定对该案立案复查，8月13日，安徽省高院公开宣判，认为于英生故意杀害其妻事实不清，证据不足，宣告于英生无罪。于英生被无罪释放3个月后的11月27日，案件真凶被抓获，供述了17年前强奸杀害韩露的犯罪事实，才使这起17年前的冤案彻底昭雪。

在于英生冤案平反之前，已有4起陈年冤案由司法机关主动进行了纠正：2013年3月26日在浙江省高级人民法院平反的叔侄奸杀案、2013年4月25日在河南平顶山中院平反的李怀亮杀人案、2013年5月3日在福建高院平反的吴章雄等5人爆炸案、2013年7月2日在浙江高院平反的萧山五青年劫杀出租车司机案。随后，又相继有7起冤假错案得到主动纠正。这12起冤假错案的形成，正如中国人民大学法学院教授陈卫东分析，主要与过去“重打击犯罪，轻人权保护的刑事司法理念有关”。

我们国家在1997年修订的刑事诉讼法中就规定了“无罪推定”的原则。但在实践中，一些司法机关执行中往往还是“疑罪从有”或“疑罪从轻”、“疑罪从挂”，所以才出现许多冤、假、错案，大都是发现真凶后才给以纠正。现在无罪推定在全国普及，在各地纠正许多冤、假、错案上已经看到迈出了可喜的步子。从源头上减少和杜绝冤、假、错案的发生，这才是审判的最高境界，也是实现依法治国目标的必由之路。

法律带有强制性，运用必须十分慎重。荀子认为赏罚应该严明，而严明就是恰如其分。如果实难把握，宁可放宽一些，也不可滥用刑法，“与其害善不若利淫”。贾谊也赞同这一观点，“与其杀无辜者，不如失于有罪也”。因为冤狱一旦形成，即使能够平反，它给人心理上和肉体上造成的伤害也是极难弥补的，而且对执政者的声誉损害，对大局也是十分不利的。

一起冤假错案，不仅是涉及一个人，冤假错案的受害人有亲人、亲属、朋友，而这些亲人、亲属、朋友还有亲人、亲属、朋友……一个冤假错案的负面影响要多大？今天这里办一个冤假错案，明天那里又办一个……长期下去，我们的法律威严何在，政府在人民群众中的公信力何在？到那时，“逼上梁山”的历史就可能重现！

法律只有得到人们的敬畏，才能成为人们共同遵守的规则，发挥其防患于未然，惩戒于已然，定纷止争的平衡作用。但人们对法律的敬畏，不是通过法律“规定”出来的，它是人们通过对执法过程的观察后而对法律产生发自内心的信任。要让人们对法律产生信仰，这就不仅在于法律制定的理念，而更要体现在对法律的实施中。老百姓就是通过身边执法人员的执法行为，慢慢地形成是敬畏法律还是信仰其他的潜规则。

所以，我们每一个从事司法工作的法官、检察官、公安干警和从事行政执法的从政者，不仅要重打击犯罪，更要重人权保护。严禁逼供，忠于法律，防止冤假错案的发生。

不公正的审判是无视法律，明知已错不纠正就是直接摧毁法律，摧毁公众对法治的信心。所以要提高司法权威与国民对法治的公信力，不仅要严谨执法、防止错案，而且在发现有错案后，要立即纠正，早还当事人一个清白，早给国民一个正义。

法律就是我们这个多元和开放社会的最大公约权。人们之间价值观有差异，立场和利益有分殊，站位和视角有不同，但大家要想和谐地生活在一个社会中，就应遵守一个最基本最底线的公认规则，这个规则就是法律。深化改革必然会产生很多矛盾，要化解这些矛盾，也只有依靠法治。

科学立法，严格执法，公正司法，全民守法。这是新时期依法治国的“新十六字方针”，也是法治中国建设的衡量标准。其中公正司法不仅要让正义以看得见的方式实现，也要让正义以法定的方式实现。

（三）德法有机结合

1. 先治官　后治民

【上行下效】　晋文公登基后，就准备以严刑峻法来振兴国家。一天晋文公召集文武大臣上朝议事，通知就说迟到者要予以重处。可巧晋文公的宠臣颠颉迟到，晋文公二话没说，当着众大臣面，下令将他斩首示众。此事很快传遍全国，那些平时不坚守岗位，无有担当的官员们听到此事，内心都十分胆怯：颠颉是晋文公宠爱之人，都给斩了，更何况我们呢？兵不斩不齐，从此全国上下令行禁止，谁也不敢阳奉阴违了。不到两年，晋文公就征服了曹、郑、卫等国，成了一个强国，晋文公也成了五霸之一。

【宋太祖禁官经商】　宋太祖赵匡胤深知官吏经商，必然难以勤政；再者官吏经商就会凭借权力，欺行霸市，与民争利；尤其是极易助长贪欲，导致政治腐败。所以他特此诏令各地官吏，一律不准参与经商办企业，违者依法论处。然而仍有一些利欲熏心的官吏我行我素，以身试法者不乏其人。对此，赵匡胤一经发现，坚决惩处。据载，琼州知府周仁俊倒卖物资，被降为平凉小吏；澧州刺史白全诏与人合资在当地经商，被削职为民；兵部郎中曹匪躬遣人自秦州往江浙一带贩运紧俏物资，被处以死刑。就连年轻时与赵匡胤相交游，彼此引为知己，后来又帮他策划了“陈桥兵变”的宰相赵普，有人揭发他开设旅店，对胡赞、李可度、王洞等贪官有庇护行为，也不轻易放过……

【让百姓监督官】　明太祖颁布的《大诰》（大明律诰）中，其中有关百姓犯法条目仅占9.3%，有关豪强犯法条目占18%，有关涉及官吏贪赃枉法，酷敛害民的条目竟占72.6%之多。在《大诰》里，还规定：凡各级官吏违背朝廷指令，科敛扰民或互相勾结，包揽词讼，教唆害民的百姓可以联名到京师状奏。各地政府对于进京面奏的百姓，不得阻拦，如有阻拦，官吏要被族诛……《大诰》使百姓成为保持官吏廉洁的制约力，这在历史上确实不多见。也促使各级官员能各尽其职，各守其业，为维护当时社会秩序，促进生产发展起到积极作用。

【毛泽东发怒】 新中国成立不久，中央机要部门在香山盖房子。一位领导乘机在一幽静的山坡为自己盖了两层小楼。房刚盖好，就被毛泽东知道了，立即就把这位领导叫来，发怒地说："你的派头真不小啊，我看和过去的帝王将相差不多了。我告诉你，你想当那刘宗敏，我却不肯当李自成哪！你这么干，还配当共产党的干部吗？老百姓要戳着脊梁骨骂我们哪！我们共产党是为人民服务的，不是来这里享受的，更不允许搞贪污腐化，如果都搞起特殊化来我们的江山是坐不牢的啊！"最后没收小楼，并对那个干部进行严厉处分。

毛泽东发怒是一种可贵的清醒和警觉。要不是毛泽东及时果敢的处罚，恐怕领导干部盖私房，早就成风了，名胜风景区也早就成权贵的别墅私房区了。

【及时果断】 1988年，习近平同志由厦门调往宁德任地委书记，当时的宁德在全省排行老末。这里党政干部盖私房成风，很多干部盖房缺钱，就打起了以权谋私的主意。习近平决心清除这些"摆在马路边的腐败"，于1988年11月在地委会议上决定把严肃查处干部违法占地建房确定为惩治腐败的突破口。据《闽东报》报道，1989年1月到9月，就查处441人，其中副处级以上干部18人，科局级77人，共涉及到2000多名官员。不仅刹住了干部乱建私房的歪风，而且使广大干部作风也有了改变，很快使宁德的面貌为之一新。

【民风是官风的镜子】 一天，记者在某市某区某村发现了一个奇怪的现象。这里的村民几乎家家门前都放着许多废旧的大理石板，一些村民正急忙将大理石板往自家的房子墙面上贴。看着被贴在墙面上歪歪扭扭的废旧大理石板，记者心生疑虑，就问为什么？村民才说：这里马上就要拆迁了，墙面贴上大理石就能多补偿点。而且村民还是看到村干部这么做，才纷纷效仿的。

【举村骗拆迁款】 某市在城市扩建中，某乡多个村需要拆迁。于是该乡就成立了由乡党委书记牵头组成的拆迁确权工作领导小组，拆迁所涉及的村的支部书记和村委主任都是该小组的成员，其主要职责就是帮助政府对拆迁农户的房产基本资料进行审核，并签署是否同意确权意见。按说，每家每户有几个户头，谁和谁是一家人，各村的村支书和村主任最了解情况。只要支书、主任，秉公办事，就没什么问题。但实际上，一些村官不仅不秉公行事，而是自己先弄虚作假。如某村主任吴某华，他的房子有1600多平方米，按政策只有480平方米是合法建筑，能得到每平方米3000多元的补偿。但为了让所有建筑都能得到高价补偿，他就买下7个户头，每个户头花14~16万元不等。到拆迁补偿款发放时，他就要多拿530余万元。正因如此，这个乡不少村都出现了大规模假离婚和买卖户头现象……一夜之间两楼变四楼、荒山变果园，类似骗补事件，见怪不怪。

这种现象恰似一面镜子，照出的不仅是一些村干部带头蒙骗国家钱财，而是官场上一些官员不择手段损国肥私的群丑景观。

现在，一些领导发现老百姓身上一些不好的现象，就说老百姓是刁民，素质低劣。其实，细细反思民风的根源是官风，官风纯，民风才能正，民风是官风的镜子，要民风正必先搞好官风。“求治的善法”，“诛杀一千个盗匪，不如罢免一个贪官”。

清初思想家唐甄在《潜书·政篇》中就指出：“难治者，非民也，官也。”他认为把阻碍国家政令施行的罪责归咎于平民百姓是错误的。治民必先治官，治官就要赏罚分明，否则，终会导致“法益峻，贪益甚，政益乱，民益死，国乃以亡”。他主张“善为政者，刑先于贵，后于贱”。

我们认真反思一下，过去我们党经常犯错误，但党员犯党性原则和道德品质错误很少；现在党很少犯错误，可党员犯党性原则和道德品质错误却很多。为什么现在一些党员只跟着自己的上司转？因为紧跟上司，讨好主管，就容易得到升迁。所以，现在很多从政者，只跟人，不看线，在权力上也向家族化、集团化行进，在犯罪上也向团伙犯罪转移……“夫为政者，莫善于清其吏也”。即治理政事没有比使官吏清廉更好的了。古人还说：“君者，盂也；民者，水也。盂方则水方，盂圆则水圆。”这喻意执政就是引导，主政者朝什么方向引导，国民就会沿什么方向走。也就是群众平时说的：村看村，户看户，群众学的是干部。

“官德不振，民德不存。”如今我们有法规，而且正在逐渐健全完善，但法规的威严、法规的公正却遭到执法者的亵渎：每年中央下拨民生资金不少，但到群众手里所剩无几；许多有理有据的平民百姓打不赢官司，或被迟到的法律、公正拖得人死财尽；一些权贵、老板犯了法，判了刑从前门进了监狱，却又从后门出了监狱回了家……也正是这些丑恶现实，让人们对法律的威严失去了敬畏，对政策规定失去了信心。所以才会有人在个人的私欲得不到极大满足时，就铤而走险。

2000 多年前，亚里士多德就看得非常清楚，任何一个政府，如果不受法律制度的约束，就可能变成暴政。所以，要振兴中华，实现中国伟大梦想，一定要依宪治国实行法治，使国家所有权力都在法律之下，国家的所有行为必须符合宪法法规。权力在法律面前和老百姓一样平等。

多年来，毁灭法治的一次次政治运动造成的积弊使许多主政者脑子里多的是专制意识，少的是法制观念，视人民利益如草芥，看国家法规似儿戏。法律似乎成了权力手中的橡皮泥，任由其捏……所以，先治官，后治民是实现法治的首要，也是善政善治的需要。要实现真正的法治国家，必须限制和缩小官员的权力，放大和保护民众的法授权利。尽力创造和培养一个讲求诚信，表里如一，言行一致的“官场风气”。将各种不切实际的口号去掉，将不切实际的行为准则降下来，把对官员的实际要求升上去。做到名实相符，以名循实，以名责实。这样官德普遍提升了，官员行为端正了，权力规范了，民也就不难治理了。这就需要在地方管理事务上和管理监督地方的治理上，要摆正“治官”与“治民”的位置：一从理念上形成治官比治民更严苛、更完善的共识。二从制度上努力延伸监督，约束地方官员的触角，广泛吸纳群众参与法规、政策的制定和监督。也只有把权力关进笼子里，官员才能不敢腐、不能腐、不想腐，规规矩矩依法依规行事，让民主法治驱走官僚人治，治民的命题也就迎刃而解了。

2. 宽严相济 赏罚严明

子产是春秋时期郑国的执政（即宰相）。他主张要治理一个国家，主要是用德仁感化人，用宽宏的态度去教育人，才能使百姓心悦而诚服。其次要配之以刑罚，用威猛的法律去约束人。他以水和火作比喻，由于水性柔弱，人们往往轻视它，结果人们经常因玩水而溺死；火则不然，它使人望而生畏，故死于火中的人较少。意思是说：以宽为主，宽猛相济是治国的根本方针。与子产同时代的孔子对他的治国方针十分赞许：宽以济猛，猛以济宽，宽猛并用，国家的政局就能安定和美了。宋代政治家苏轼（苏东坡）就说过：“以宽得爱，爱止于一时；以严得畏，畏止于力所及。”为了保证政令的贯彻，一味关怀的态度根本不足以行事，有时就要借助严的一面，严格执行；为了避免“严”所造成的弊害，一定要“严”、“慈”互用，使其相互保持平衡。历史地看宽猛相济的治国方法，也是古代流传下来的良好遗风。

严宽相济上还要注意一个原则，那就是："于善则宽，于恶则猛。"就是对无意的过失，可以宽赦；对故意违犯的，就要严以刑罚，达到"宽不纵恶，猛不伤惠"。过于宽则会形成凡事迟缓而有伤义理，会导致政事废弛的弊端；过于猛则有伤于恩惠，会导致下属回避法规，不敢负责，苟求免过的祸患。两者方式虽不同，其损政害民的结果一样。所以为政者一定要把握好"宽不纵容恶行，猛不伤害恩惠的分寸"。

战国时期尉缭在《治本》中就说过："善政执其制，使民无私。"意为：良好的政治方针是执行法制，使民众都不去谋私利。他主张赏罚分明，他在《论威》中说："赏禄不厚则民不劝"、"刑赏不中则众不畏"。要做到赏罚分明，他在《武议》中说：杀一人而三军震者，杀之；赏一人而万人喜者，赏之。杀之贵大，赏之贵小。当杀而虽尊贵，必杀之，是刑上究也。赏及牛童马圉等，是赏下流也。主要意思是刑不阿贵，赏不避贱。他还在《将理》中主张不得用酷刑审讯犯人；不能用金钱行贿免死、免刑；反对治狱时株连清白无辜的民众。

执政者在于施惠和施威，两者并用缺一不可。只施恩惠而无权威，部属就不畏惧。一味施威而无恩惠，部属就不归心。如果只施惠，可以使人归心但建立不起权威，还会被人看成是无能软弱。如果只用权威，而不施惠，人们就会惧怕，甚至你的部属也会因惧怕而远离你甚至变成你的敌人。所以在一方执政，应宽严相济，恩威并重。有威能保持其尊，施惠能产生恩德。所以惠和威是互相促进的，威和惠是相辅相成的。作为一个领导，一定要懂得这种领导艺术。

3. 善化使静　德法配合

【我不造反了】 汉文帝时，一年南越王赵佗起兵造反，自称皇帝，派兵攻打长沙，消息传到京城，许多大臣都主张派兵镇压。但汉文帝反思后说："赵佗在前几年确实受了不少委屈，心里有气，不能全怪他。"于是汉文帝马上派人到赵佗家乡真定，把赵佗的祖坟修好，让他弟弟做了官。然后文帝给赵佗写了封信，派一个大臣亲自送到南越交给赵佗。赵佗很不高兴地接过信看了起来，看着看着脸色慢慢地变了。汉文帝在信中写道："南越王，我知道以前朝廷对您很不公道，瞧不起您，还派兵打过您，更不应该把您的祖坟平了……可我从没把您当外人。现在我已派人把您祖坟修好了，还提升您的弟弟做了官。"看到这赵佗眼泪直流，接着往下看："我听说您发兵攻打长沙，心里很难过。打起仗来，可苦了那些将士，有多少父母要失去儿子，妻子要失去丈夫，儿女要失去父亲……我实在不忍心，希望您不要记仇，让我们和好了吧！今后南越就靠您来治理了。"赵佗看完信，激动地对左右人说："当今皇帝真是个贤明的天子啊！我马上去掉我的帝号，情愿当他的臣子。"说完就立即给汉文帝写了回信，说："陛下，我感激您的恩德……我心里也不好受啊！听说平了我的祖坟，家里人给杀了，我才起兵的。您现在体贴老臣的处境，我决定罢兵。我说话是算数的。"就这样，汉文帝不动刀兵，平息了一场内乱。汉文帝想到以前内乱不断，人民受尽了苦难，所以能不打仗就不打仗。这样，汉朝的生产很快得到恢复，人民生活也安定了。

【善化人者　抚之使静】　三国时期，田豫赴任南阳太守，南阳有个叫侯音的人带领数千人上山造反，前任太守已逮捕了500人，并已上奏章报请全部处死。田豫到任后，并未等待上级批文处决了事，而是召开了在押人犯会议，进行慰勉、教化，指出自新之路，然后当场释放了他们，人犯纷纷叩头谢恩，表示愿意悔过自新为国效力，释放的人回去后，告知山上的同伙，很快聚众造反者就瓦解了。"善化人者　抚之使静"。田豫以教化的方法使南阳地区从此清静太平了。

【乱抢事件的平息】 1982年，江波刚到某乡镇工作，就接到一个上级要结果的事件查处。原来在去年中秋节前，张乡村因土地下放后，村里有一个10米跨度的10间大库房没什么用，而且20多年也未维修，就决定将大库房拆除，把一些能用的材料分给群众。刚开始拆倒没什么，大家都很认真干活。溜完瓦，卸完椽，卸檩时，有一个会木工的见卸下的一根中檩，就说："这根檩我要，将来分给我，我急用。"说完就将那根中檩放在一边，中午回家吃饭时，就放到自己平车上拉回家去了。这个举动，无意挑起了参加拆房者的想法，有些人就从已拆下的材料中挑自己有用的，也照样拉回家中。可能一些未拉走材料的人中午吃饭时在家谈起此事，下午还未到上工时，有些家本来就没参加拆房的男子，也到工地上，你占那个大梁，他占那个柱子，就主动拆下拉走，第二天有些未拉走东西的群众就你拉库房中的电机，他拉走粉碎机，实在没拿的就将村里早年栽的已成材的桐树锯了拉回家……全村只有三户当时外出未参与，其余户户有份。

在讨论如何查处会上，有的主张将带头抢的先抓了，有的主张一家一家去搜……江波考虑都不妥：带头的也不是抢，更不是偷；一家家去搜，就显得政府太不相信群众了……经过深思熟虑，他决定亲自去村里解决。他和组织委员赵安乐到张乡村，先召开群众会说明来意，讲明三个观点：1. 此次事件既不是偷也不是抢，只是一次无政府主义事件。2. 此事上级要处理结果，只要村民认识到错误，并如数退回拿走的东西，乡政府向上级作个深刻检查，对村民不再做任何处罚。3. 如果既认识不到问题的严重性，又不退回拿走的公物，那后果只能自负。会后他就深入各家做细致的思想工作……

在取得群众认可后，他就提出三天内交出拿走的东西，就不再追究的保证。谁知不到三天，群众就将拿去的材料、机器、树木送到大队，就连立柱下的石礅也一个不少。

《论语·为政》中说："道之以德，齐之以教，有耻且格。"就是说用仁德来治理百姓，用礼仪来约束百姓，老百姓就会知道做坏事可耻而且自己就能约束自己。西汉丞相黄霸被史学家班固誉为"自从汉朝建立以来，治理百姓第一"。他当初在颍州任太守时，就是先行教化而后诛罚，在颍州前后八年，社会秩序井然，老百姓道不拾遗，夜不闭户，监狱里没有重新犯罪者。我们在基层经常会遇到一些群众受到一时不良风气的诱惑，或受到一些敏感问题的刺激，结伙而起，作出一些破坏性的举动。主政者一定要冷静分析，不可贸然出警，以致形成更大群体事件。先稳定群众情绪后深入调查了解，摸清情况，再针对性地做深入细致的思想工作，待群众觉悟后，事件自会化解。这就是"善化人者　抚之使静"的道理。

【国法难违人有情】　叶仁鲁是北周太祖皇帝郭威手下的大将，他犯了贪污15000多匹绢和1000多缗钱的罪，太祖赐他去死。临刑前太祖派人送去酒食并捎话给他："你犯了死罪，国法无情，我也无奈，你死后，我将照顾好你的老母。"仁鲁感动得落下热泪。郭威既不徇情枉法，维护国法的严肃，又不忘旧情，为他照顾抚养老母，使部下很受感动。

在一个家庭中，一个人犯法，其他成员不一定都是恶人。对作恶者，法理不容，而对其家属困难给以帮助。不仅使作恶者深思、自责、伏法，而且使其家属亦感到社会温暖，不致使其对社会产生仇恨、报复。

【推迟杖刑】　北宋曹彬任徐州知府时，下属小吏犯了罪，就推迟了一年才对该吏施以杖刑。有人不明白何故，他说："当时此小吏刚娶了媳妇，假若立即对他施刑，其家人一定会认为媳妇不吉利，很可能受到家人虐待、低视，使她在家不容易生活。但该吏犯罪，法不容赦，故而缓一缓，到现在施刑。”

【推迟传讯】 泗洪县龙集派出所2007年6月9日上午，民警对一起盗窃、销售电瓶车案审理时，销售赃物的张某供出了县某中学正在参加高考的高三学生绍某和赵某多次盗窃电瓶车、摩托车，委托他销售的犯罪事实。办案民警想到，如这时找绍某和赵某问话，就会使他们失去高考机会。经请示上级同意后，决定让绍某和赵某安心考完最后一场后再传讯。考试结束后，绍某和赵某被带到派出所，当他们得知民警的良苦用心后，感激悔恨得泪水直流。当时就主动交代了偷窃的全部事实。

“治国有常，而利民为本”。曹彬推迟杖刑，是考虑小吏新婚之妻免受无辜的低视、虐待。泗洪县龙集派出所，推迟对绍某和赵某的传讯，是不想使其失去高考的机会。他们这种体贴入微的人性执法，很值得借鉴。

【重新启动人生风帆】 高某某原来是某县农业局高级农艺师，1987年10月因犯流氓罪被判刑5年。刚进入劳改队，他非常消沉，不思饮食，只想一死了之，最后竟得病卧床不起。管教干警不仅为他求医买药，还对他不停地开导鼓励，在生活饭食上尽量照顾他。经过深入的思想工作，使他有了重扬人生风帆的决心。队里还根据他的特长将他安排到柑橘生产基地负责管理。他在管理中广读博览柑橘栽培的技术书籍和资料，日夜攻关，使柑橘产量比原来增产23%，并利用劳动之余编写了《柑橘栽培技术》一书，得到有关专家的好评，被推荐出版发行。这样他更激起了生活的信心，不仅举办柑橘栽培技术培训班对在押劳改人员进行培训，还帮助劳改人员解决思想上的问题，使其能真正反思悔悟提升重新做人的信心。由于他的各种表现也得到减刑，提前释放。他走出劳改场，就被原单位聘为高级农艺师，负责指导全县农业技术工作。

法律无情人有情。以上主人公的作为不仅对罪犯本人和家属乃至全社会都无疑像温暖的春风，将开启多少封冻的心扉，唤醒多少人的良知。

《周书·苏绰传》里就说："凡治民之体，先当治心。心者，一身之主，百行之本。"即：凡是治理民众，应当首先治理他的思想。因为思想是整个身体的主宰，一切行为的原本。

任何违法犯罪活动既有行为主体个人的原因，也有其社会根源。这是法学领域的一般共识。一个人违法犯罪是个人蓄谋或一时心理失控，但也一定跟他成长的小环境甚至整个社会大环境有关。所以对服刑人员要做深入细致的思想工作，帮其分析犯罪原因，总结教训，使他真正认罪伏法。否则他思想不通，虽然低头伏法，可能是惧怕严罚，被动而为，将来刑满回到社会还可能做出危害他人、危害社会的事情，而且手段会更加隐蔽。

德治，主张用道德感化治理国家。就是重在通过教育、引导提升人们的道德精神境界，增强人们遵守社会公德、维护法制的积极性和自觉性。使广大人民群众不仅自己能自觉遵纪守法，而且还能以主人翁的态度，维护国家法律的权威和尊严，并勇于同一切违法行为作斗争。从道义上、舆论上，支持对越过道德底线行为进行惩处、制裁，从而使法治具有坚实的群众基础。

法治，按照法律治理国家的政治主张。就是依宪治国、依宪立法、依法执政、依法行政、依法办事。重在对越过道德最低限度的不道德行为进行强力的惩罚、制裁。通过对人们警示教育，使人民守住道德底线，不做违反法规的事。对德治起到卫士作用。

荀子说过，对人民不进行教育就进行惩罚，那即使刑罚再多也制止不了邪恶；只知道教育而没有惩罚，奸邪之人得不到应有惩处，就会继续作恶；只知道惩处而没有奖赏，那勤劳守法的人就会慢慢懈怠、放荡、乱纪、犯法。所以，我们每一个从政者，尤其是主政者，都应该明白：要建成具有中国特色的社会主义强国，振兴中华民族，在治理国家上必须德法结合。德治与法治，历来都是建立公序良法、稳定社会、构建和谐的两个羽翼。法治是维护社会秩序的刚性手段，德治是维护社会秩序的柔性手段。我们执政者只有刚柔结合才能更有效地维护社会和谐、国家稳定。

七鉴　科学筹划

科学筹划就是主政一个地方，不论是指导当地经济生产发展，还是招商引资兴办企业，都要因地制宜，统筹兼顾，瞻前顾后，绝不可脱离实际，顾此失彼，遗患后世。

（一）因地制宜

【实事求是】　1975年秋，澄波到一个山村搞秋收秋种工作。那一年，从8月初到9月中旬，就一直阴雨连绵，而且地区会议因怕下边瞒产，强调“玉米不能分穗，只能分颗”。可从地里冒雨掰回来的玉米穗放在场里有的已发热，个别的长了芽，不仅群众心焦，澄波心里也很着急，农民辛苦一年种下的粮食，一定要等全长了芽、霉了才分给社员？于是他就将自己的打算向公社下乡办进行了汇报……得到公社同意，他就立即召开队干部和群众会。会上他说：“现在一直下雨，地里的玉米在穗上有的就发芽了，掰回来的玉米穗放在场里，有些发热，恐怕时间一长就可能发霉。大家的心情我知道，不想辛苦一年，吃到变质的粮食。我已向公社下乡办进行了汇报并已同意。现在就把玉米按穗分了，留些标准放在我这，场里的分了，大家再冒雨将地里的玉米掰回来分了，棉花也揪回来分了。这样你们在家里就能把玉米剥了，棉花摘了，放在屋里地上晾干或放到炕上烘干，防止霉烂变坏，要不大家辛苦一年，吃的都是霉烂的粮食……”大家听了，十分惊喜，异口同声说：“行，太好啦！老澄，你可和群众想到一起啦。”会一结束，大家将场里的分了，又将地里的玉米掰回来、棉花摘回来分了……

冒雨将庄稼收完，天气还是不晴，“白露种高山，秋分种平川”是当地经验，白露已过了几天，还是难以播种小麦。为了抢时间播种，上边要求山区将麦种籽撒到地里，把羊群赶到地里将麦籽踩进土里来抢种，而且要求在十月二十以前沿山必须种完。澄波正要准备安排撒籽，让羊踩种时，几个老农找到他说：我们这里是垆土，将小麦撒到土地里，羊一踩，可以出来，但天一晴，土就结成很硬的土块，小麦永远长不好，更谈不上丰收了。澄波听了，又深入了解，确实如此。可上边要检查，该怎么办？经过反复考虑，他就将实际情况和自己的打算向公社进行了汇报。得到公社同意后，他就召开了村干部和群众会。会上他说，人常说“麦收八、十、三场雨”，今年雨水这样充足，明年小麦收成一定不会差。我又听大家说用羊踩麦籽种下后，小麦永远长不好。我已向公社汇报，咱们先不急着种，再等几天，天气晴了再种……就这样，果然过两天天就晴了，村里才开始真正种麦子。也许是老天爷有眼，虽然时已过秋分但可能因长期阴雨，猛一晴气温反而高于往年，所以晚种的小麦出苗很好。第二年他下乡的村小麦增产幅度很高……

【犁豆事件】 浙江天台市天台县平桥公社长洋大队地处丘陵地带，有耕地614亩。因土地贫瘠，种早稻每亩可收400到500斤，但较费肥料，成本高。如果种黄豆，每亩收200斤不成问题，按当地规定可折原粮400斤。黄豆用肥不多，只需撒些灰肥就行，既省工又省钱。而且全大队社员养有70多头母猪，母猪生小猪也需要黄豆作饲料，社员逢年过节改善生活做豆腐也需要黄豆。况且种稻以后土壤板结，种黄豆后因豆根有根瘤菌，豆叶落地还田，也能使农田增加养分、改良土壤；种豆后晚稻下种一般比早稻田种晚稻能提前一个星期左右，亩产600斤不成问题，这样全年亩产1000斤粮也蛮有把握。通过多年实践，种豆、稻并不比种稻、稻产量低。1978年长洋大队共种了黄豆80.4亩。黄豆种下一个月左右，县里的春耕动员会精神传达到大队。县委要求：为了保证早稻种植面积，凡是可以种早稻的田，均要种上早稻，种上黄豆的要犁掉。由于群众思想不通，所以大队迟迟不行动。5月22日，县委一位副书记下乡检查时，发现长洋大队的黄豆没有犁掉，就责成公社党委督促大队立即犁掉。公社同志让大队犁时，群众恳求说："我们今年种的黄豆长势这么好，有的已经开花了，犁掉黄豆，改种早稻肯定要减产。今年就让我们种这一次，明年我们按计划种植水稻行不行?"公社党委书记说："不行，县委已经催了几次了。"并说："你们的黄豆种在路边，县委领导的车来去都能看到，必须全部犁掉。"大家见没有商量的余地，就借口劳力紧张，抽不出劳力来犁豆，想以此拖延时间，保住黄豆，谁知公社党委书记却说："那公社派拖拉机来帮你们犁!"就在第二天公社派拖拉机犁黄豆时，仍有群众手挽手拦挡，有的群众含泪说："今年黄豆长得这么好，犁光了我们吃什么?"有一个社员还冲到拖拉机前将拖拉机油门关掉，不让犁，竟被公社扣留起来，就这样在群众阻挡中犁犁停停，停停犁犁，直到5月29日陆续犁掉60多亩，这时小满已过一个星期了。

结果是：被犁掉黄豆的地改种早稻，因为比常年迟插半个月，而且秧龄太长，加上高温，生长很差，严重减产，相应又使晚稻插秧推迟，使晚稻也减产。早稻只有150斤，晚稻只有140斤，亩产只有290斤。而未犁掉的几亩黄豆，每亩收250斤，折稻谷500斤，种的晚稻亩产550斤，全年亩产1050斤……

对于这件事，1978年11月25日《浙江日报》进行过报道，并加了编者按。编者按中说：在有的地方，凭"长官意志"办事，强迫命令，瞎指挥，已经到叫人气愤的程度，造成了令人痛心的危害。办事不从实际出发，不尊重客观规律，不倾听基层干部和群众呼声，一味利用权力搞瞎指挥，不仅浙江有，别的地方也有；不仅农业战线有，别的部门也有。我们吃瞎指挥的亏实在太多了，教训太深了。有“权”的人说句话就是政策吗？不！不能把“权”和政策混同起来，更不能把“权”和群众利益对立起来。

这段编者按，虽已过了30多年，但对我们现在全面深化改革开放仍有一定的指导意义，我们每一个从政者，尤其是主政者，都应认真反思，以防止历史病案在我们这一代重现……

【天价的菜地】 在高楼林立、寸土寸金的武汉市区中心，仍有80余亩的一片土地用于种菜，这便是洪山菜薹的最后一块原产地。为了保护洪山菜薹这一珍稀品种，武汉市政府不算经济账，是时任领导的一种明智之举，如果将此块地征收回来也用于房产开发，虽然眼下能带来丰厚的经济回报，但世间就再无洪山菜薹了，与洪山菜薹相关的一些历史故事也就再无实物可以追忆，世间的这一美味菜肴也将无处寻觅。

武汉市的当任主政者令人敬佩，也值得各地主政者学习借鉴。反思一下，近年来全国有多少农林畜名优特产已灭绝？一个地方的名优特产，是当地的水质土质和环境决定的。在城市扩展、引进企业时一定要注意保护名、优、特产的原产地。凡适宜名优特产生长的地方，就不能建厂办企业或盖房作商业用地，绝不能为了一时的经济利益而将名优特产毁于己手，成为历史的罪人。

现在各地都在发展经济，在发展经济用地时，应优先考虑农业。因为工商企业不论建在肥沃土地上还是瘠薄的土地上，效益都无多大的差别；加工制造业，夏天、冬天都能进行，晴天、雨天都不影响。农业相对来说，对土地质量、环境气候依赖强。在瘠薄的土地上种植，必然影响农产品的品质。即使我们物质极大丰富，但饭碗里老盛的是缺少营养、味道不佳、品质低劣的食品，也必然影响国民的身体健康，那人民的幸福何在？所以各级主政者应注意：在发展经济时一定要因地制宜，对适宜于农业的肥沃土地，不要轻易作为工商企业用地，不宜农的土地再考虑发展工商企业。总之，在指导辖区经济发展上，一定要结合当地实际，不要乱跟风、不要瞎指挥，做到果断不专断，敢干不蛮干。

（二）　统筹兼顾

1. 当前与长远

【远见的遗愿】　全国人大常委会法制委员会诞生于1979年2月，第一任法制委员会主任是彭真，第二任是由习仲勋兼任。正是在这两位热心法制的老革命家的坚强领导下，我国开始从“无法可依”走向了“以法治国”的道路。

一次习仲勋和彭真交谈说：“要有一个制度，有一种力量能抵制‘文革’这样的压力才好。”彭真说：“我们建立法制，就是要能抵制住各种违法行为。‘文革’是极严重的错误，今后决不许重演。”又一次在讨论《民法通则》会上习仲勋和民法工作室的同志讨论时，习仲勋说：谁都爱听好话，听赞成自己的话，但这话很多是假话，有的是捧场，有的是敷衍应付。我们征求意见的目的，本来是为搜集各种补充意见，但是，人们一听到比较尖锐的不同意见就往往不高兴，有权的人有这种想法就很危险。从党的历史看，不同意见惹起的灾祸太大了！‘反党联盟’、‘反革命集团’、‘右倾投降’、‘左倾机会’等等，我经历过总有几十起、上百起，但最后查清楚，绝大多数是提了一些不同意见，属于思想问题，有不少意见还是正确的。因此，我想，是否可以制定一个《不同意见保护法》。规定什么情况下，不论什么人都允许提出不同政见和意见，即使提的意见是错误的，也不应该受到刑罚、开除、降职、调离、批斗等等处分。我说的保护，是指保护不同意见者的一切权利不受刑罚，也不受其他处分，这样才能让人们畅所欲言。

习仲勋同志亲身体会到保护不同意见的重要性，这也正是我党和国家长期没有解决好的问题。多年来，各地发生的对领导提些意见的人被处分，抓捕、判刑的无数事件，就是有力的证明。《不同意见保护法》虽是习仲勋同志的遗愿，但我们不能不为他“居安思危”眼光远大而敬佩。

政治决策要有远见，发展经济也要考虑长远。发展经济一定要走持续健康发展模式，走节约型、环保型、循环型的科学发展模式。我们如果只为眼前利益，而不防患于未然乃至牺牲长远利益那就大错特错了。

【放眼长远】 1949年美国加州贝时特·韦时特酒店经过三年建成完工，通过了州监造局的检验。最后贝时特·韦时特在酒店里看了看，也比较满意，但他要服务员打开700间客房的浴室喷头。随着700个喷头同时开启，所有的下水管和地下排水管都不够排泄如此的水量，污水就从各个浴室排水口和厕所下水口溢了出来，700个房间地面都积了一地水。

贝时特·韦时特马上要求施工队重新返工，把主排水管和地下管都换成粗两倍的管子。而施工队和监造局不以为然：“700个房间同时放水是不可能发生的。”但贝时特·韦时特却坚定地说：“你们认为不可能发生的事，那只是你们认为而已，万一真的发生呢？”

说得施工队和监造局无言以对，就返工将主排水管和地下管都换成比原来粗两倍的管道。

最后事实证明贝时特·韦时特的考虑是正确的。“700个房间同时放水”的事居然分别在1953年、1979年和2001年各发生过一次，好在贝时特·韦时特事先考虑到了，才没有造成

“水漫金山寺”的现象。

搞事业，建工程，不仅仅要看到眼前，更要预测到以后随时都可能发生的事情。考虑到随时可能出现的隐患和杜绝这类隐患，则需要一种独特的智慧和不容改变的毅力。

近年来，城市内涝频频发生，有些确实是天灾，但大多都是有些主政者只重地上不管地下，忽视地下排水系统和地面过多硬化所造成的。还有近年来城市的盲目扩张，复古成风，高尔夫球场的盲目发展，圈地不止，乱卖资源，都是有些主政者只顾眼前不考虑长远的短视的政绩观所致。

再如：党的十八大提出转变经济增长方式，走节约发展、清洁发展、安全发展、可持续发展的道路。这样不仅可以大幅度降低单位产出的资源消耗和污染排放，而且能提高经济增长的质量和效益，推动经济运行进入良性循环。但在转变经济增长方式中，有一个从量变到质变的过程。在这个过程中一般对经济在存量和增量两个方面都会有影响。在存量方面，由于要增加治污成本等，可能会使企业无法消化这些成本而造成经营困难……在增量方面，由于更加严格控制土地供给，更加严格地限制高耗能行业和禁止高污染行业的发展，必然影响一个地方的即期经济增长。对此，我们大多基层的主政者都能理解，所以在制定当地政策，确定举措时，都能把握好度，掌握好平衡点，既防止当地经济出现大的波动，更要坚定不移地推进当地经济发展方式的转变。但也有一些基层主政者，却是玩弄伎俩，欺上瞒下，不想转变或推迟转变经济增长方式。实际上是只顾当前，不顾长远的一种狭隘、短视行为。

我们每一个主政者，在发展中，一定要处理好眼下与长远的关系。对当前有效、长远能持续有效的事就大胆去做，对当前无效，但为长远打基础、铺路子的事也要去做，而对当前有效果、但对长远无效而有害的事坚决不能做，不能因为自己当下一时政绩而给后任留隐患。

2. 局部与全局

【以邻为壑　大错特错】　战国时魏国有个水利专家叫白丹，一次正在工地上，孟轲前去访他。他知道孟轲是个出名人物，很想在孟轲面前炫耀一下自己。他指着正修的水堰说："看看这堤堰规模，当年夏禹治水也不比这高明。"孟轲听了，摇摇头说："你完全错了，当年大禹治水是依照水流规律，疏通河道，把洪水导向四海，使人免去洪水危害，而你在这打起河堰，在那筑起高堤，让河水流到别的国家，把邻国当作蓄水的沟壑呀！实在是大错特错了。"

在深入改革中，每个从政者，尤其是主政者，都不要对本地区、本部门利益那么张扬无度，对圈子利益不要那么冠冕堂皇，更不要对本阶层利益那么目空一切，甚至与国家利益对立起来。

比如：人人都在骂污染，但为了治污，停关些污染企业，一些地方领导怕减少 GDP 就不同意；都说养老双轨制、多轨制不公平，可一触动昔日受益者的利益，就遇到强烈反对；八项规定从严治吏、群众都拍手叫好，就有些从政者牢骚满腹，甚至说出"官不聊生"……的确如人们所说触动一些人的利益比触动其灵魂更难。

我们每一个从政者都应有一个起码的共识，那就是认同全局利益，维护全局利益。任何地区、阶层、部门都要依照大局利益去协调自己利益。

近年来还有些地方的主政者，当中央出台一个新的政策，他不是想方设法如何很好地贯彻执行，而仔细琢磨政策中有无漏洞可钻，能否利用漏洞给地方、部门谋些利益，甚至在动员大会上大言不惭地引导下属钻政策的"空子"，搞些"上有政策、下有对策"的损害国家人民利益的事。为了本地区或本部门的私利，名曰搞活经济，实则坑害国家和人民。

所以，我们每个主政者，任何时候都要个人服从组织，局部服从全局，下级服从上级，全党服从中央。当然，我们国家也要尽快健全完善法律法规，加大民主与社会监督，防止区域权力过大，独断专行，狂妄自负，对抗全局。

3. 现象与本质

【文子之智】 春秋时期，晋国的文子为躲避当朝追捕而逃亡，在经过一个他以前任职的县邑时，已是人困马乏。随从中有人说："这里的县令是你的好友啬夫，在这歇一夜再走，也好等等后面的车子。"文子摇摇头说："不行，不能再这里住，啬夫靠不住。"随从的人问："何以见得?"文子说："我爱好音乐，啬夫便送我好琴；我喜欢各种佩戴之物，啬夫便送我玉环。他很会投其所好，不惜以加重我的过失的做法来讨好我。我担心他会出卖我而再去讨好对他更有用的人。"文子没让停留，而且让随从都悄悄赶快离开这个县邑。果然不出文子所料，当啬夫得知文子经过县邑后，立即派人堵截，好在大部分人车都已过去，只扣押了文子后面的两辆车子，献给了晋国国君，以求赐赏。文子因"识人"而逃过一劫。

【寇准之失】 北宋时有个叫丁谓的人，出自宰相寇准门下，官至参政知事。平日他侍奉寇准十分周到。一次，丁谓陪寇准吃饭，菜汤弄脏了寇准胡须，丁谓立即小心翼翼地揩去胡须上的汤汁。寇准甚觉不妥，就批评他说："参政，国之大臣，乃为长官拂须耶?"就是这个丁谓，表面"事准甚谨"，暗里却竭尽中伤之能事，一年后，就排斥寇准，取而代之。

文子之所以能逃过一劫，是他看透了啬夫的本质，能料到自己背运时，他肯定会以牺牲朋友为代价去投新主子所好，所以没有被迷惑；寇准之所以被丁谓取代，主要是他被假象迷惑，没有看透其本质。其实，无论过去还是现在，品质不好的谄媚者，都信奉"有奶便是娘"，都只认权势，只图满足自己的欲望。在一些“小人”的眼里，除了他自己的利益，人格、良心、道德、原则什么都是可有可无的。所以，为了事业，也为了你自己，主政者尤其是从事组工干部的同志，必须透过现象看本质识别人，不要被一些溜须拍马、阿谀奉迎之徒所迷惑。

【同境异想】 美国有一个鞋厂，为了扩大市场，让一名市场经理到非洲一个孤岛上调查。那名经理到达后，发现当地人都不穿鞋，就发电报告诉老板：这里居民从不穿鞋，此地无市场。

老板接电后，思考良久，就又派一名市场经理去调查。这名经理一见当地人都赤着足，没穿鞋时，就马上电告老板：此地居民无鞋穿，市场潜力很大，速寄100万双鞋子来。

现象都是不穿鞋，一个认为无市场，一个则认为市场潜力很大。

【闪光的不一定是金子】 某出版部门和印刷厂，为了追求高额利润，置中小学课本的印刷任务而不顾，占用大量纸张和印刷力量，大肆出版印刷新武侠小说和宣扬厚黑学的书籍，从而造成秋季开学时，各个学校因课本没到而无法教学。年终系统评比中，系统以GDP增长多将该出版部门和印刷厂列入改革先进单位行列。在审批时：一位负责同志说：金子是闪光的，但闪光的，不一定都是金子。该企业是赚钱了，利润大增，但影响了整个地区的教学进程。我们在改革中不能把赚钱多少作为衡量改革好坏的唯一标准。我们应把改革是否有利于建设中国特色的社会主义，有利于国家的科学统筹发展，有利于人民的和谐富裕幸福。如果违背这三个条件，就必然背离改革的目的，偏离改革发展方向。所以它不能成为改革先进单位。

由于具有不同本质的事物会有某种相同或相似的现象，同一个现象可能是由具有不同本质的事物引起的，因而我们在工作中，不能只看现象不看本质。对改革的成效，也不能只看

GDP，只用赚钱多少的标准去衡量。在现实中有两种情况值得注意：第一种是打着“改革”的旗号，实际是去搞歪门邪道。他们不顾党纪国法，不讲良心道德，既损害了国家和人民的利益，又败坏了改革的声誉。第二种是不顾国家整体利益，不完成国家任务，什么赚钱就搞什么。特别是有些文化工作、生产部门，不讲社会效益，到处跟风捞钱。他们这种背离改革目的，偏离社会主义方向的做法，赚的钱越多，越是损害改革大局。

10 多年前朱镕基同志在很多场合就讲，他有“恐高症”，担心 GDP 增长不顾效益和质量，中国将来会产生虚热，最后酿成风险和危机。多年来，我们国人魂牵梦绕的中华民族的伟大复兴，在经济上已经启动。但我国在经济发展上，走的却是粗放型、资源消耗型、缺乏持续发展之路，而且中国目前在环境能源、伦理道德、生活品质、公共话语与传媒等方面出现的种种问题，尤其在分享改革开放 30 多年成果方面，在地区、城乡、阶层之间存在着的悬殊差异，使得全国各地区几乎无处不在节节提升的 GDP 背后，掩盖着一个不该临渊履薄的现象。

一位德国学者和两位美国学者在合著《四倍跃进》一书中有过这样一段描写：

乡间道路上，两辆汽车静静驶过，一切平安无事，它们对 GDP 的贡献几乎为零。突然其中一辆车驶向另一辆车，连同时到达的第三辆汽车，一起碰撞造成恶性交通事故。“好极了！”GDP 说。因为随之而来的就是救护车、医生、护士，事故鉴定、修理或买新车、法律诉讼、亲友探视，损失赔偿、保险代理、新闻报道、整修道路及路旁树木花草等，所有这些都被看作是正式的职业行为，都是有偿服务。即使任何参与方都没有因此而提高生活水平，甚至有些还蒙受了巨大损失，但我们的“财富”——所谓 GDP 依然在增加。

试想，各地连年高速增长的 GDP 有多少是类似这样“交通事故”给制造出来的？

中国统计局国民经济核算司司长许宪春先生多年前就如是感慨：在注重财富的积累方面，西方国家很值得我们借鉴。他们的GDP增长率不高，但财富积累很快。我到欧洲去，看到那里的百年老屋保存完好，使用自如，并且越老越值钱。反观我们历史文化遗产很多都得不到很好的保护，一些新建的设施，盖前缺少科学规划不注重质量，没用多长，甚至就未用，不顺眼了，过时了，就推掉重盖。我们的情况与西方国家正好相反，GDP增长率很高，但是财富损失得也快，缺乏积累财富的观念。

人世间，现象和本质、数量和效益，有时可能截然相反。你望见山上一片绿色，那是石头上刷上绿漆，荒土上覆盖着绿网所致；你看见山坡上羊群一片，有些羊是群众身披白布所扮；看统计GDP飞速增长，那是卖地，卖资源的钱。看看现在纷纷落马的高官，很多都是当年上司只看现象不究本质，只看数字不察质量，光看速度不察效果，带病提拔的结果。

我国已进入改革的攻坚期，各级主政者，不论对制度的设计，还是政策的确定，或是决策的拍板，都要科学筹划反复思考。不仅要看时下，还要看长远；不仅考虑局部利弊，还要看对全局的影响；不仅看表现出来的现象，还要深究隐藏的实质：第一看各级的形势是否稳定；第二看是否增进人们的团结，改善人们的生活，增加人民的幸福指数；第三看生产力是否能得到持续发展；第四看是否符合科学发展。

（三）瞻前顾后

1. 搞好接力　甘做人梯

【塞上绿洲】　山西省右玉县自新中国成立以来历任的县领导，都是一张蓝图绘到底，持之以恒，久久为功，使右玉县的森林覆盖率从0.3%增至53%，使“不毛之地”变成“塞上绿洲”。半个多世纪的努力，不仅需要右玉百姓朴素的情怀、纯粹的精神，而且更需要历届县级班子任任接力、奋斗不止，甘做人梯的精神。

【红旗渠】　河南林县（今为林州）人民在太行山上开凿的一条盘山渠道全长1500公里，经过1250个山头，穿越134个隧洞，跨过150个渡槽，引来了漳河水灌溉了62万亩农田，使过去十年九旱的穷山沟，变成了欣欣向荣的新农村。这个渠从1960年开始兴建，历经几任主政者，直到1970年建成。如果继任者放弃“接力”，另立名目，另辟“河道”，也是很难完成的。

【不丢接力棒】　张钦礼是焦裕禄任兰考县委书记时的县长，也是焦裕禄同志的好搭档。焦裕禄同志1962年冬由洛阳矿山机械厂调到兰考县任县委书记。当时兰考的情况：全县粮食总产量只有六千万斤，是大跃进前的三分之一；占全县总收入三分之一的芝麻、花生、西瓜等经济作物有的连种子都没有了；树立在大风口上的五十华里长、十道防护林带，近两百万棵树，大炼钢铁时基本砍完，风沙再起，又形成许多新的沙丘群；大批牲畜死亡；大批群众外出逃荒要饭；原有36万人口的县，三年来减少了12万……面对现实，焦裕禄和班子成员深入调查、研究制定了一幅治三害（风沙、盐碱、内涝）的蓝图。焦裕禄带领全县干群按照规划蓝图实施，并取得了初效时，不幸因劳累于1964年5月病逝。张钦礼遵照焦裕禄埋沙丘上的遗愿，和兰考几万干群迎回骨灰。在追悼会上，兰考干部自编自写一副挽联：挥泪继承壮士志，誓将遗愿画宏图。充分体现了全县干群秉承焦裕禄遗愿的决心。安葬了焦裕禄同志后，张钦礼就接过接力棒和全县干群奋力投入落实治三害规划。时间不长，四清就开始了。四清工作组一进兰考，张钦礼首当其冲被停职清算。四清运动还未结束，“文化大革命”就开始了。张钦礼竟然被定为“漏网右派”。工作组又借《县委书记的榜样——焦裕禄》没有写阶级斗争，是株大毒草，因材料是张钦礼提供的，不仅将张钦礼打成政治扒手，还将当年治“三害”的得力助手、重用的人才、提拔的干部、树立的先进干部群众，全都抓捕。张钦礼被游斗100多场，几次打昏，打伤了肋骨，在监狱被折磨得奄奄一息。直到1967年7月20日，周总理得知后，才让人将张钦礼接到北京，送进医院。经过一段治疗，身体稍有好转，张钦礼就回到兰考，被任为兰考县革委会主任。他先从监狱中放出含冤的1200多名干部群众，恢复了4000多名党员的党籍，整修了被破坏的焦裕禄纪念馆，制定了奖励劳动模范和先进工作者的条例。然后又继续实施焦裕禄生前制订的规划，抓革命，促生产。仅两年时间，兰考封住了一部分沙丘，引黄淤灌出五万亩盐碱地为良田，兴建了机械、农修、化肥等一批小型工厂，有力支援了农业。1969年不知为什么，省委又派来一批解放军来到兰考，说兰考以生产压革命，劳动奖励条例是典型的物质刺激，属于资产阶级的东西。不仅撤了张钦礼革委会主任的职务，又批斗他一个多月，批斗完，还把他发配到信阳大别山深山处一个叫灵山寺的古庙里，软禁了540多天……直到1971年9月13日林彪死后，周总理于10月7日再次指示河南省军区把张钦礼和林县领导修红旗渠的县委书记杨贵一起送到北京……

张钦礼这次从北京回来，在省革委会、省农协都挂有职务，还有开封地委书记兼兰考县第一书记等职。张钦礼对所有新封的官衔都很淡然，他只坐守兰考，继续接着焦裕禄的接力棒，带领干群治三害。张钦礼安安静静集中精力率领干群治理三害：6年中引黄淤灌出26万亩沙荒盐碱地为良田；种植了56万亩农桐间作地（区）；建立了60个县、社工厂，填补了兰考历史上没有工业的空白。仅县办的16个工厂年产值达4000多万元，税利760多万元，粮食总产量由1962年的6000万斤增加到3亿2

千多万斤，人均800斤，家家有余粮，是解放后历史上的黄金时代。兰考由老缺粮县，到1976年上缴国家3000万斤粮，100万斤皮棉，80万斤油料。就连当年来兰考视察工作的商业部部长姚依林看到兰考在“文革”的混乱中打出一片新天地也兴奋不已……

张钦礼同志确实把“为人民服务”五个字做得透做得绝，没有他对焦裕禄遗愿的坚定接力，兰考也不会出现历史上的辉煌。

但在现实中，有很多领导新到一地任职，总爱搞“一个艄公一条河”，另搭台子另唱戏。都刻意“新官上任三把火”，不是自己开头的不为，另辟蹊径，另起炉灶。这样一来必然形成在一些地区、部门，政策、规划缺少连续性、稳定性。一个地方的政策规划朝令夕改，发展成了“翻烧饼”甚至“瞎折腾”。忙不迭的古城改造，步履匆匆的城市扩张，交通疾进的态势，动辄都近百亿上千亿，以致形成大型建筑，主要工程，刚完工不久就拆除，刚铺好又开挖……这样不仅对当地经济发展造成损失，还会将原来历任领导辛辛苦苦建成的工程毁于“瞎折腾”之中。

一个地方的建设发展好比接力工程，需要一任一任接着干才能完成。每一任领导，都是漫长接力工程中的一名成员。所以每任新领导到任后一定要冷静思考，既要“瞻前”也要“顾后”，只要前任定下的发展思路、发展规划和政策、措施符合当地民众的长远利益和当地实际情况，继任者就应当萧规曹随，继续抓落实，搞好接力工程。这样既能完成前任的宏愿，又能造福于当地群众。

2. 留有余地　不留遗患

【给鼻子眼睛留余地】　英国当代雕塑家安尼什·卡普尔因为雕塑《坠入地狱》而一举成名。一天，业余雕像爱好者、英国《星期日泰晤士报》记者采访他，请教安尼什·卡普尔成为一个雕塑家的秘诀。

安尼什·卡普尔说："根本没有什么秘诀，我个人的体会是，要成为一名雕像师，只要做到两点就行了：第一是要把鼻子雕大一点；第二是要把眼睛雕小一点。"

记者不解地问："为什么要这样做呢？如果鼻子大眼睛小，那雕出的人岂不是太难看吗？"

安尼什·卡普尔做了解释："鼻子大眼睛小，就有修改的余地啊。你想想看，如果鼻子大了，还可以往小里修改；如果眼睛小了，还可以向外扩张。反之，如果一开始鼻子雕小了，就再也无法加大；如果眼睛一开始雕大了，也就没办法改小。"

其实，仔细想想，安尼什·卡普尔留有余地的智慧，对我们在从政、做人、做事上也是一种很好的启示：为人从政，要为自己和后任留一些回旋的空间。

【鸟兽的"天堂"】 原安徽省副省长、贪官王怀忠想把阜阳建成"国际化大都市"，耗资3.2亿元建成的阜阳机场，结果成了杂草丛生、鸟兽出没的天堂，他搞的一系列政绩工程使阜阳财政负债达20多亿元，至少透支了阜阳未来10年的财力，给当地留下极大的隐患。

我们不能忘记"人有多大胆，地有多高产"的历史教训，也不能盲目鼓励"敢冒"了。对一个地区的发展决策规划，出台前要反复科学论证，既不能因为眼前困难而阻断可持续发展的步骤，更不能寅吃卯粮，杀鸡取卵，留下遗患，使继任者失去可持续发展的连贯动力。

2012年11月至2013年2月，国家审计署对15个省、3个直辖市本级政府性债务情况进行了审计。公告显示：2012年有9个省会城市本级政府负有担保责任债务；省会城市本级、3个直辖区，共计36个地区政府本级2011年债务率最高达

219.57%。有13个省会城市本级政府负有偿还责任的债务率超过100%，最高的达188.95%，如加级政府负有偿还债务的偿债率超过20%，最高的达60.15%。

在一个地方主政，为了发展当地经济，并不是不能举债，但作为一个有良知的主政者，一般尽量举在自己任期内能偿还的有限的债，不要给后任留下债务。尤其要防止一些“官迷”，为了在自己任期内搞出突出政绩，不仅花光前任留下的积累，还举后几任都还不完的债务。如果让这些“敢创、敢干、敢冒”的人，掌握了更大权力，只能给国家、给人民造成更大灾难。这是我们主政者一定要随时清醒把握的原则。

【千年无水患】　北宋熙宁年间（1068～1077年），刘彝（字执中，福州人，后任都水丞）任赣州知府时，发现赣州城常常饱受水患，经深入详细考察后，他规划并修建了赣州城区的街道。他根据街道的布局和城市的地形特点，采取分区排水的原则，建成了两个排水干道系统。因为两条排水干道的走向形似篆体的“福”、“寿”二字，故名福寿沟。福寿沟完全利用城市地形的高差，采用自然流向的办法，使城市的水都自然排入江中。他又根据雨季江水上涨超过出水口，出现江水倒灌入城的情况，利用水力学原理，在出水口处，“造水窗十二，视水消长而后闭之，水患顿息”。至今全长12.6公里的福寿沟仍然承载着赣州近10万旧城居民生活的排水、排污功能。

全国工商联环境商会秘书长骆建华在一个沿海地区经济发达城市调研时，一位市长说：“地下铺了管网，把几百亿埋在地下，老百姓也看不见，我怎么能干这个事儿呢?”这句话立刻被当作雷人雷语，成为网众抨击的焦点。其实，这位市长只不过是把他真实的、老百姓却不爱听的想法说了出来，这不仅反映出他个人官德的缺失，更主要的是反映出我们现时对主政者政绩考核的缺憾。

每个主政者在推动本区经济发展，作规划建工程时，一定要多为后任留些空间，多为后任打些基础，真正做到为官一任，造福一方。

当前，我们国家正在进行一场实现中国特色社会主义强国的接力工程，我们每一个主政者都是接力工程的成员，都要接好前任的接力棒，奋勇向前。我们每一个领导，在职位上既要瞻前，又要顾后，只要前任的规划设计符合人民的利益，就要继续干下去，多添柴多尽力。在任职期间，不仅尽职尽责，为民谋利，还要为后任工作打好基础，留些空间，为当地持续发展，群众幸福多做些铺垫工作。

八鉴　改革创新

改革创新就是要不断解放思想，革除不适宜的旧体制、旧制度，建立科学完善的，朝着富强、民主、文明、和谐的方向发展的新体制、新制度。

（一）与时俱进　兴利除弊

【刻舟求剑】　春秋时期，有位楚国人乘船过江，刚上船不小心将宝剑掉进河里。于是他马上就在船舷上掉剑的地方刻了个记号，说："我的剑是从这里落入水中的。"当船渡到对岸时，他从刻着记号的地方跳下水去，找那把掉在水里的剑，却怎么也找不着。

这则故事寓意很深刻，它告诉人们一个真理：情况在变化，形势在发展，为政者不能固守陈规旧习，拘泥于约定俗成，而应根据形势的发展，不断调整政令法规，以适应新的情况。《幼学琼林》中就说：刻舟求剑，固而不通；胶柱鼓瑟，拘而不化。瑟为古代一种乐器，上有架弦的柱，可以上下游动调音，若以胶粘定其柱，则无法调音。意思就是说这种不知变通的拘泥固执，是无法适应形势发展需要的。

我国历史上改革家很多，像吴起、管仲、桑弘羊、魏徵、王安石等都属于变法强国的奋力开拓者；还有像屈原、荀子、韩非子、贾谊、范仲淹等大批思想家也属于为改革奔走呐喊者；更有像龚自珍、林则徐、郑观、严复、左宗棠、康有为、梁启超等无数有识之士都属于为救亡图存作出贡献者。尤其是孙中山先生采取革命手段，推翻了统治中国长达两千多年的封建帝制，建立了“中华民国”，使革故鼎新的优良传统，摆脱了旧制度的束缚。新中国成立之初，毛泽东同志按照“让人民来监督政府，政府才会不敢松懈，只有人人起来负责，才不会人亡政息”的思路，在国体、政体的设计和确立上都进行了改革。在国家机关工作制度的确立上提出民主集中制，密切联系群众，为人民服务，反对官僚主义等，并都较好地贯彻和实施了社会主义国家人民当家做主的民主原则。但由于后来我们在社会发展模式上，只随苏联，排斥其他，使我们行进越来越艰难。特别是十年动乱，践踏了社会主义民主，使我国经济几乎到了崩溃的边缘……20 世纪 80 年代，邓小平同志顶住搞资本主义的质疑，在农村实行包产到户，废止近乎单一的公有制，实行多种所有制共同发展；以江泽民同志为核心的党的第三代领导集体废止计划经济，实行社会主义市场经济，2002 年加入 WTO 与世界经济接轨；2004 年，以胡锦涛同志为总书记的党中央将保护私有制的重要条文载入宪法，并提出了科学发展观；党的十八大以后，习近平总书记提出以实现中华民族伟大复兴为主要内容的“中国梦”这一重要指导思想和执政理念。

三十多年来，我国劳动生产率提高，国民经济持续快速增长，社会事业加快发展，人民生活有了较大改善。我国改革取得的巨大成就，是举世公认的。但不容忽视的是，随着改革开放的深入，经济飞速发展，政治体制改革滞后，也出现了一些贪污腐败、国资流失、资源浪费、环境污染、分配不公，由此导致的两极分化等问题。针对这些问题的出现，党的十八大将“四个坚持”（社会主义道路、无产阶级专政、共产党的领导、马列主义毛泽东思想）变为“八个坚持”（人民主体地位、解放发展社会生产力、推进改革开放、维护社会公平正义、走共同富裕道路、促进社会和谐、和平发展、党的领导）。第一次鲜明地提出肯定社会主义核心价值观（爱国、敬业、诚信、友善，自由、平等、公正、法治，富强、民主、文明、和谐）。将原来的四个现代化（工业、农业、国防、科学技术）改为新型工业化、信息化、城镇化、农业现代化。把生态文明建设提升到国家建设和社会发展总体布局的高度。将政治体制改革单列一章论述，表明了攻坚克难推进政治体制改革的决心。进一步强调以法治国，不允许任何人以言代法，以权压法，徇私枉法。更加突出强调反腐倡廉，要求做到：干部清正、政府清廉、政治清明……党的十八大以来，改革范围之广、力度之大，前所未有，高压反腐，“老虎”、“苍蝇”一起打的态势有增无减，群众路线教育的开展，党的优良传统正在回归，生活环境变化，贫富、城乡差距缩小，农业连续丰收，经济稳步增长，都得到全国上下普遍称赞。

人类社会如果没有无数的革故鼎新、勇于改革者前赴后继的奋斗，我们人类恐怕还过着茹毛饮血、穴居野外的生活，或已被其他物种及自然灾害所灭绝。世界上不会有永世不变的治世模式，一个国家、一个民族，不及时随着时代、情况变化而改革必然衰败、灭亡。古人说过：当更张而不更张，虽有良工不能善调也；当更化不更化，虽有大贤不能善治也。就是说，应当重新配弦而不重配，即使有名的弹奏家也弹不出好听的音调；该变革而不变革，即使最贤明的政治家也不能把国家治理好。所以说，不断改革、革故鼎新是人类社会前进的永恒主题，必须一代一代接力改下去。“流水不腐，户枢不蠹”，改革发展强盛道，抱残守缺终衰亡。每一个主政者，都应该深悟这个道理。

【制度的力量】　1770年英国政府宣布澳大利亚为它的殖民地，为了开发蛮荒的澳大利亚，就将判刑的罪犯一批批地运送到澳大利亚去开发。运送罪犯由英国私人船主承包。刚开始，英国政府以上船时的罪犯人数支付船主费用。船主为了牟取暴利，尽量多装犯人，每艘船上都是拥挤不堪，船上饮食与卫生条件极差，根本不管犯人的生活，导致罪犯在航行中途死亡率平均达到12%，有的船上424人就死去了158人，单船死亡率高达37%，使英国政府遭受了巨大的经济和人力资源损失。于是英国政府就在每艘船上都配备英国监督官员和一名医生，并对犯人生活标准作了硬性规定。但死亡率不仅没有降下来，就连监督官和医生也不明不白地死在船上。原来一些船主为了贪欲而贿赂官员、医生，官员、医生如果不顺从，就被扔进大海里。接着英国政府又尝试采取教育官员，惩罚船主等措施，情况仍旧没有好转，犯人死亡率依然居高不下。后来，还是一位英国议员提议，以运到澳大利亚上岸人数向船主支付报酬，难题才迎刃而解。犯人死亡率一下降到1%，有些船只一直保持零死亡率。这就是制度的力量。

【分粥的故事】　有7个人住在一起，每天共食一锅粥，因人多粥少，争先恐后，秩序混乱，还互相埋怨，心存芥蒂。于是，他们想办法怎样才能将一锅粥公平地分到7只碗里。他们尝试了几种不同的方法：第一种方法，采取抓阄决定谁主持分粥，很快大家就发现，这个人为自己分的粥最多，于是又抓阄换了一个人，结果总是主持分粥的人碗里的粥最多、最好。第二种方法，大家轮流主持分粥，每人一天，虽然看起来平等了，但是几乎每周下来，他们只有一天是饱的，就是直接分粥的那一天。第三种方法，大家推选一个品德高尚的人分粥，开始还可以，还能公平分，随着人们讨好、贿赂他，“强权就产生了腐败”。时间不长，他开始为自己和溜须拍马的人多分，搞得整个小团体乌烟瘴气。第四种方法，选举一个分粥委员会和一个监督委员会，形成监督和制约机制，公平基本上做到了，可是等互相扯皮分完，粥吃到嘴里全是凉的，大家也很不满意。第五种方法，采取轮流分粥，而分粥的人要等到其他人都挑完后才能取剩下的最后一碗。令人惊奇的是，采取此办法后，七只碗里的粥每次都几乎一样多，即便偶有不均，个人也认了，大家快快乐乐，和和气气，日子越过越好。

只要一个群体，正气不扬，邪气盛行，一定是机制有问题，缺乏一种完全公平、公开、公正的奖惩机制。

就拿惩治腐败来说，历朝历代对官场腐败的治理不能说不认真。自汉朝以来，对贪污受贿的官员，或下狱治死，或在庙堂决杀，或杖打示惩，或流放“远恶军州”。明太祖朱元璋，清代的雍正，对腐败可谓深恶痛绝，鼓励老百姓赴京告发当地赃官，甚至对贪污60两银子的官员要完整地剥下人皮，内中充草放在衙门公座旁，作为继任者的镜鉴。其惩腐手段，不能说不严厉吧。

同样，也不能不承认历朝历代对政治的有序化也煞费苦心。比如：在取材用人方面，先后出现了汉代的察举制、魏晋的九品中正制、隋唐以后的科举制，同时实行婚姻回避、籍贯回避以及年老的退休“致仕”制度。在考核政绩方面，先后出现过汉代的上计制度和隋唐时期“四善二十七最”的考核分类。在官员的监察方面，汉代有御史大夫和州刺史，隋唐有御史台，宋代设谏院，明代设六部言官，清代设都察院。然而这一切努力并没能阻止历代始终存在的弊端：对政治腐败状况的控制和政治腐败状况的失控蔓延，政治组织的有序化过程和有序化的彻底瓦解。认真总结研究，其根源在于封建官僚社会的结构、机制。

我们现在虽说是社会主义初级阶段，但封建社会官场病的遗毒仍在一些领导头脑中存在，并发挥着作用。要根治贪腐，使政治有序化，必须先根除封建遗毒，在国家政治、经济体制上深入改革，使国家政治生活拥有健全完善的法制，在政治制度上拥有高度民主，使国民拥有广泛的参与意识，这样才能根治官场贪腐痼疾，遏制官场的腐化丑行，真正使政治走上有序化的机制。

再如：中央提出科学发展观，是在认真反思多年的市场经济发展过程中自然生态、社会生态失衡以及能源、持续发展方面的危机后，才认识到以往的发展在全面、协调和可持续性方面有所欠缺而总结的。再如，由于政治体制改革不彻底和党政权力过于集中，逐渐形成了既得利益集团。正如郎友兴教授说的：这个集团利益是公权力带来的，并且属不当利益。它虽产生于改革开放，但已经成为阻碍继续改革的力量。因为既得利益集团在利益诱惑下，是不会考虑“全面、协调、可持续”的，无论对待社会资源还是自然资源都会是疯狂的、掠夺式的攫取。在他们心目中“现在就是一切”，“末世”的心态当然使“发展”不能“科学”起来，而“以人为本”更不会被他们考虑。特殊利益集团的利益是与科学发展背道而驰的。科学发展观的落实必然会遭受到特殊利益集团的反对、阻挠。所以要落实科学发展观，就必须要革除特殊利益集团的利益。如果不打破特殊利益集团对利益高度垄断的格局，要想真正兑现“以人为本”，做到“全面、协调、可持续”的发展是根本不可能的。

（二）解放思想　博采众长

【征地与拆迁】　孙中山先生创立的三民主义中有一条民生主义。民生主义中要求平均地权，平均地权中包含两个要点：一是“涨价归公”，二是“照价收买”。

“涨价归公”，就是说你抄一块地，买的时候1000万，现在涨到2000万，你转手卖掉，能挣1000万，那你至少得交给政府800万，然后政府把这800万投入到民生的公共事业中去。也就是土地溢价不能让你一个人独吞，应拿出绝大部分让全民分享。

这样一来，用不着打击炒价，开发商也不会再捂地，投机者也不会再炒房，房价地价也不会像近十年涨得那么快，绝大多数购房者也不会措手不及。“照价收买”，就是你住一套房市值100万，现在政府因搞建设需要拆迁，让你腾，政府就得补给你一套一模一样的房子，如果不补房，那就得补你100多万（房市值加搬家费）。也就是说，政府在拆迁或征用私人产业时，必须公平合理，必须像一个地位对等的买家，必须走市场路线，不能让人民吃亏。这样，用不着做思想工作，用不着动用警力，开发商也用不着雇用黑势力殴打村民，也就不可能涌现那么多钉子户，由此而引发的群体事件也会销声匿迹。

近年来，“暴力拆迁”、“株连式拆迁”，引发的群体矛盾不时发生。这大多都是地方政府与土地拆迁之间的利益关联所致。我们如果借鉴孙中山先生在征地、拆迁中的“涨价归公”和“照价收买”的方法，也就破除了一些地方政府奉行的土地财政策略，消弭了地方政府对土地财政的依赖，促使政府彻底从土地拆迁中退出，也能最大限度地压缩土地开发中的腐败空间，有效减少地方政府利用行政权力压低拆迁补偿价格与违法强拆行为，减少社会矛盾，促进社会和谐。

【莱茵河的治理】　欧洲的莱茵河流经9个国家，沿途好几个国家的饮用水都靠它。莱茵河保护委员会只有12个人，却有条不紊地管理着。莱茵河之所以管理得好，一是各成员国对污染认识都很明确，认为一个流域就是一个大的生态系统，彼此息息相关；二是莱茵河保护委员会是个民间组织，没有制定法律的权力。所以决策会议少，执行会议多。莱茵河保护委员会最高决策机构为各国部长参加的全体会议，每年召开一次，决定由各国分工实施，费用自负。主席轮流当，秘书长是荷兰人。因为荷兰处于下游，对治理污染最有责任心和紧迫感，在河流污染的问题上最有发言权。

原来我看过一个报道，南方某市水务局700余名公务员，在三年时间里，花费5个亿，治理一条短短的河流效果也不好。我们国家很多河流都已经被污染，肯定各地耗费人力和财力也不会少。因为对一些跨省流域河流的保护，难免出现一些“你保护，他污染”的现象。我们主政者也可以借鉴莱茵河治理的模式，也可进行流域立法治理进行统一规划，以避免出现“上游污染，下游埋单”的局面。

【日本城乡差别不大】 日本城市和农村的外观基本上没有区别，房屋和城市一样分别为和式和洋式。所谓和式指的是木制两层的“一户建”；所谓洋式，指的是高层水泥建筑。两种住宅都有电气、上下水。城市和农村从建筑样式到公共设施，从生活习惯到精神面貌都毫无差别。要说差别就是农村土地比城市宽广，农村空气质量好，不像城市那样拥挤。从1973年日本农村人均收入就超过城市，而且一直延续至今。政府对农民实行保护政策，特别是米价政策，日本大米是世界上最昂贵的。在日本提及农民，人们不是鄙夷而是羡慕，因为不仅收入高，生活舒适度也大大高于城市人，农民的平均劳动强度低于城市人，就是出生率也不明显高于城市。所以在日本从未发生过农民涌向城市现象。

在城乡一体化上，我们可否借鉴日本的经验，在粮食补贴上，不要按耕种面积补，因为现在农村，就有很多农户不种粮而领粮补款，而且按面积补，极易造成镇、村虚报冒领。应按交售的粮食数补，再适当补高一些，而市场上人们吃的粮价不长，差价直接由政府补，既能缩小城乡收入差别，又能调动种粮积极性，使我们国民吃饭有保证。收购价低了伤农，市场粮价高了伤民，这样既不伤农，又不伤民，还能有效地缩小城乡、工农之间的差别。农民也就不会一直往城里涌进……

【经济强国的覆灭】 沙皇罗曼诺夫王朝时，对内实行专制农奴制度，镇压异己，剥夺人权，对人民实行残酷的剥削和压迫，使俄国由一个东欧闭塞的小国扩展为世界强国之一，直到它覆灭时为止，留下的仍是世界一流强国。末代沙皇尼古拉二世，面对一浪高过一浪的民主要求，只知道欺骗和镇压，因而激发革命，最终国破家亡。事实上，尼古拉二世不是亡于"决不"改革，而是亡于改革太晚，就在他被孟尔什维克逼迫下准备实行君主立宪制并已宣布退位时，已经失去耐心的布尔什维克半路杀出，结束了他全家性命，也结束了强大的帝国。

"强大"未必"先进"，也就是说国力强大和制度先进还不能完全画等号。正像"四肢发达"并不等于"道德高尚"一样。

古今中外无数事例证明，偏离正义，背离人心的强大，不足以支撑一个非人道的制度，经济实力也不能印证制度的先进。一个国家的发展和强大应建立在和谐与可持续发展的基础上。保证国家长治久安的唯一路径就是，一要保证民生，二要公平正义。中国自古以来"不患寡，而患不均"，所以公平正义尤为重要。一个社会没有公平正义，就没有道德的基础，道德底线就会丧失，每个人都会觉得是受害者、弱者，不满和冲突就会接踵而来，也就没有社会的稳定。所以，保证民生、公正是维护国家和谐的基础。每个从政者，尤其是主政者都应清楚：要构建和谐社会，第一要保证民生，公平合理地享有经济发展成果，克服既得利益集团把持资源分配的倾向。第二要营造具有安全感和希望的社会环境、生态，降低人们的焦虑感。第三要创造公平正义的政治、经济、社会秩序，改变普遍的弱势心态。第四要形成一种平和向上的价值观。眼下最首要的应该是：制约权力，驾驭资本，制止社会溃败，化民怨，惠民生。

【学好不学错】 1958年8月胡华林担任潜山县白水公社书记。当时县里组织6万多劳动力上山大炼钢铁。一天县委书记郭有顺路过白水公社，对胡华林说："在你们这里路边还有那么多板栗树，为啥不砍下炼钢铁？要是省地领导来看到，岂不是认为我们大炼钢铁不力？”而胡华林则说：“这些树刚进入盛果期，每棵一年可收板栗100多斤，砍下烧掉太可惜。”郭书记又说：最近上面发文件说青阳把桌、椅、板凳都用来炼钢铁了，你这板栗树算什么？胡华林毫无顾忌地说：我们要向好的看齐，错误的就不能学……

后来一些公社板栗树几乎砍光，唯有白水公社大片板栗树被保护下来，不少的树至今还在结果。

【排污不排外】 改革开放后，广东沿海地区的群众都收看香港电视台，因此引发了一些人对所谓“精神污染”的大肆讨伐，广东更成了众矢之的。省委省政府迫于压力立即制定措施严禁收看香港电视。由此却引起了广大群众的骂声，外商意见也很大。为此，任仲夷召集宣传文化系统负责人开会，在会议上首次提出了“排污不排外”的观点。后来他对记者说：“我们不排外，排外是不对的，但是我们要排污。实行开放政策，也带来一些新问题。‘近水楼台先得月’但也会先污染。盲目排外是错误的、愚蠢的；自觉排污是必要的、明智的。排污要分清界限，要排真正的污，要作具体分析，要总结经验，吸取教训，统一认识。”

【货比三家】 爸爸带小吕到街上为他买玩具小汽车。到第一家商店，老板要价45元；到第二家商店，同样货店主要40元；第三家只要30元。小吕高兴地对爸爸说：“只要30元，快买吧。”爸爸说：“我们再看看还有更便宜的没有。”又看了几家，在一家商店里只付20元就买到同样的小汽车。回来路上爸爸对小吕说：“买东西要多看几家，才能知道真实价格，不至于上当、吃亏。这就是人们常说的‘货比三家’的道理。”

事不同而理同，在学习别人经验，引进国外技术设备这方面也一定要“货比三家”……认真反思我国，近代屡遭列强侵侮，很重要的一个原因就是不博采众长。新中国刚成立，只听苏联一家之言，使国民经济发展遭到极大制约。还是改革开放后，我们国家才真正走向复兴之路。

尺有所短，寸有所长。任何一个国家、民族都有其成功的地方和失败的方面。“政久皆有弊，弊而不救，祸乱必生”。“治政非只一道，利国不必法古”，我们千万不能“蚂蚁缘槐夸大国，井底之蛙自陶醉”了，一定要解放思想，放开视野，博采众长，向一切有所长的国家民族学习，努力弥补自身不足。学习、引进经验、技术、设备时，一定要多方考证，“货比三家”……我们在改革中行进，在行进中探索，在探索中完善，使我们中华民族早日实现富强、民主、文明、和谐的宏伟目标。

（三）稳妥推进　切忌浮躁

【稳扎稳打】　孔明率领蜀汉军第一次北征时，在汉中举行作战会议。魏延建议孔明采取直线战略，攻打长安。但孔明选择迂回战术，从西路进攻。孔明认为魏延提出的战略风险太大。若是一举攻下长安当然是好。万一马失前蹄，就可能遭到全军覆没、一蹶不振的危机。

孔明这种处于如临深渊、如履薄冰的情势之下，采取稳扎稳打的迂回策略，很值得我们借鉴。

【欲速不达】　宋代王安石所处时期，社会危机相当严重：其一，土地兼并日趋剧烈，农民的反抗“一年多如一年，一伙强似一伙”；其二，冗兵、冗官、冗费的“三冗”弊政难以解决，耗费大量国家资财。仅治平二年（1065年），国家岁入为一亿一千六百一十三万八千四百零五缗。而岁出为一亿二千零三十四万三千一百七十四缗；其三，民族危机依然存在，宋真宗“澶渊之盟”（1004年）和宋仁宗“宋夏和议”（1044年）虽然换得了偷安的态势，但每年要给辽国二十万两白银，三十万匹绢，给西夏七万两白银十五万匹绢，三万斤茶叶等。这些沉重代价实际上都转嫁到人民身上，广大农民“幸而收成，则公私之债交争互夺，谷未离场，帛未下机，已非己有矣”。王安石就是在这种时代背景下实行了全面的改革：农业方面有“青苗法”、“募役法”、“方田均税法”、“农田水利法”等，商业方面有“均输法”、“市场法”等，政治军事方面有“保甲法”、“保马法”、“将兵法”、“军器监”等，文化教育方面有“二舍法”和整顿太学、县学以及创设武学、律学、医学等。

王安石的变法旨在改变当时“积贫积弱”的局势，以理财整军为重点，贯彻“因天下之力，以生天下之财；取天下之财，以供天下之费”的原则，意图达到“富国”、“强兵”之目的。但王安石却两次被罢相，所变之法亦随之而被废。

后人对王安石的评说，或曰“三代以来一人而已”，或曰“古今第一小人”，一褒一贬真是天壤之别！公平而论，王安石的新法有利于发展生产的一面，也有不利于发展生产的一面；有利于农民的一面，也有不利于农民的一面。例如青苗法，既有限制豪强大地主放高利贷残酷剥削农民的作用，但政府在发放时，却要收取农民百分之四十至六十，甚至成倍的利息；募役法要向不服劳役的下户即农民收取不少数量的募役费，富裕户可以应付，而贫民没钱，穷于应付，自然加重了他们的负担；再如市场法与均输法，与商人争利，不利于商品流通；保甲法使农民不安心种田，而去练兵习武……在具体推行中“求治太急”，不够稳重，急躁冒进。尤其是用人不当，用了吕惠卿等一些少德谄媚的“小人”。还是明人章衮在肯定他的同时，指出他有欲速则不达之弊、刚愎自用之弊和任人不当之弊，比较公允得当，足为后人借鉴。

【摸石头过河】 1961年3月，陈云在听取化工部负责人汇报时说：“看来，一件工作的改革，要先进行试验，不能一下就铺开来搞。搞试验要敢想、敢说、敢做，但在具体做时，必须从实际出发，摸石头过河。要把试验和推广分开，推广必须是成熟的东西，未成熟之前不能大干。”1980年12月16日陈云在中央工作会议上谈“经济形势与经验教训”时说：“我们要改革，但是步子要稳。因为我们的改革，问题复杂，不能要求过急。改革固然要靠一定的理论研究、经济统计和经济预测，更重要的还是要从试点着手，随时总结经验，也就是要‘摸石头过河’。开始时步子要小，缓缓而行。这绝不是不要改革，而是要使改革有利于调整，也有利于改革本身的成功。”

“摸石头过河”主要是要求各项工作应从实际出发，力求稳妥，不能操之过急。

改革就好像开辟一条新的航线，没有航标指示，深浅不知，暗礁难料，一定要稳妥推进，切忌浮躁。要多方求证，多听取基层的意见，才可稳妥推行。30年前经济体制改革的成功，就是中央先在“特区”搞试点，然后才推广到全国的。凭主观想象、闭门造车的改革是很难成功的，也是很危险的……

比如：撤并乡村学校的改革，虽然抱着整合资源、发展教育的目的，但实践效果是不成功的。对偏僻的山村来说，有一个学校就像有一个火炉，有一个老师就像有一盏油灯，尽管火炉的温度不高，油灯的光线不强，却能引导山乡人民在传承中华文明道德上走过了几千年。村有小学，孩子上学在家食宿，放学后还可以帮助家里做些力所能及的家务。学校一撤，孩子上学远了，学校用车接送，校车事故频发。家长无奈之下，就只得在学校所在地租房，专门为孩子做饭照顾生活，服务一人，这样长期下去必然对孩子的勤劳俭朴、自立自强的品德有影响，也给家庭增加了负担。这项改革，不知征求过意见没有，起码没有听取基层贫困乡村群众的意见。退一步说，要推行这种改革，提早应向下级打招呼，也不会造成下面有些村多方筹资，借贷下的钱刚把旧校舍拆除，或新的校舍刚盖成就撤走了学生，细想一下在全国要造成多大的人力、财力浪费？

原来，我看过一个报道，1999 年我国高校是 1071 所，到 2010 年全国就增加到 2358 所，在高校合并中至少有 100 所高校被合并。这样净增高校应在 1400 多所，也就是说，在 11 年中我国平均三天就有一所新的高校诞生。这样“大跃进”式增加的高校，在办学理念、师资设备、教育责任、社会效益上到底怎样？难怪社会上有人说大学办成了“职业培训所”，而且成了腐败的重灾区。

再说，让全国孩子从小都学英语，值得吗？这和我们 20 世纪五六十年代学俄语有啥区别？孩子学英语，大多都是白学。现在学英语，大部分都是为了拿到敲门砖。因为考学校、进学位、评职称，都得用英语敲门，门一敲开，砖就扔了。学而不用，就成了华而不实的“屠龙术”。想过没有，在中国社会这样的环境、氛围中要达到英语四级，需要耗费孩子多少时间、多少精力？人的精力是有限的，孩子们为了拿到敲门砖——英语，从小把大量的精力用于学而不用或少用的英语，势必使他们在学习国语上就少用精力，这样大多数中国孩子，学了英语，不熟悉中文。现实中大多孩子不要说中华优秀文化警句，就是日常用语的汉字写错、写白的也不少，就更不用说对中国传统文化的继承了。更让人担心的是，这样是否会让孩子从小有种崇洋媚外的心理？

梁漱溟先生曾将现代中国教育定义为不中不西，所谓不中，就是完全丢掉了中国教育以人格培育为基础的传统，所谓不西就是只借鉴了西方学校的形式，而没有学到它的创造力。现在学校教育只知一味地灌输知识，完全无视青少年时期更为迫切的身心健康问题。学生的身心荒芜衰弱，只会使聪明的人变成无头苍蝇，使有能力的人可能成为社会发展的障碍。

"大学之道，在明德，在亲民，在于至善。""师者，传道、授业、解惑也。"而现实中，在评价教育发展时，只看升学率，在以升学率论英雄的浮躁虚荣要求下，很多基层教育部门、学校、老师大多都放弃了"明德"、"传道"首位职责，只管学生的成绩而不管学生的教养、做人。这不能不让人为孩子、国家的未来担心。

再如，在医疗体制上的改革。本属社会公益事业的医疗体系，不按社会公益事业对待，不仅在制度上剥离或部分剥离了政府对公立医院的财政负担，也在观念层面潜移默化地给医疗领域的人员注入了"经济理念"的思维。将医院逼上企业经营，使医务工作者像一个个背负创收任务的企业员工，随之"以药养医"的模式也就应运而生。"公益性"和"非营利性"特征弱化，逐利动机日益突出。几千年流传的医患关系开始解体、变异、僵化，医患纠纷、冲突、暴力恶性事件，也随之不断攀升。

回顾改革开放以来中国产业扩张的路径。从煤炭到钢铁，从家电到汽车，从建材到房产……凡是被当作支柱的产业，都经历过这样的过程：产能急剧扩张—市场迅速饱和—产能严重过剩—行业发生危机。

深刻反思一下，我国如果没有2008年4万亿的强力推进经济逆周期发展，就不可能导致现在如此严重的产能过剩。也就是说，如果当时地方政府手里没有大量财政资金任性使用，政府干预经济的能量必将大大削弱，而市场在资源配置中的决定性作用，就能够发挥出来。时下，在交通密集开工时，要谨防"一房独撑"的经济格局，导致了房地产绑架中国经济的教训，再在"交通猛增"的经济现象中出现！

目前，我国正在进行有史以来规模最大，速度最快的城市化进程。城区盲目扩大，高楼林立而起，鼓励农民进城。要农民进城不难，但农民进城后如何谋生，其生活来源如何解决……

任何事物的发生、发展都有它的规律和极限。城市并非越大越好，推动城市化也不是越快越好，片面追求速度，忽视根本问题的思考，很可能后患无穷。在改革和发展时，对“大道”多一些敬畏，在大自然面前，将“人”字写得越小越好……

我们的改革已进入攻坚期，我们各级主政者，在所辖地域改革，一定要稳妥推进。既要大胆设想，更要小心求证。先在试点中验证，再在大面上推广，尽可能把改革风险降到最低限度。就是在推广时，也要注意把改革力度与人民群众可承受的程度结合起来，加强思想工作，完善各项配套措施，既要有壮士冲关斩将的勇气，又要有少女绣花的细心，在探索中总结，在总结中完善，在完善中推进。

（四）善于总结

【耻辱戒指】 美国一所大学的一名毕业生在设计一座桥梁时，由于计算不精确，设计不当，使完工后的桥梁倒塌，给甲方造成巨大损失，也使学校蒙受巨大耻辱，学校为了让学生们吸取这次教训，便花重金买下倒塌桥梁的钢铁，制成一个个戒指，名为“耻辱戒指”。从此，每当学校学生毕业时，每个学生都会得到这样一枚戒指，戴在手上，成为警示他们一丝不苟，努力工作的动力。

【不再读书】 一个酒鬼，一天在看书。他看到书上说酗酒的种种危害时，也沉思了片刻，之后，就决定以后不再看书了。

这不是总结，这是执迷不悟！

大至一个群体，小到一个人，善于认真总结经验教训的，都是为了能真正从挫折失败中吸取经验教训，使过去的病案不再重现，使后来者多一些自警，避免重蹈覆辙。

美国的历史教科书中，越是他们丢脸的事写得越细，比如歧视黑人、大萧条、虐待华工、麦卡锡主义。你读半天也难找到说他们“伟大成就”。美国把家丑扬给下代是为了警示后人，不再犯同样错误。

以史为鉴可知兴替，以人为鉴可明得失。要观察和解决好中国的现实问题，不仅要了解中国的今天，还要熟知中国的历史。比如：我国历史上就有“经商的不准入仕，做官的不准经商”的禁令。20 世纪 80 年代，弃历史经验不顾，号召机关干部经商办企业，使官商走到一起。后来又经价格双轨制、国企拍卖、房地产开发……使贪官与奸商的结合越来越密切，直至沆瀣一气，权钱交易，规则缺失，贪腐四起，都应值得我们深思……我们每个从政者，尤其是各级主政者，只有不断重温伟大祖国的兴替史、悲惨史、斗争史和共难史，从中认真总结经验，真正接受教训，才能使自己做一个无愧于中华民族、无愧于前辈、无愧于时代的从政人。否则，只会唐突现实，苍白未来，弱智后人。可怕的是，历史悲剧轮回重现。

就拿近年来的“招商引资”来说，一些地方的做法实际上是大炼钢铁的翻版。当年上级追问的是建了多少高炉，炼了多少钢铁；报上今天登某地火箭升空，明天报道某地卫星上天。加之刚经受过反右派的精神压力，逼得下边有条件要上，没有条件也要上……全国以钢为纲全面丢光，工农商学齐上山大炼钢铁。结果钢铁没炼成，反将丰产的农业放弃而未丰收，以致造成三年困难。而现在是，上级领导追问的是招了多少商引了多少资；新闻不时传出某地招商成功，某地引资完成；加之层层加码下任务，在实行末位淘汰的重压下，突破底线的招商引资理念，被异化的“政策红利”所造成的企业监管缺位纷纷出现。跑步“钱进”要项目，只要能招来商，怎么都行，于是勾肩搭背，“亲商”、“宠商”、“媚商”的丑态百出，“投资者是上帝”、“谁侵犯投资者，谁就是人民的罪人”等千奇百怪的口号纷纷出笼……不少市县再将上边的招商引资任务分配到各部、委、局、办，就形成了全民招商引资。政府似乎成了个总公司，县、市长似乎成了总经理，不仅影响政府的职能，给政府其他部门工作也造成损失，还必然促长跑项目、要资金中的腐败之风。因为上面给谁都行，只能看谁给的甜头大就给谁了。尤其在“饥不择食”的情况下，一些地方不顾当地实际，污染的、高耗能的、淘汰的，“乱引胡招”，给当地带来的遗患，势必要后人以百倍千万倍的代价偿还……

再如一哄而上的房产猛增、市场扩建、园区上马、道路突进，乃至复古、塑神、建庙和“大跃进”时期多么相似。现在的假大空虚和当年“人有多大胆，地有多高产”还不是如出一辙?

《荀子·成相》中说：“不知戒，后必有。”即：不以前事为鉴戒，以后还会重蹈覆辙。唐代史学家刘知几也强调“良史以直录直书为贵”，提倡“不掩恶，不虚美”，主张“爱而知其丑，憎而知其善”。清代史学家章学诚主张“当慎辨于天人之际，尽其天而不益以人”。对待历史，只有按历史的本来面貌记述历史，而不以人的主观愿望对历史肆意增减和妄加褒贬，写出的历史才是“信史”。只有这样的历史才会使人聪明，也只有这样的历史才可为鉴。

新中国成立已经60多年了，“文革”也过去30多年了。对这段历史的反思只是在十一届六中全会上作了一个《关于建国以来党的若干历史问题的决议》，这个决议是以邓小平、叶剑英、陈云、胡耀邦为代表的老一辈革命家以极大的勇气和远见领导下形成的历史文件。文件系统分析了党在32年执政历程中的得失，彻底否定了“文化大革命”，全面评价了毛泽东同志的功过是非，这对当时解放思想、打破个人崇拜起了不可估量的作用；同时，决议把毛泽东同志晚年所犯的错误和毛泽东思想科学内涵区分开来，对争论严重的问题采取“搁置再议”的做法，使党由革命党转型为执政党，领导开辟前所未有的新局面，起到了不容低估的历史作用。但应当看到，限于当时的历史环境条件，也只能“宜粗不宜细”，先使党走上活路。现在回想，我们党没有在苏东演变中受到太大影响，主要归功于邓小平和当时的老一代革命家在演变之前实行了大胆的改革开放。

也是由于“宜粗不宜细”，当时没有对20世纪50年代中期以后“左”的错误认真总结，尤其对“文革”内乱时期的错误思维没有彻底纠正，以致形成我们现在一些主政者，仍在工作中将“左”的做法当作党的优良传统在强调推行。“唯上不唯下”、“唯书不唯实”的风气越来越盛，甚至不顾法律政策，唯直接上司是从……

直视伤口，永远比将伤口捂至发炎、腐烂要强得多。陆定一晚年反思：对历史问题的处理和政策上宜粗不宜细，但对历史教训的分析和总结上则应“宜细不宜粗”。

对历史可以不“计”前嫌，但不能不“记”前嫌。如果对一些错误理论不清理，对一些错误思维、做法不认真反思，何谈进步？遗忘与回避都是对未来事业的最大背叛。我们应该认真反思总结我们的历史，正视前人的缺陷与错误，使我们过去的惨痛教训，今后永远不再重现。中外历史证实，哪个民族不总结过去的灾难，掩饰过去的灾难，那过去的灾难将会以更猛烈、更巨大的阵势，在前面等着这个民族。所以我们必须要勇敢、虔诚地总结我们的历史，对历史进行真诚的忏悔与反思。

总结、反思历史，一定要实事求是，不要陷入历史虚无主义中。历史虚无主义，就是否定过去。历史虚无主义在很多情况下是一种政治性行为。反思我国历史，几乎每一个新朝代都否定前一个朝代的历史。把前一个朝代、皇帝说得一无是处，而把自己主政期说得一片光明，他们都是通过这种宣传，蒙蔽民众，让民众归顺。另外一种情况是在社会大变革时期，受到变革的压力而产生的对历史史实的过激否定。比如：欧洲启蒙运动对基督教的否定，中国五四新文化运动对儒学传统文化的否定等，都带有矫枉过正的色彩。基督教和儒学的思想体系都十分庞大，其中有些思想是对封建主义的维护，但更多的是涉及人们日常伦理行为。如：慈爱、仁善、宽容、诚信、勤奋、博学等做人原则，都是具有崇高价值观的。对这些进行否定，可能会达到一时推动变革的效果，但从长远来看，必然产生很多负面效应……

古今中外，任何一个主政者上台时主观上都想表演成功，名留青史。但因为种种原因，他留给后人的功过是非差异很大。而且历史也不是一个人造成的，都是由一个领导集体形成的。所以，对历史事件、人物要科学、公正地评价，誉人不增其美，毁人不益其恶，既要承认个人责任，也要考虑当时的历史背景。不能简单地以现实的政策和做法去衡量历史，也不能以现在的认识水平去苛求前辈。前辈的探索，不论成功与不成功，都为我们后人留下极其宝贵的财富……总结历史经验教训，是为了以史为鉴，防止重蹈覆辙。不是为了埋怨哪个人，也不是煽动仇恨，更不是要将谁钉在耻辱柱上。总结是自我治疗，避免重犯过去的错误，使我们在体制上、制度上更加完善，在意识、舆论上的提法更加严谨、更加人性化，从而构建更科学的价值共识和情感共同体，恢复人类最基本的道德感通能力。所以对历史的总结，一定要坚持实践是检验真理的唯一标准去鉴别。对的就坚持，错的就改正，只有这样，才是对历史先烈、前辈最公正的安慰，对后人也是一种警示教育，尤其是使现时主政者多一份清醒和自警。只有这样，才能使国家民族少一份磨难，多一份希望。也只有这样，才能走出几千年中国封建社会兴亡更替的怪圈。

（五）无私无畏

【通过实践检验】 1977年12月2日胡耀邦同志在中央党校党委审议党史和党建教研室拟出的教学方案会议上针对总结十年“文革”经验时，明确指出：“这十几年的历史，不要根据哪个文件，哪个同志讲话”；要“通过实践检验来分析”。什么文件，主要是红头文件，谁的讲话，首先是最高领袖人物的讲话。总结这十几年的历史，这些都不能作为依据。

在当时，说这样的话，要有多么大的勇气！也正因为胡耀邦同志无私无畏，以非凡的胆略冲破“两个凡是”的束缚，组织和推动了关于真理标准的讨论，组织和领导了平反冤假错案，落实了干部政策，使千百万蒙受冤屈的干部、知识分子和人民群众得到平反昭雪，开创了人心舒畅，人才辈出的新局面，为改革开放的伟业铺平了道路。

【包产到户的“契约”】 1978年安徽凤阳小岗村农民冒着坐牢的风险秘密签署了一个承包地的协议，开创了家庭联产承包责任制的先河。不久《人民日报》发表了一封来信，批评他们的做法动摇了“三级所有队为基础”的体制。好在当时安徽省委书记万里顶住了压力，保护了村民。后来万里又获得了邓小平同志的支持，才使得联产承包责任制很快推向全国，开启了改革开放的先河。

历史上的商鞅，本是卫国的贵族，他不贪恋贵族特权生活，到秦国变法。清朝光绪皇帝在戊戌变法中果敢彻底，当大学士孙家鼎向他提醒：“若开议院，民有权而君无权”时，他坦然回答：吾欲救中国，若能救国，朕虽无权何碍？回顾历史上有很多改革家，本身都是高官贵族，但他们提出的改革措施，都不维护高官贵族利益，而是为了国家富强、民族振兴、人民幸福。

也正因为有无数个无私无畏的改革家，我们中华民族，才随着历史的步伐不断发展，不断进步。

中国改革已进入攻坚阶段和深水区，容易的、皆大欢喜的改革已经完成了，也就是说现在摆在面前的不论是深层的制度、体制改革，根除腐败产生原因，还是转变政府职能，“改市场”，实行政企、政资、政事、政社分开，或是“民生补课”、“新医改”、“生态补课”，都是剩下的难啃的硬骨头了。为了完成历史使命，我们每一个有良知的从政者，尤其是各级主政者，一定要紧跟中央部署，既要有“壮士断腕”的精神，又要有“咬定青山不放松，任尔东西南北风”的气概，这样，我们就一定能取得改革的成功！

九鉴　自强不息

当前，我们国家正进入全面深化改革的攻坚阶段，来自各方的阻力，积累的复杂的社会矛盾，社会公德的下滑，都给改革带来不利的因素。但只要我们每一个有志深化改革、振兴中华的从政者、主政者都能遵照中央统一部署，攻坚克难，自强不息，就一定能取得全面深化改革的成功。要做到自强不息，就必须苦学躬行永不懈怠，修身养性永不停止，优良作风永远保持，竭力奉献永不停息。

（一）苦学躬行　永不懈怠

1. 惜时刻苦，认真读书

【读书使他目光远】　从早年创业至今，李嘉诚一直保持着勤读习惯：一是睡觉之前，一定要看书，非专业书，他会抓重点看，如果和公司的专业有关的，就算再难看，也要把它看完；二是每晚，一定要看一二十分钟的英文电视，不仅看，还要跟着说，因为他“怕落伍”。他是个危机感很强的人，他每天90%时间都在考虑未来发展。他总是时刻想到公司逆境，不停地给自己提问，并从书中、媒体中找答案，想出解决的方式。2008年金融危机爆发时，就因为他早有了预见，做好了准备，所以在那次金融危机中，他的集团不但安然无恙，而且还从中获得了扩张的机会。

【勤学事业成】　李瑞环同志小时家里贫寒，只断断续续读过六年书。他从小就喜欢看书，买不起就借亲戚、邻居的书。

一年临近春节，母亲叫十几岁的李瑞环担两捆茬子去城里卖了。然后再用卖茬子的钱买几根油条回来做饺子馅，过年包饺子吃。李瑞环在城里卖了茬子后，看到一位老人卖的一套书很喜欢，他就用卖茬子的钱买了书。回到家，母亲问油条，他说没买，买成书了。母亲非常生气，说过年没油条，怎么包饺子。就拿起笤帚打他，他光着脚就往外跑。母亲心疼地把他找回来哭着对他说，你喜欢读书是好事，可咱家哪有钱给你买书呀？

他一生为学习付出的艰辛，是常人难以想象的。他工作后，为了学习又不打搅别人休息，晚上就到街上路灯下看书，夏天好办，冬天太冷，他就穿上大棉袄，大头鞋，戴上口罩。

正由于他勤奋好学，他才从普通工人成长为国家领导人。而且他主政时的讲话、文章大多都是自己思考亲自动手写的。

以上故事的主人公，一个经商，一个从政，他们之所以成功，就是他们自觉刻苦读书，打下成就自己事业的基础所致。

美国著名教育家卡尔·罗杰斯曾经说过："谁也不能教会谁任何东西。知识是没有谁能教会你的，要真正掌握知识，将知识变成自己的财富，只能靠自己。就是教师的作用、书的作用，只能是将你领到丰盛的餐桌旁，告诉你这个菜如何吃，吃了如何有营养，但吃不吃，吃多少最终还在自己。"

古人云："非志无以成学，非学无以广才。"即没有远大志向，就不可能学有所成，不学习就无法使自己的才干广博。"不学习，则不明大道"。即不学习就不懂得历史发展规律。

【书山有路勤为径】　东晋大诗人陶渊明退归田园以后，乡邻有许多少年向他求教读书妙法。他严肃地说："学习是无妙法的，也无捷径可走。常言道'书山有路勤为径'，勤学则进，辍学则退。"少年听了似懂非懂，不甚明白，陶渊明就拉上他们到稻田旁，指着一株一尺高的稻禾说："你看它是不是在长高呢？"少年蹲下身子直盯到眼睛发酸，也不见稻苗长，就说："不见长啊！”陶渊明说：“不见长，那春天插下的小苗怎么能长尺把高呢？”少年摇头不知。陶渊明便耐心地启发说：“这禾苗每时每刻都在长，只是我们肉眼看不到。读书学习也是同样道理，知识增长也是一点一滴积累起来的，就连自己也察觉不到。但只要持之以恒，勤学不已，就会由知道少到知道多，这就是‘勤学如春起之苗，不见其增，日有所长’的道理。”陶渊明接着又指着溪边一块大磨石问：“你再看这块磨石，为什么中间出现像马鞍一样的凹面呢？”少年随口答是磨刀时磨损的。陶渊明又问：“那你可曾看见，它是哪一天被磨损成这样的？”少年想了一下说：“不曾见过。”陶渊明又因势利导地说：“这是农夫天天在它上面磨刀、磨镰、磨器具。日复一日，年复一年地磨损的，不是一天之功。从这磨刀石可以悟出另一个学习的道理来，这就是‘辍学如磨刀之石，不见其损，日有所亏。’学习一旦间断停止，所学知识就会在不知不觉中慢慢忘掉！”听完这席话，少年恍然大悟，明白了“勤学则进，辍学则退”的道理。

【笨鸟先飞】　清代有名的考证学家阎若璩，小时口吃，不但说话不清楚，头脑也迟钝。在学校别的孩子一篇文章读几遍就能背下来，他读上百遍还背不下来。但他就是下功夫多，不把文章读熟弄懂，决不罢休。就这样日复一日，年复一年，他在学业上有了明显的长进。一个冬天晚上已经后半夜了，阎若璩还在思索书中一个疑难问题，炭火盆早就灭了，窗外狂风呼啸，室内寒气逼人，但他还是毫无睡意，坐在桌前专心致志地琢磨着。突然他心中一亮，疑难问题想通了，他高兴地立即拿笔记录下来。从此，阎若璩好像找到思索问题的途径，再遇到什么疑难问题都不怕了。一个个难题就像捅窗户纸一样，一捅就破，他也再不觉自己脑子笨了。他想这大概就是“勤能补拙”的道理吧！

书籍是人类进步的阶梯，勤奋是人生成功的真谛。高度文化知识是高度社会文明的保证。但在现实中，社会价值取向的功利化，使很多人日渐远离书本。根据中国新闻出版研究院第十次全国国民阅读调查，2012 年，我国 18 ~ 70 岁公民人均纸质图书阅读量是 4.39 本，电子书阅读量为 2.35 本。而联合国教科文组织调查显示以色列人均阅读量为 64 本，居世界之首；欧美人均阅读量约为 16 本，北欧国家为 24 本。就是从直观上看，现在出门不论在候机室、候车室、公园里，见到看书人很少，尤其是大多年轻人都在玩手机、打游戏。就是我们一些从政者，大多上班后都是一杯茶，聊聊天，一张报纸看半天。还有些主政者则忙于迎来送往，伴游陪宴，真正惜时苦读书的很少。

一个人的精神发展史就是他的阅读史。一个民族的精神境界，很大程度上取决于全民族的阅读水平。书能给人以知识，也能促进人思考。一个勤于思考的民族，才不会丢失理性和创新精神。因此可以说，阅读习惯根植的深浅决定一个国家的未来。如今低至堪忧的国民阅读率，确实需要我们各级主政者认真对待。

“读书可以让人保持思想活力，让人得到智慧启发，让人滋养浩然之气。”人之气质本由天生，实难改变，唯读书则可变化气质。西方哲人培根讲过：“读史使人明智，读诗使人灵秀，数学使人周密，哲学使人精邃，伦理使人庄重，逻辑修辞使人善辩。”余秋雨先生也说过：“阅读的最大理由是摆脱平庸。”

书是一个好东西，读是一个好习惯，读与书加在一起，便是一笔无形的财富。当好的书被好的人看到，甚至就能改变他的一生。

胡锦涛同志谈到读书活动的指导思想时说：“对正在长知识、长身体，世界观和人生观还未形成的青少年来说，并非任何书籍都是‘开卷有益’，对青少年说‘读书无禁区’是不适宜的。我们要坚决反对和抵制各种诲淫诲盗、黄色手抄本和西方资产阶级的精神垃圾对青少年的污染。”

读书重要，读什么书更重要。读书，就要多读些经典书。现在是知识爆炸的时代，书很多，网上流行的东西也很多，信息也多了。但很多都是快餐文化、流行文化，就和流行服装一样，过了一阵就烟消云散了。而经典是圣贤的治学治世之道，是人类文化智慧的结晶。就是用权威的知识告诉人们文化的根本是什么，做人的基本道理是什么，人格理想是什么，对社会应承担的责任是什么以及如何进行人格的修炼。

夜来香在白天也是香的，只不过白天人们的心态浮躁难以体会到。同理，人若以一种浮躁的心情去读书，也体会不到书中美好的东西。读经典书要有耐性。读经典不会像读小说那样半睡半醒都可以，也不会像玩电脑游戏那样快乐轻松。读经典要静下心来，深刻领悟，要忍耐刚开始的枯燥无味。一旦读进去就有所领悟，就到你慢慢能接受的境界。到了接受的境界，就慢慢“乐学”，把学当成一种享受。也只有到这一步，你才会感到人类的智慧、思维的高度，才能感受到伟大思想体系和经典的精神力量，才能有文化的底气和人生的基本功。

“学者非必为仕，而仕者必如学”（《荀子·大略》），即：学习的人不一定都能做官，而做官的人必须要努力学习。

习近平同志不仅自己爱读书，也常提倡领导干部要爱读书、读好书、善读书。他指出：书籍是人类知识的载体，是人类智慧的结晶，是人类进步的阶梯，各级领导干部要深刻认识现代领导活动与读书学习的密切关系，深刻认识领导干部的读书学习水平在很大程度上决定着工作水平和领导水平，真正把读书学习当成一种生活态度，一种工作责任，自觉做到爱读书、读好书、善读书，积极推动学习型干部、学习型社会建设。

我国正处于深化改革的攻坚时期，面对利弊交织，阴晴相间的关键发展时期。我们每一个从政者，尤其是主政者，要真正把读书当成一种生活态度，一种工作责任，一种时代担当，一种精神追求，一种境界需要，使一切有益的知识，一切廉洁的文化入脑入心，沉淀到我们的血液里，融汇到我们的从政行为中。都应以做人要知足，做事要知不足，做学问要不知足的良好心态，珍惜时间，刻苦读书，用人类智慧武装自己，充实自己。不仅能促进自己事业理想实现，而且还能影响带动下属、群众学风，从而为祖国的富强、民主、文明、和谐打下坚实基础。

2. 思问躬行，提增智能

【朱熹谈读书】 朱熹，南宋徽州婺源（江西）人。他认为要想读书必须遵循以下原则和方法：

一、立志成圣贤。他说："立志不定，如何读书？"学习圣贤，就要"言忠信"、"行笃敬"，在道德情操和学问躬行上下功夫。圣贤的天赋禀性与常人本来没有什么差别，只要立定志向，刻苦读书，躬行践履，严格要求自己，都能成为圣贤。

二、循序渐进。他说："学问如灯塔，逐一层登将去，上面一层，虽不问人，亦自见得。""读书之法，谓始初一书费十分功夫，后一书费八九分，后则六七分，又后则四五分矣！"只要不怕困难，先以熟读，继以精思，就能循序渐进，心有所得，从而进入"自在"的境界。

三、格物致知。格物就是用心于事物，以求明白事物之理；致知，就是不断追求新知，从而识透事物的全理。也就是说，只有刻苦坚持不懈地学习和思考，才能由"知"而获得"真知"。

四、知行并重。他认为知的目的在于行，行是为了求得真知，二者彼此联系且互为补充。就像一个人的眼睛和脚一样，"如目无足不行，足无目不见"。他说："知之愈明，则行之愈笃；行之愈笃，则知之益明，二者皆不可偏废。"他还说："论先后，知为先；论轻重，行为重。"可见，学习是为了应用。

【好学与“实学”】　魏源，清朝湖南邵阳人，是我国近代启蒙主义思想家，是个勤奋多才，博大精深的学者。

魏源自幼勤奋好学多思，求学精益求精，在学风上继承了“经世致用”的传统，大力提倡“实学”。他抨击汉学家逃避现实，把毕生精力用在故纸堆里，“锢天下聪明智慧使尽出于无用之一途”。批评宋学家只谈心性，崇尚空疏，更是一群“上不足制国家”，“下不足苏民困”的无用之徒。他极力呼吁读书人要正视社会现象，关心国家疾苦，学问必得施予政事。提出：“贯经求、政事、文章于一的实学”主张。他认为，历史是不断前进的，学习古代文化要有正确的态度和方法。“君子学古之道，犹食笋而去其箨也”，即学古应有所选择，要取其对现实有用的。他还从“实学”出发，主张放眼世界，学习西方各国的先进事物和先进的科学技术。

魏源的实学，与历史上“经世致用”的治学主张是紧密相关的。他这种勤奋好学“实学”精神，值得我们从政者借鉴。尤其是青年干部，不仅要刻苦广读，更要用书本知识指导自己实践，躬行践履，来提高自己的综合智能。

行者无疆，读者无惘，人生最重要的两件事莫过于“读万卷书”“行万里路”。读书让行路有了目标，行路使你亲自体验，探索人生中的林林总总。书香为伴，天涯不远，只要常读常新知行统一，你的人生目标一定能如期实现。

【知行出奇书】　明代地理学家徐霞客，从小刻苦读书，特别喜欢涉猎历史、地理一类书籍。他发现过去的地理书对中原地区叙述得详细清楚，对边远地区的山川河流大都沿袭前人的说法，甚至把一些不相关的事情也附会进去。这些不符实际的说法竟一代一代传承，成了固定不变的说法。长江原来说是发源于四川甘肃交界的岷山，比黄河短，可水量却比黄河大。他对此就有怀疑，为此他很早就有走遍祖国山河实地考察的志愿。

只是因老母在堂，不忍远游。母亲看出他的心愿就勉励他：“男儿志在四方，你放心去吧。”并让他每到一地都作详细记录、绘图，回来给她看。临行前，母亲特地为他做了一顶“远游冠”，为他壮行。就这样徐霞客从22岁开始，几乎用毕生精力从事实地考察。为了得到真实资料，他将生死置之度外，登险峰、攀绝崖、涉湍流、探洞穴。历尽千辛万苦，经常遭遇狼虫虎豹袭击，不时囊空粮绝，数度遭歹徒抢劫，险些被杀，都未能使他却步。他白天奔波跋涉，晚上在灯下、篝火旁写画。历时三十年走遍大半个中国，行程数万里，写出了世界闻名的科学巨著《徐霞客游记》，不仅纠正了过去地理书上记载的错误，又补充了过去地理书上没有记载的地理现象。被世人誉为“千古奇书”。

纵观古今中外历史，不论驰骋疆场的英雄，治国理民的贤臣，或是致力于科学的伟人，还是笔耕文化的学者，精于技艺的名人，都是广读博采，苦练躬行的自强不息者。世界上，绝不会有不学无术，懒于践行的人能成就事业的，也不会有闭关锁国，孤陋寡闻的国家、民族能屹立于世界强大民族之林的。

社会现实中，有许多高文凭的人，“牛刀在手，却连鸡都不敢杀”，更别说能带好一班人了。而有一些文凭不高的人，在工作中却如鱼得水，游刃有余，能担大任。所以，每一个从政者，一定要明白文凭≠智能。实践出真知，躬行增才干。就拿打核桃来说，凡见过打核桃的人要考怎样打核桃，笔答都可能得满分。但要真正将核桃皮打破又不砸烂核桃仁，把皮剥去能留下一个整核桃仁的人恐怕不是很多。要将核桃皮打掉，剩一个整的核桃仁，就得你反复实践打才能做到。

所以，我们每一个从政者，不仅要刻苦学习，更要善于实践，要学会联系实际、联系工作、联系生活、联系常遇到和熟知的事例，深刻体悟书中的内容，提升自己的实际工作能力。

千万不可无目标地死读书，读死书，钻进牛角尖，甚至误入歧途……

（二）修身养性　永不停止

1. 贵而不骄，宁静致远

【两只桶】　车子上有两只桶，一只盛满着酒，另一只空无所有。前者一路上沉静地没有发出一点儿声音；后者跳跳蹦蹦，闹得一路上回声震耳，焦急的路人老远就听到吵闹的声音，诚惶诚恐地躲在一边。然而，不管后者怎样的哗众取宠，像前者那样的价值，它却没有。

同样，夸夸其谈把自己的事业讲给大家听的人，他的价值一定是毫不足道的。切实苦干的人往往不是高谈阔论者，即使他们惊天动地的事业显示了他的伟大，他仍是默不做声的。

【丑贵美贱】　杨子到宋国旅行，晚上住在一家旅店里。店主有两个小老婆，一个长得漂亮，另一个长得丑陋。可是，那位长得丑的却很受店主宠爱，那位漂亮的反而受到轻贱冷落。

杨子感到奇怪，就悄悄打听这是什么原因。店主说："那个漂亮的自认为漂亮得了不得，我看着就不漂亮了；丑的自认为丑，因而十分谦虚温存，我看着也就不丑了。"

杨子听了，回头对他的学生说："你们记住，品德高尚而不以高贵者自居，这样的人到哪里都会受到人们的欢迎。"

这则寓言使我想起了俄国大作家托尔斯泰关于"分子分母"的一段话。托尔斯泰说：一个人的实际才能像分子，而他对自己才能的估价像分母。分母越大，分数值也就越小。这则寓言中的丑女所以被人尊重，美人所以被人瞧不起，不就是因为同样的道理吗？

【骄傲必败】　越王勾践灭吴国后，魏文侯问他的谋臣李悝吴国灭亡的原因，李悝说："数战数胜。"魏文侯不解，又问：

“数战数胜，国之福也，何以亡?”李悝说：“数战则民疲，数胜则主骄，以骄主御疲民，未有不亡者也。”

言简意赅，很有些辩证思想。有了成绩、取得了胜利便骄傲，一骄傲，就可能把成绩和胜利当包袱背在身上，于是就轻敌麻痹起来。西楚霸王项羽屡战屡胜，最终却来了个霸王别姬，乌江自刎，就是最好例证。我党历史上大的挫折也都是吃了骄傲的亏。所以，小至一个人，大至一个党、一个国家，都千万骄傲不得。“山不厌高，海不厌深，周公吐哺，天下归心。”记住曹操《短歌行》中这四句话，身体力行，对我们防止和克服骄傲情绪，大有裨益。

【该低头时就低头】 乔治·华盛顿年轻时去拜访一位老前辈。那时他年轻气盛，走路总是挺胸昂首，在进门时头狠狠地撞在门框上，疼得他龇牙咧嘴。刚好被老前辈看到，笑着说：“痛吧，这可能将是你今天来的最大收获。要记住：一个人想平安无事地活在世上，该低头时就低头。”华盛顿从此牢牢记住这句话，把它列为生活准则之一，也从中受益匪浅。后来他为美国的独立作出巨大贡献被国人称为国父。

做人不可没骨气，但千万不能有傲气。做事一定要耐住性子，俯下身子，沉得下心思。看得惯，想得开；拿得起，放得下；低得头，听得骂。

骄傲是一种低级趣味，是盲目性的体现，凡骄傲者，都不了解客观的复杂性，不明白世事人情的褒贬善恶，也缺乏实事求是和自知之明，于是就骄傲起来。

我们每一个从政者，一定要以史、以人为鉴，当你得到群众拥护，组织信任，甚至提拔，要明白：一个人的能力再大比起集体，比起群众，只不过是沧海一粟；离开群众，任何英雄都将一事无成。职位越高，越要谦逊待人，越要“宁静致远”，也只有这样才能事业有成，人生圆满。

2. 富而不奢，淡泊明志

【兼善天下】　范质北宋初被宋太祖任为宰相。有些阿谀之徒给他馈赠钱物，他一概加以拒绝。他生活十分俭朴，把自己的俸禄和朝廷的赏赐，大多都资助了贫困无助的老人和儿童。一次他病了，太祖探望他时，看到他家的生活用品十分破旧，就派人给他送去雕饰精致的床榻、鸭绒填充的锦被，名窑烧制的茶具、酒器等，范质却一概不用。太祖不解，范质就对他说："我身为宰相，理应在廉俭上作表率，我若用起优质家具、器具，别人就会仿效，大家在享受上争相攀比，就会败坏朝廷风气，带坏民风。"太祖赵匡胤听后感叹不已。

范质身居要职，关爱弱势，享受厚禄，节俭不奢，特别是他能把自己平时的言行与朝廷风气好坏，对民风的影响联系一起，这种超越"独善其身"而臻于"兼善天下"的境界，是真正廉德在更高层次的升华。

【保持俭朴好】　宋代，张文节任宰相时，住的房子、衣食都和一般官员一样。有人不理解，张文节说："以我现在的俸禄，穿王侯衣服，吃美味佳肴，不成问题。可人的性情一般都是由俭朴转向奢侈容易接受，由奢侈转为俭朴就很难适应。我现在的俸禄，怎么会永远保有？一旦失去厚禄，家人习惯了奢侈生活，绝不会适应俭朴，到那时必然会出问题。既然这样，哪如一直就保持俭朴习惯？这样，即使我离开人世，我的家人也还能愉快地生活下去。"人们听完解释，都佩服他的深谋远虑。

【奢侈就弹劾】　清朝曾国藩一天到了池州，池州太守准备酒席十分丰盛。曾国藩告诫他："应当以崇尚俭朴来相勉，我愿只吃蔬菜。"太守听了连连称是，第二天酒席全是素菜。曾国藩当时十分高兴。后来听说这桌素菜比原来的酒席要贵三倍。曾国藩便以太守奢侈弹劾了他的官职。

看着前人，想想自己。现实生活中，上司到下边，也有奢侈的招待，就不要说弹劾下级，有几个能真诚地谢绝、告诫、劝阻？

【节俭的周总理】 周恩来总理自新中国成立后一直居住和工作在中南海西花厅。这座老式房光线昏暗，地面潮湿，梁柱蛀蚀，油漆剥落，门窗缝隙也很大，大风一刮，桌面就有一层灰尘，成年累月，在这环境中办公的总理得了膝关节疼痛病。办公厅要为他修房子，他多次拒绝。1959年秘书趁周恩来、邓颖超不在北京，对房子进行了保护性维修，并更换了部分陈设。周总理回来后，批评不说，还暂住外边，直到将淘汰的陈设又搬回来后，才回到西花厅。他语重心长地对办公室主任童小鹏和行政秘书何谦说："我身为总理，带一个好头，影响一大片，带一个坏头，也会影响一大片。我必须严格要求自己，你们花那么多钱，把我的房子搞得那么好，我心中不安。我的办公房子修了，副总理、部长们的房子修不修？群众怎么看？一旦大家都学着修起房子来，在群众中会造成什么影响？这些你们都想过吗？"

周总理平时的饭菜简单清淡，主食一般要吃三分之一粗粮，每餐大都一荤一素，吃剩的饭菜，要留到下一顿吃，从不浪费一粒米、一片菜。周总理穿的是补了又补的衣服，修了又修的皮鞋，织了又织的袜子，用的是掉了很多瓷的浴缸，睡衣还是他1950年访苏时做的，缝缝补补伴随他26个春秋。敬爱的周总理，不论是仪表风度，还是言谈举止，或者是道德情操都堪称中华第一人。他的人品之所以有如此大的魅力，就在于他始终谦虚谨慎，平易近人。

【富有更俭朴（二则）】 世界首富比尔·盖茨，没有私人司机，公务出行不坐头等舱，衣着也不讲名牌档次。胡锦涛作为国家主席首次访美时，盖茨设宴请胡锦涛时，也只上了三道菜。

香港金利来集团主席曾宪梓，在商海搏击40余年，没进过歌舞厅、夜总会，一顿饭花费都仅在10元左右……

《管子·形势解》中说：贵而不骄，富而不奢，行理而不惰，故能常守富贵，久有天下而不失之。也就是说：地位高贵而不骄傲，家境富裕而不奢华，做事遵循正理而不松懈，所以能与富贵长厮守，长久地拥有天下而不丧失。

改革开放以来，我国的经济有很大发展，人民生活水平也有很大提高。但随着经济的发展，奢靡之风也渐渐刮起。我们国家每年公款招待费用几千亿元，每年公车消费几千亿元，一些主政者每顿招待饭价值一头牛，屁股下面坐着价值一座楼，还不尽意。每年公款出国游山玩水几千亿元，就连海外华人也深感惊奇和反感。一些权力部门的办公楼由普通向豪华，由室内向室外越来越气派，越来越辉煌，一些地方无视中央三令五申，在庆典、剪彩、奠基等方面规模越来越大，奢侈之风越来越凶……官风影响民风，上行下效，在平民中，奢侈之风也日盛一日……

古人云：节俭是所有德行中共有的；奢侈是所有邪恶中最大的。节俭则少嗜欲，人一少嗜欲，就不会为外财所役使支配，否则就会贪图富贵、贪污受贿，不走正道，招致祸患。一个人、一个群体、一个国家，无论怎么富有，都不能丢弃节俭美德，尤其一个主政者，一旦丢弃节俭，追求奢侈，不仅毁掉自己，还会造成资源、财物浪费，带坏民风，给群体、国家造成灾难。

奢侈，虽无利齿，但可以吃掉你的理想；虽无双足，但可以勾引你走向歧途；虽无烟味，但可熏黑你的灵魂；虽不是砒霜，但可毒害你的情操、意志、人格。叶楚华先生说过：奢侈品，就是始终把人维持在乞丐状态，却给他做皇帝的错觉。所以每一个从政者一定要以史、以人为鉴，任何时候都要始终保持俭朴作风，富而不奢。常将有日思无日，莫待无时想有时。节俭办事，富而不奢，不仅是个人道德修养，也是一种文明生活方式，一种人生智慧，更是从政做人的一种社会责任。

3. 困而不卑，进取不止

【任延不奉诏】 东汉时期，任延被朝廷任命为武威太守时，光武帝刘秀亲自召见，勉励他："好好侍奉上司，不要失掉名誉。"任延认为这句话不在理，就对皇上说："忠臣不私，私臣不忠，奉公守法，行为端正，乃是臣子所应守的节操。如果下级一味奉承上司，讨好谄媚上司，虽然表面看来，上下融合，但这并不是陛下的福气，好好侍奉上司，臣不敢奉诏。"刘秀听后说："卿说得对。"

任延刚入仕途，就不唯上，不奉承上司的自尊自信精神，实在令人佩服。

【王义方自爱自重】 唐魏徵对待御史王义方很尊重，想把妻侄女嫁给他，但王义方却婉言谢绝了。魏徵死后，王义方又同意了这门亲事，有人不理解问他为什么，他说："宰相在时，我要应允会有高攀之嫌，现在宰相已去世，无此顾虑，我才同意，这也是报答宰相。"

王义方为了避"高攀之嫌"，宰相在世不允婚的自爱自重的做法，确实让人敬佩；宰相谢世后为了报答宰相知遇之恩，又应婚的做法，也使人们对他的行为感到敬仰。

人生成就事业的平台，必须由三个支点支撑：自身基础、人生机遇、贵人相扶。自身条件再好，无机遇或遇不到伯乐赏识，也难成大事。但对一个自信自强的人来说，他知道"饱暖非天降，赖尔筋与力"。他不会依赖别人，也不会在父母荫庇下、靠亲友扶携、投机取巧侥幸一时。

所以正人君子宁在风霜雪雨中生活，也不愿做缸中鱼、笼中鸟去依附于人。人格应高于一切，与人格相比，地位、金钱、荣誉，都是微不足道的。一个人若连人格都不讲了，即使有再高的地位，再多的钱财，也没有人能看得起他。一个自尊自信的人，一定是一个困而不卑的人，绝不会做出有损自己人格尊严的事，无论权势、利益如何引诱，他都不会去奉承谄媚于人。

“不戚戚于贫贱，不汲汲于富贵。”坦然面对人生，努力修炼自己，以平常心面对生活，以宽容心面对世事，以慈悲心面对众生，只要守住自己的精神家园，保持自己的个性特点和尊严，做好自己的事情，就是人生最幸福的事。

九层之台，起于累土；千里之行，始于足下。自尊必须建立在不断充实自己的基础之上，自信须立足于现实的科学分析之中，自立必须从卑微扎实做起。

【一瓶一钵行千里】　在四川一个寺院里，有两个和尚，一个贫穷，一个富裕。一天穷和尚对富和尚说要去南海朝拜观世音菩萨，富和尚问：“你凭什么去?”穷和尚说：“我只要有一个水瓶，一个饭钵就足够了。”富和尚说：“我多年来也一直想租条船沿江而下去南海，可一直都没做到，等以后有了条件我再去。”第二年穷和尚从南海回来，把去南海的事告诉了富和尚，富和尚深感惭愧。

富和尚多年想租船去南海的理想，就因等有条件租了船而未实现。

穷和尚就凭一个水瓶、一个饭钵，一步一步行走而实现了去南海的愿望。

这就好比，现实是此岸，理想是彼岸，中间隔着汹涌波涛，你老想去彼岸而不付诸行动的话，那你就永远实现不了理想。现在有很多年轻干部，志大才疏，老想怎样怎样，但面对现实却不愿付出一步一步地扎实努力，结果一事无成，还怨天尤人。积土成山，积水成渊；不积跬步无以至千里；不积小流无以成江海，人生在世，要想成功，必须从零开始，勤奋、刻苦，进取不止，一步一个脚印方能实现。

【职小恪守不懈怠】　林肯年轻时在一个叫纽萨拉姆的小镇

邮政局工作。整个邮政局就他一个人，工资少得可怜，活又苦还不少，他却十分认真地履行着自己的职责。由于邮政局实在太小，营业量不足以支付各种费用，上级邮政局决定将它关闭。通知下达后，他将账目整理得清清楚楚，最后共结余3美元5美分。但上级邮政局一直没派人来结账，他就一直保管着3美元5美分，即使在最困难的时候也没动用过。尽管他已找到新的工作，但在一年多的时间里，他仍然坚持将办公室小木屋打扫得干干净净，直到上级邮政局的一位官员来了，他郑重地将3美元5美分和账本交给上级官员之后，才如释重负地笑了。

在现实中，有许多人做事情缺乏一种正常心态，有的是只想大的，而不愿从小事认真做起；有的是开始做时还认真敬业，取得了一定成绩就趾高气扬，不可一世；有的不论干什么事，都是三分钟热度，所以他们的结局都不会好。“慎终如始，则无败事”，一个人在工作中永远保持初始时敬业、旺盛的工作状态，是很不容易的，关键是要常常自省自励，自强不息。所以，职位不在大小，而在能否恪守。人才终究不会被埋没，问题的关键是你究竟是不是人才。努力做好身边小事，从卑微处做起，才能做好真正的大事。

【另辟新径亦辉煌】 安徒生（1805~1875年）出生于一个贫寒家庭，父亲是一个鞋匠，母亲给别人洗衣服。14岁时，他看了舞剧团演出，就去拜访女舞蹈家，想学舞蹈而被拒绝。后来他又去找一个剧团经理，想当一名演员又碰壁，只好去学木匠，干了一段，师傅见他体弱力薄就把他解雇了。他又去拜访一个音乐教授学唱歌，在唱歌期间因他没钱买衣服，经常感冒嗓子嘶哑，便又失去学唱歌机会。他又去上中学学写作，校长瞧不起他这穷小子。虽然四处碰壁，安徒生没有退缩，他从自己凄凉童年生活中联想到，应让全世界的孩子们都得到欢乐与幸福，就立志要用童话这种文学形式去陶冶孩子的心灵。他一生写了60多篇童话，他的童话想象丰富、故事生动、语言朴素，不仅讽刺了统治阶级的专横愚昧和富有者的贪婪无耻，而且对人民苦难深表同情，对劳苦大众的诚信、勤俭、勇敢给予了高度赞扬。随着广大人民的喜爱，他也成了世界著名的童话作家。

事实上，很多人一生从事的，都不是自己当初最喜爱的工作，而成功人士之所以成功的根本，就在于他有一种积极的心态和社会责任感，使他在做不喜欢做的工作岗位上，能在其位，谋其政，敬其业，成其事。

周文王被拘禁而写成《周易》、孔子游列国四处碰壁遭到困厄而写下《春秋》；屈原遭中伤被楚怀王放逐写出了不朽的诗篇《离骚》；鲁国的左丘明双目失明著有《国语》；战国的兵法家孙膑，因庞涓所嫉而被截取膝盖骨，专门研究兵法，成为历史上著名的兵法家；司马迁遭受宫刑完成历史巨著《史记》……人生难免遇到困境，但在困境中努力发挥自己的潜力和才华，就能使自己走出困境或成为一个有成就的人。

中国历代的诗人、文学家，大多都是在失意之后写出了震古烁今的杰作。像韩愈、苏轼、李清照等，莫不皆然。从来很少有状元宰相成为大文学家的。所以我们一定深悟“祸兮福之所倚，福兮祸之所伏，孰知其极，其无正”的道理。

我国传统道德也很强调困而不卑，进取不停。但由于我国几千年的封建专制统治，其一，一些正直忠义的自强者惨遭迫害，使国民的自强奋发精神受到一定的阻碍。其二，我国历史上一直是以农业经济为主，使人们对自然条件有很强的依赖性，很容易养成因循守旧，不图进取，安于现状的心理。其三，历史上各家学派在主张道德修养上提出“无争”、“无欲”、“安贫”、“乐道”、“知足常乐”等思想。这些思想在重视人们道德修养，轻视物质生活，创造融洽人际关系、和谐社会环境上起了积极作用，但引申到推动社会进步，促进人类文明发展上则在一定程度上阻滞了人们自强不息的精神。其四，特别从20世纪50年代后期到十年“文革”……使我们中华民族的自强奋发精神遭到一定的扼杀。

历史教训是沉痛的，不要远说我们近代落后挨打，就是现在科技发展上应用科学多，高新科学少，在理论方面，考据的多创新的少……

历史的教训也是宝贵的，它使我们明白了：“强必治，不强必乱”、“强必荣，不强必辱”、“强必富，不强必贫”的道理，找到了“发展就是硬道理”的真理。

人不一定能使自己伟大，但一定要使自己崇高。不论是英年辉煌，还是大器晚成，都应时刻保持贵而不骄，富而不奢，困境中不自卑，心中有责，心中有戒，自强不息，不负时代。

4. 虚心纳谏，严于律己

【扁鹊治病】 一次，扁鹊去见蔡桓公。看了一会儿，扁鹊说：“您有病，目前只在皮肤表层，如不及时治疗，恐怕要加深。”桓公说：“我没病。”扁鹊便告退出去，当时桓公还不满地说：“当医生的就喜欢给没病的人治病，以显示自己的功劳。”

过了一段，扁鹊又去见桓公，观察了一会儿说：“您的病已发展到皮肤和肌肉之间了，不治疗恐怕要加深。”桓公听了，连话都不答。扁鹊走后桓公很不高兴。

又过了一段，扁鹊第三次见到桓公，看到他的神色，说：“您的病已深入到肠胃，再不治就要恶化了。”桓公仍然不理他。扁鹊走后桓公更不高兴。

再过了一段，扁鹊一见蔡桓公，扭头就走。桓公感到奇怪，特地派人去问他。扁鹊说：“病在皮肤里，用汤药洗和热敷，药力是可以达到的；病在肉里，扎针的效力是可以达到的；病在肠胃里，火煎汤药的力量是可以达到的；病在骨髓里，性命已被死神掌握，医生就毫无办法了。现在桓公的病已经侵入到骨髓，我已无能力给他治疗了。”

又隔了五天，桓公便感到浑身疼痛，急忙派人去寻找扁鹊，扁鹊已经到秦国去了。桓公也就这样病死了。

这则寓言就是“讳疾忌医”的来历。事物的发展，往往有一个从量变到质变的过程，问题的暴露也有一个从隐蔽到明显的过程，因此，如果自己缺乏有关的知识，又不愿意听行家的劝告，是要误大事的。蔡桓公讳疾忌医，不就由小病变大病，大病变为不治之症，白白地丢了性命吗？

【纳谏正己】　金王朝著名的君主金世宗，在位期间不仅能广开言路，容言纳谏，而且还经常鼓励臣僚针砭时弊，匡正自己的过失。他在 28 年主政中，克己勤政，优抚臣民，政绩斐然，被人们誉为“小尧舜”。

据《金史》所载，他纳谏正己主要做法是：

一、近直臣。他认为，帝王“自居深宫”，不能“悉知外事”，若想耳聪目明，明辨事理，必须在身边大胆使用直言敢谏之臣。他常以古代君王信用谗谄乱政亡国为鉴，谕臣下要“为人正直”，切禁“浮辞谄谀”。他总是把刚直忠厚者置于朝中要职。一次他对想进京就任的肇州防御使蒲察通诚恳地说：“你虽很有才能，但为人机警多变。我身边只需要忠直敢言的直臣，所以你只能到外地做官。”

二、喜诤言。他经常勉励臣下要学习古人舍身直谏的精神。他说：“朕治天下，方与卿等共之，事有不可，备当面陈，以辅朕之不逮，慎勿阿顺取容。”也就是说：我和大家一起治理天下，办事如有不妥之处，你们有责任当面给我指出，以便纠正失误，千万不要阿谀逢迎。大定二年（1162 年）八月他诏谕“百司官吏，凡上书言事或为有司所抑，许进表以闻，朕将亲览，以观人才优劣。”把上书言事作为选贤擢良的重要标准。朝中一些敢于直谏的臣僚则经常得到金世宗的抚慰、奖励、擢升。

三、明己过。金世宗在位时，为政豁然大度，谦恭理达，有自知之明。难能可贵的是他敢于向臣下承认自己的过失，要求臣僚监督。他常说："凡人言辞，一得一失，贤者不免。"即使自己的成命也不是"不可复更"。"朕旨虽出，宜审而行，有未便者，即奏改之。"大定十六年（1176年）十二月，他再度下诏："凡以奏断之事有未当，卿等勿谓已行，不为奏闻改正。朕以万机之繁，岂无一失，卿等但言之，朕当更政，必无吝也。"他不仅要求臣下对已决断的成命提意见，还期望臣僚不要以为成命已经施行，就放弃监督。并一再表示自己日理万机，怎会没有失误，只要你们提出来，我一定改正。

金世宗晚年，一再告诉臣下：我年纪大了，恐怕一时喜怒，处理事情有所不妥，你们决不可曲从，一定要及时指出，使我的错误得到纠正。

金世宗近直臣、喜诤言、明己过的作风，要求臣下监督和匡正自己的过失，确实不愧为一代明君，很值得我们时下从政者借鉴、学习。天下没有纯白的狐狸，却有纯白的狐裘，这是从许多狐狸的皮上取来做成的。大凡要成就事业，带领好一个群体，都应集思广益，善于吸收众人之长，这也是治理一个区域乃至国家的最重要法宝。

世界上，只有两种人没有错误，一种就是没有出生的人，另一种就是已经离世的人。从政者也是世间人，在工作中不可能没有缺点和失误。所以每个从政者、主政者，一定要广纳谏言、诤言，不以人废言，尤其要虚心听取基层意见，严于律己。只有这样才能"见危于无形，视祸于未萌"，使自己及时修正过错。

【周总理自警】 敬爱的周总理在一次送外宾时，外宾刚刚登上飞机，就下起了瓢泼大雨，周总理依然站立在雨中向登机的贵宾招手致意，执着地履行着主人送客人的礼仪。这时一个警卫员找来雨伞为总理撑起，被总理拒绝，一个礼宾官员见雨不停再次为他撑起伞，并恳求说：“总理，你就挡挡雨吧。”周总理转过头说：“你不看几千名群众都在雨中淋吗？我怎么忍心自己打伞呢？”

周总理从不收礼物，一次家乡淮安县委托人给周总理捎了些莲子、藕粉和几件小工艺品，因不便退回，总理收下后，当即让办公室写了封批评信，并邮去了100元和一份中共中央不准请客送礼的文件。1962年春，周总理在杭州开会结束时，有关部门找到总理的随行人员，让他们回去时给总理带两筐新鲜蔬菜，随行人员坚决不允，临上飞机时地方同志还是硬将蔬菜送上飞机，随行人员无奈只好付了款，将蔬菜带回北京。回到北京周总理知道后，严肃批评说：“以后决不允许这样，这样会造成不好的影响。你们想想，我要不当总理，能有这个优越条件吗？能享受这个特权吗？你们在我身边工作就要懂得，办任何事都要跟我联系起来，都要和政治影响联系起来，都要把我和人民联系起来。”

【三个“不随便”】　李德生将军在大动乱的“文革”中，从一名军长跃升入中共中央领导核心层，有人问他与林彪、江青两个反革命集团都打过交道，怎么没有陷进去时，他说他给自己定了三个“不随便”以自律。即：“除了参加正式会议，不随便到处走动；除了发的文件，不随便打听消息；除了按原则办事，不随便说话、批东西。”正是他有了这三个“不随便”，才顶住了形形色色的拉拢与利诱，与林彪、江青两个反革命集团才没有任何牵连。

俗话说：新官上任“三把火”。每一个新赴任的从政者，都想施展才华，造福一方。但要想真正造福一方，必须要广纳谏言，严于律己。否则，不等造福一方，本人就可能落马。所以新赴任的从政者，首先要多迈腿，多深入基层，深入群众，广听基层意见，完善自己的工作思路、方法、技能，使自己所想、所干、所做与群众一致。其次，少伸手，勿捞勿占，不腐不贪，严于律己，做一个群众拥护的廉洁清正地方官。最后要勤洗头，防止头脑发热，做一个清醒、勤俭、务实的清官。

我在基层多年，看到有些同志新到任还可以，时间一长就放松了“自律”。就像刚买下新车时，还小心谨慎驾驶，车一旧就乱停乱放，敢闯敢超，也不勤擦洗了。回顾落马的高官，大多都是在基层、中层作出过政绩的。所以，心中有戒，广纳谏言，始终保持严于律己对从政者很重要。

当一个好的领导，要有自律能力，就是要能管住自己的嘴，不该吃的不吃；管住自己的手，不该拿的不拿；管住自己的腿，不该去的不去。把人民的幸福提升看得重点，把自己的功名利禄看得淡一点，实干精神强一点，不断加强官德的修养，不断提升自己的道德情操。

（三）优良作风　永远保持

1. 保持谦虚谨慎作风

【“无字碑”的故事】　唐代的武则天是个很能干的女皇帝。她当过“才人”、做过“尼姑”，后被立为“昭仪、皇后”，直至废除唐中宗李显而称帝，立国号为“周”。她当权时，推行改革政策，打击士族势力，发展科举制，选拔人才，发展农业等，顺应历史潮流，使社会政治经济获得巨大发展……武则天驾崩前夕，群臣在为她撰写碑文上产生了分歧。武则天得知后当即下令：我死后陵前立碑勿撰写、镌刻碑文，功过让后人评说。这就是今天陕西乾陵武则天墓前的一座“无字碑”的由来。

作为一个封建统治者能做到“功过任凭后人评说”，很值得我们现在每一个主政者学习、借鉴。

【陈云先找缺点】 1979年初，国务院讨论当年的国民经济计划，遇到许多难题，邓小平同主持财经工作的李先念商量，建议成立国务院财政经济委员会，请陈云出任主任，主持全国财经工作。李先念一向钦佩陈云，很赞同邓小平的意见，并且主动说，他给陈云当助手，任副主任。对于被任命为国务院财政经济委员会主任一职，1979年3月，陈云在中央政治局会议上说了这样一段话："要我当国务院财政经济委员会主任，是有问题的。一是体力上完全不行；二是经验还很有限。解放初期的经济规模比现在小多了。现在这么大的规模，这么复杂的情况，应付不了。另外，不要把我说得这么好，我也有很多反面教训。三门峡工程是我经手的，它就不能说是成功的，而是一次失败的教训。我要有自知之明，要我做工作，我只能做我认为最必要的工作，只能量力而行。"

【人生没有满分】 哈佛大学劳拉·威尔博教授，他以崭新的教育理念，超前的思维模式，享誉国际教育界。经他培养的学生，有1000多人次获得了世界诺贝尔奖和各种殊荣，3000多人成了社会各界名流精英。然而在他50多年的执教中，每次考试他从未给过自己的学生100满分。

在老教授退休的欢送会上，一位记者对此提出了疑问。老教授听了笑着说："在世界上，你即使是圣人，也不可能完美无缺，那我的学生怎么会考满分？所以每次考试我都要找个理由扣掉一分，要是给他100分，他就会认为走到顶头了，那他还会继续追求吗?"老教授的话音刚落地，台下就响起了雷鸣般的掌声。

人生没有满分，就像他背着一个永远未装满的筐子，因为没装满才会不停地为自己采摘，果实才会越来越多。人，正因为一直不断地追求，才会有更多的希望飘满前面的枝头……

【盛世易出三种歪风】 清朝重臣孙嘉淦向乾隆皇帝递交过

一份奏折《三习一弊疏》，揭示了在盛世明主时期，容易发生的三种不良社会风气以及在选才用人上的偏误。

一是“出一言而盈廷称圣，发一令而四海讴歌”。长此以往，皇帝听惯了歌功颂德之声，必然“喜谀而恶直”，不爱听真话、实话、直话。

二是“上愈智而下愈愚，上愈能而下愈畏”。皇帝自以为是，唯我独尊，下面的人就会唯唯诺诺，温良驯服。习惯了这种情况，皇帝必然“喜柔而恶刚”。

三是当政通人和，国运昌隆时，皇帝就会“高己而卑人”，把一切功劳都归于自己的英明。不尊重人才，人才见之多而以为无奇也。不体谅下层官员的艰辛，认为底下的人做事都是很容易的。下面只敢报喜，不敢报忧，故意粉饰太平，久而久之，皇帝必然“喜从而恶违”。

一旦“喜谀而恶直、喜柔而恶刚、喜从而恶违”这三种不良风气形成后，必然造成一种流弊，喜小人厌君子。要是皇帝向小人倾斜，国家便会面临危险。

纵观古今中外，凡失败灭亡者，都是骄傲不逊、自以为是、轻视一切。骄傲不逊必简慢士人，简慢士人就容易耳目闭塞。自以为是，必然专横独断。专横独断，就容易出现错误决策。轻视一切，必不存戒备，不存戒备就容易招致祸患。

人类知识，浩如烟海。尤其是当今世界，各种新知识、新信息不断涌现，新的科学技术不断产生，你就再聪明绝顶，想穷尽所有知识，只能是可笑的幻想。况且社会在发展，人类在进步，宇宙间的一切事物都在不停地运动、变化，不论你怎样博学强记，也难以完全适应瞬息万变的环境。在知识问题上来不得半点虚伪和骄傲，需要的倒是诚实与谦虚的态度。“知之为知之，不知为不知，是知也”。所以，从政的同志，应该清楚两个问题：一、任何一个人的才智能力，不会随着职务的提升而提升。职务提升是诸多因素和机遇凑成，并不是你就比别人优秀、能力强。而随着职务的升迁，更应感到自己知识、能力不足而谦虚好学，广听意见，千万不可有“领导高明论”而沾沾自喜，甚至狂妄自大，目空一切。二、要正确理解矛盾的普遍性和特殊性关系。任何事物在不同时间、地点，都会表现出不同的特征，即使是同一事物也会在同时间、同地点表现出不同特征，所以，新到一地决不可凭老经验，想当然地去处理问题，乱下结论。而应深入了解，听取民意，虚心请教，吃透情况，再动手解决。

革命老人吴玉章是位博学多才的教育家，就在他 81 岁高龄时，还在自己的办公桌上写下这样的座右铭：我志大才疏，心雄手拙。好学问而学问无专长，喜语文而语文不成熟。无枚皋之敏捷，有司马之淹迟。是皆虚心不足，钻研不深之过。年已八一，寡过未能。东隅已逝，桑榆非晚。必须痛改前非，力图挽救，戒骄戒躁，勿怠勿荒。

吴老这个“座右铭”也应成为我们每一个从政者的“座右铭”牢记心中。深深感悟韩愈在《师说》中说的“惑而不从师，其为惑也，终不解也”的深刻道理。

中华传统文化素来鄙视傲慢，崇尚谦逊谨慎。历史上，凡是成绩斐然，为人类社会作出重大贡献的科学家，那些功力深厚，饮誉世界的艺术大师，很少有人因为自己具有足够资本而狂妄一下，他们倒是非常自知而又非常谦逊的。所以，我们每一个从政者不论职务有多高，权力有多大，都应牢记“谦虚使人进步，骄傲使人落后”这个颠扑不破的真理。尤其是担任领导的主政者，心中要有民，谦逊对待人民群众。因为“从政治上讲，人民是国家的主人；从情感上讲，人民是我们的衣食父母。面对主人，当好仆人；面对衣食父母，当好孝子。对人民孝顺服务是我们从政者应坚持的政治伦理之纲”。

古人云："天道忌巧"，"天道忌盈"，"天道忌贰"。所以要想事业有成，首先，要沿着正道、大道一步一步地走，不走邪道，不能有投机取巧之心。要"以天下之至拙，应天下之至巧；以天下之至诚，应天下之至伪"，"大智若愚，大巧若拙"。一分辛苦一分收获，投机取巧抄小道走捷径是不行的。其次，人们都喜欢谦虚的人，你只有谦逊待下，尊贤重才，平易近人，人们才会真诚地协助你，辅佐你，追随你。最后，要专注地走，要有恒心，不可朝三暮四，用心不专。

尤其在基层从政的同志，面对权贵、富豪和被炒红了的名人，不要仰视。面对贫困、卑微、弱势的人也不要俯视。平视是从政需要，平视是自我需要，只有平视，才能不亢不卑，保持一种健康与平衡的心理。平视也是世界需要，只有国与国平等看待，才能创造和谐幸福的世界环境。

2. 保持艰苦奋斗作风

【瑞士富而不奢】 瑞士是世界上的富裕国家，前几年已达年人均收入3万多美元，名列欧洲前茅，可是在他们的国家里，人们从来不大手大脚，素以节俭闻名于世。瑞士的汽车普及率很高，平均两个多人一辆车，按理说买豪华车不成问题，然而瑞士大多是普通型汽车及一些叫不出名的甲壳虫车。瑞士是手工表王国，所产的劳力士、梅花、英纳格、雷达和欧米茄等品牌手表名扬全球，可瑞士人使用的大都是普通手表，有的年轻人甚至戴着连穷国的人们早就不愿戴的塑料电子表。在瑞士，百万、亿万的富翁只有银行和税务局知道，没有人为显示有钱而抖富摆阔。拥有亿万家资的，也可能是身着普通服装在超市里挑买价廉物美的商品。精打细算，节俭光荣在瑞士也成为一条国民遵守的规范，餐馆不允许顾客浪费，吃多少买多少，对于浪费者，处以罚款。一些初来乍到的外国人常常因吃不完所购食物被罚得十分尴尬。瑞士一些大公司举办高层国际学术交流会，购买往返机票挑最便宜的航班；选择租金低廉、交通方便能代办午餐的旅馆作为会址；一日三餐都是固定的，要想多吃或另选佳肴，都得自己掏腰包。由于瑞士能源贫乏，政府非常重视研究和宣传各种各样的节能方法，像用大锅烧开水比小锅少用能源；煮鸡蛋先在锅里倒 4 厘米的水，然后把鸡蛋放入，水一沸腾，立即关掉电源，鸡蛋在水里持续一段时间，仍然可煮熟，还节省一半电能……

我们国家一个同志去英国参加一个科学课题研究。组长是一位英国女科学家。上班第一天，组长让他写一个材料，他很认真，为了给组长一个好印象，很快写好，就送给组长。组长一看，先不说材料写得怎么样，就批评他："怎么能用 A4 纸写呢？这是复印用纸，用废纸的反面写就行，因为还要打印，不需要浪费好纸。"原来英国所有大学的纸都是正反两面用的，学生是这样，教授也是这样。中小学课本一般都是下一个年级用上一个年级用过的旧课本，不买新的。这样不仅减轻了家长负担，而且还节省了大量印教材的资源，还能达到物尽其用。英国一般家庭都有洗碗机，但他们只是在周末或人多时使用，目的也是为了节约能源。

改革开放以来，我们国家经济飞速发展，一些地方的主政者就头脑发热，不用改革的成果去支持、扶助山区和革命老区的发展，而是自身奢靡之风先起：官衙一任比一任豪华，庆典一次比一次辉煌，三公经费一年比一年增长，形象政绩、地标工程一个比一个亮丽。各地国际比赛、会议竞相攀比召开……

【生活原本的正常情态】　一天，我和朋友闲聊，他说：40 年前的成年人，都知道什么是简朴的生活。饿了有碗饭，渴了有杯水，困了有张床就心满意足了。家里用空的玻璃瓶，洗净留着装东西，或者出门时拿一个有盖的当水杯用。将喝过的茶叶晒干了，装入纱布袋，放入衣柜中既能除味又能吸潮，或者装入枕头里，还可以除烦助眠。至于剩的茶叶水，洗盘碗亦能除油腻，可取代化学洗洁精；擦拭涂着油漆的门窗、家具还可以除去难闻的油漆味。那时衣服穿烂了，缝缝补补再穿，实在不能穿了，也要将能继续用的纽扣留下来备用，将衣片大的留下，以备缝补其他衣服用，将柔软的布片又制成婴儿尿布或抹布……当然，我说的这些，并不是简单地说省钱，而是说人们应有的正常生活情态。因为自古以来，食为饱腹、营养，衣为遮身、防寒，物为实用，旧物利用，爱护财物，就是原本正常的生活情态。

但随着收入的增加，有些人就渐渐丧失了原本生活的情态：饭食越来越高档，由家常饭到高档酒席，发展到吃珍稀动物喝高档酒。满桌七碟、八盘、九个碗，小吃、主食还不算，就这美味佳肴，合口味吃几口，不合口味，连尝都不尝，就一齐倒掉。这些人完全忘了，食为饱腹营养的情态，纯粹把高档酒宴当作一种身份的象征。在服饰上越来越时髦，由普通到时尚，由时尚到追求高档名牌。第一天刚买下的穿了一天，又见一件就将第一天买的脱下，又穿新买的，忘了衣为遮体防寒，把衣饰时髦、高档作为一种炫富的昭示。在家具使用时，本来市场上的家具就偷工减料，放弃了过去的木器用榫卯相连（木器连接处凸起的部位叫榫头，凹入部分叫卯眼），而简单用钉子钉，一拉一动就散架，散了用钉子钉一下还能用，但现在有些人就不钉，而是扔旧换新，忘了家具贵在适用……刀子钝了，磨一下就行，他不磨就扔了另买新的。鞋有点脱胶，他不去粘一下，也扔了另换一双新鞋……年轻主妇抛米撒面不说，竟然顿顿剩饭倒饭。尤其青少年里奢侈浪费更是严重，就连上学都要骑高级赛车……

唐朝诗人李商隐在《咏史》诗中说过：“历尽前贤国与家，成由勤俭败由奢。”我们是个有13亿人口的大国，但土地、资源人均占有率却排在后边。每人每天节约 1 元就是 13 亿元，浪费 1 元也是 13 亿元。我们要建成富强、民主、文明、和谐的强国，一定要发扬艰苦奋斗的优良传统。真正确立：在信仰上，艰苦朴素是立志之本；在仕途上，艰苦朴素是保身之道；在生活上，艰苦朴素是养德之基；在治家上，艰苦朴素是传家之宝。

社会在进步，生活在提高，我们发扬艰苦奋斗传统，也不是要大家回到 20 世纪“新三年、旧三年、缝缝补补再三年”的时代。只是在吃饱吃好，穿暖穿好的基础上，再富有也不能浪费，再有权也不能奢侈。不能丢弃生活原有的正常情态。“一粥一饭当思来之不易，半丝半缕恒念物力维艰”。真正做到富而不奢，永葆艰苦朴素的中华民族本色。

艰苦奋斗是创造的源泉，享乐主义是堕落的祸端。一个社会对资源、公物的珍爱，往往是先有公权力爱护公共资源和公物的道德，才会有平民爱护公共资源和公物的道德。所以我们各级从政者，尤其是主政者，要树立“浪费就是腐败，节约也是政绩”的理念。都应率先垂范，从自身做起，从政府机关做起，真正以节约型政府的行动，影响带动人民群众继续发扬艰苦朴素的光荣传统。

3. 保持联系群众作风

【水干鱼死】　1949 年 3 月 25 日早，毛泽东乘火车到了北京，他到颐和园游览时，见里面竟空无一人，就发火问道：“你们搞什么名堂？先来的人都去哪了？”当社会部的同志解释：这是为了您的安全，提前把人都清理出去时。毛泽东更火了，大声说道：“你蠢吗！你们把水全排干了，你那个鱼还讲什么安全？你安全会干死在那里，饿死在那里吧！”

【党员联户　帮困扶贫】　2010 年河北省饶阳县在村级建立“1 + 10”党员联户制度。按居住片和从事产业情况划分党小组，每个党小组长联系 10 名党员，每名党员联系 10 户左右群众。做到被联系户有病人就去看看，有纠纷就去劝劝，家有急活就去干干，就是没事也常去转转。这样既密切了党群关系，又凝聚了人心。他们的具体做法是：

一、建网络——联系群众全覆盖。农村工作千头万绪，任务繁重，村党组织不可能大包大揽，只有充分发挥党员的先锋模范作用，才能更好地服务群众。县、乡党委指导村党组织按照从事产业划分若干个党小组，以致富本领强、综合素质好、群众威信高为标准，选好党小组长。每个党小组长联系10名左右党员，充分考虑群众集散程度、党员数量、帮带能力等情况，采取组织指派、个人选择相结合的方式，为每名党员确定10户左右群众作为联系对象。这一机制共涉及饶阳县农村党员8500多名，占全县农村党员总数的92%，覆盖全县5.6万个农户，编织了一张“一人联十人、十人联百户”的联系服务群众网络。

二、明职责——服务群众无缝隙。村级党组织公开党员联系群众名单，印制发放了党员联系卡，结合实际明确了若干项具体职责。一是搞宣讲听民意。明确党员做到“四到户”，即上级政策宣讲到户、支部决议传达到户、公益活动发动到户、意见建议征求到户，从而在上级党组织和普通群众之间架起一条政策到底、民意上传的通道。北善村在村街道路硬化中，通过支部联党员、党员带群众，全村主动义务出工600多人次，节省资金3万多元。二是办实事解难题。明确党员做到“五必到”，即联系户红白大事必到、生病住院必到、急难重活必到、代办事项必到、思想波动必到。把党员推上服务群众第一线，变被动服务为主动服务，变零散服务为全面服务。三是找路子帮民富。充分发挥饶阳县“中国蔬菜之乡”、“京南第一大菜园”产业优势，通过党员联户入社，解决了贫困户大棚种植土地、资金、技术、销售等难题。西万艾村党小组长薛金标领办了“万艾”葡萄合作社，通过扩散式帮带，全村新上葡萄大棚

1050个，户均年收入超过5万元。四是化纠纷促和谐。全面掌握户情民意，及时化解矛盾纠纷，力争小事不出户，大事不出村。东九吉村一位村民因与邻居有积怨，多次扩建房未果，联系他家的党员两头跑、两头劝，终于使两家达成协议。

三、定制度——为民服务常态化。以长效管用为目标，健全完善了一批保障"1+10"制度健康运行和促进党员主动发挥作用的配套机制，确保了为民服务的常态化、长效化。一是建立党员公开承诺制度，党员结合联系户具体情况，制订帮扶计划，作出服务承诺，接受群众监督。二是建立定期沟通交流制度，党支部和党小组将收集的意见建议，定期进行交流协商、分析研究，制定应对措施。三是建立考核评比制度，通过党员自评、群众评议、支部评定的办法，每半年评定党员档次，并上墙公布。四是建立表彰激励机制，对表现突出的农村党组织和农村党员，给予物质和精神奖励。把推广落实"1+10"制度纳入乡、村党建目标管理考核体系，并派出专门的巡回督查组，保证这一制度的顺利实施和长效推进。

党员联系户制度相继在全县、全市、全省范围推广。一年多来，全县农村党员主动为群众办实事、好事，带动720个贫困户新建蔬菜棚室850个，帮助他们当年实现脱贫；农村信访量较上年度下降39%，未发生集体上访、越级上访和非正常上访；提出入党申请的青年农民超过2000名，较上年增加了52%，农村党组织凝聚力大大加强。

党员联户做法简便易行，使党员服务群众变"无形"为"有形"，变"一时"为"经常"，变"软要求"为"硬措施"。这样，既拓宽了基层党组织服务功能，又密切了党群关系，也架起了一座顺畅的党员群众的"连心桥"。

【丢掉官气沾土气，承接地气聚人气】 1988年，时任宁德地委书记的习近平同志为了转变干部作风，密切干群关系，就开展了“信访接待，现场办公，调查研究，政策宣讲”四下基层工作制度。这项制度已经坚持了25年，也成为新时期党员干部践行党的群众路线的有效载体。具体做法：

一、信访接待下基层，解矛盾、促和谐。市、县、乡三级全部建立固定的信访接待日和信访接待下基层制度，条块结合、分级负责。对矛盾比较集中、问题比较复杂、历史遗留问题较多的地方重点关注，主动去、经常去，及时掌握群众诉求，集中解决群众困难。下白石镇福渔村下成太等4户特困户长期在船上漂泊生活，市领导在下访中获悉这一情况后，协调20万元资金帮助他们建好新居。使4户特困船民上岸安居。

二、现场办公下基层，解难题、促民生。市、县两级领导每季度集中一段时间，分批到一线现场办公，既检查工作、部署任务，也在现场帮决策、帮协调、帮解难。民营企业福建益联远大科技有限公司的可持续建设项目是省级重点项目，由于周边高压线路多，工程一度受阻。挂点领导召集相关部门、镇村干部和村民代表现场办公，现场敲定迁移方案，既保证了项目进度，又满足了群众合理诉求。为解决下基层过程中发现的困难和问题，2012年全市安排了专项资金800万元，2013年拟再安排1000万元。

三、调查研究下基层，解瓶颈、促发展。推行干部驻村、驻企、驻项目调查研究，同基层干部一起找问题、理思路、议对策。电机制造是宁德的传统产业，但面临着规模不大、技术落后、效益不高的困境。市领导经多次调研，确立了做强做大电机产业的发展思路，积极向上建言献策，得到上级重视，省政府专门出台了九个方面的具体政策，扶持宁德电机产业转型升级。宁德市委书记深有体会地说：“只有真正了解群众所思所想所需，我们的工作措施才能更有针对性，才能推动地方的科学发展，也才能真正让群众得到实惠、赢得群众的信任和支持。”

四、政策宣传下基层，解疑惑、促落实。全市广泛开展“下乡进村讲形势、走家串户谈发展”等宣传活动，组织干部进驻村居、企业、项目现场，把宣传党的理论创新成果与宣传党的惠民政策结合起来，联系身边人身边事解答基层关心的理论和现实问题。线面是福安市的传统特产，原来主要以家庭作坊为主分散经营。线面大户陈兴华从干部下乡宣讲中了解到政府专门扶持农业合作社发展的政策，经过进一步咨询了解，在下乡干部的指导协调下，他联合170多户群众成立了华盛线面专业合作社，统一原料供应、统一技术标准、统一收购销售，使产品质量和信誉度明显提升，群众也得到了更多收益。

下基层并不难，难的是下到底、帮到位、常坚持。宁德市的“四下基层”工作制度坚持了25年，通过矛盾在一线化解、思路在一线理清、政策在一线落实、问题在一线解决、发展在一线推动、情感在一线交融。既能解民愁、化民怨、惠民生，又能使干部增强群众观念，提高工作能力，受到教育。

古今中外，凡是明智的主政者，都很重视群众的作用。在我国古代就提出了“民为邦本”，唐太宗则提出了“水可载舟亦可覆舟”。在《成语辞典》中就有许多“群”字部首和“众”字部首的成语：群字部首有“群威辟胆”、“群策群力”，众字部首有“众志成城”、“众擎易举”、“众人拾柴火焰高”，这些都是说群众力量大。同样，还有许多“孤”字部首、“独”字部首的成语，从反面论证了群众作用的巨大。像“孤掌难鸣”、“独力难持”、“独木难支”、“独木难成林”，这些都是以生动形象的比喻来说明个人力量是有限的，没有群众的支持不行。成语是人们长期套用的、形式简单而寓意深刻、定型的词组成的短句。汉语成语中有这么多有关群众作用大的成语，也充分证明我们的祖先在很早的时候就懂得依靠群众力量的作用。

我们党自成立以来，为了建立独立、民主、自由、幸福的新中国，进行了长期艰苦卓绝的斗争。经过屡次挫折失败后，才确立了群众路线：一切从人民群众的根本利益出发，坚定地相信群众、依靠群众，尊重群众的首创精神，甘当群众的小学生。基本方法是“从群众中来，到群众中去”。也就是密切联系群众，遇事同群众商量，把群众意见集中起来，再到群众中去做宣传解释，变为群众的意见，坚持下去付诸行动。在群众路线的指导下，广大党员干部深入群众，同群众一起进山沟，住窑洞，发动群众，依靠群众才建立了新中国。

30多年前的改革开放，就是改革的先驱听了广大人民群众渴望衣食温饱的呼声，才说出“贫穷不是社会主义，社会主义要消灭贫穷”，石破天惊地提出办经济特区。

20多年前，邓小平疾呼“发展是硬道理”，是听了只有加快发展才能办好中国事情的群众声音；党的十四大明确建立社会主义市场经济体制，是听了告别“姓社姓资”争议的群众声音；党的十六大后提出以人为本、科学发展，是听了发展成果必须由全体人民共享，科学发展才能实现可持续的群众声音；党的十八大后锁定全面建成小康社会目标，是听了人民对美好生活向往的群众声音……

随着经济的发展，生活水平的提高，我们相当一部分从政者，尤其是主政者，渐渐丢掉了我们群众路线的光荣传统。他们下基层只是带上摄像机亮亮相，很少深入山庄窝铺贫苦之家和群众接触，听听他们的诉求，问问他们的疾苦……

时下我们正在建设中国特色的社会主义强国。它关系着国家前途和中华民族的命运，而且又是一个复杂的系统工程。如果离开群众，不重视引导群众参加、支持，是绝对不行的。我们每一个从政者，尤其是各级主政者，一定要心中有民，继续发扬密切联系群众的优良作风。从群众中来，到群众中去，倾听群众呼声，认真做好群众思想工作，解民愁、化民怨、惠民生、遇事同群众商量，依靠群众力量实现我们两个百年的奋斗目标。习近平同志曾就干群关系，打过一个比方：如果群众不听，你就先跟着群众走，群众跳火坑，你也跟着跳下去，群众觉悟了，从火坑爬出来，最终还是要跟着你走。这段话值得我们深悟。

4. 保持批评与自我批评作风

【能接受批评的唐太宗】　一次，原隋朝通事舍人郑怀基的女儿被长孙皇后看中，就请唐太宗收为嫔妃，册封的诏书都已拟写好，魏徵听到后，就质问唐太宗："听说郑女已和别人订了婚，陛下却要硬夺人之美，这事合理吗？"太宗听了，认为言之有理，就停止了册封之事。

一年，河南、陕西连下大雨，许多百姓房屋被淹，正当其时，唐太宗提出要建造飞山宫。魏徵坚决反对，说："隋朝灭亡就是因为皇帝追求个人享受，不顾百姓死活，为其建造宫观台榭，如果想到隋朝的灭亡就应立即停建。"太宗听了觉得很有道理，就停止大兴土木，把准备好的材料物资发放到灾区，给老百姓修建住房。

又一次，唐太宗要去同州打猎，刘仁轨便劝阻说："今年秋粮长势很好，现在农民收割只有十之一二，如果这时去打猎，下边州府一定筑路建桥，不仅耗费钱财，还要征用大量劳力，妨碍农事，希望陛下再停十多天，等老百姓收割完庄稼再去。"太宗听了，就采纳了他的意见，并下诏书嘉奖了他。

由于唐太宗广纳谏言，虚心接受批评，修正自己行为。所以唐朝在他治理下，很快出现了"贞观之治"的盛世。历史上汉文帝也因能虚心接受批评，才创下了"文景之治"。而历史上因专横跋扈、拒听谏言，致国灭身亡的也不少。

历史上首当其冲的暴君夏桀，不仅肆意挥霍、暴虐无道，而且拒不纳谏，一意孤行，终被商汤所灭，他也被流放到南巢

(安徽巢县)，时间不长，就死在那里。商朝最后一个君王是纣王，不听规劝，就连他的兄弟劝他，不是囚禁，就是罚当奴隶，他的叔父比干劝他，他不仅不听还将叔父的心肝挖出……最终丧身火海，商朝灭亡。佐父平陈，矫饰夺宠，残杀骨肉登上皇位的隋炀帝，公开宣称“我性不喜人谏”，并将进谏者一一斩首治罪……不几年，臣僚背德，将士离心，隋朝灭亡，他亦死于非命。

在我党的历史上，也有过不少次因骄傲自负拒绝听取群众正确意见而使革命事业遭受损失的教训。1927 年上半年，北伐军到了武汉，就因为不听基层同志意见，放松了对蒋、汪的警惕，使这次革命归于失败。1930 年红军利用蒋冯阎大战的机会，打了些胜仗，一些主政者又自以为了不起，拒听群众正确意见，又使革命力量遭到损失。1931 年，红军打败了三次“围剿”，又有些主政者，自以为了不起，拒绝规劝，结果，使辛苦聚集的革命力量损失了 90% 左右……在延安建立根据地后，由于我党树立了批评与自我批评的作风，确立了民主集中制原则，虚心听取不同意见，使党的路线、方针、政策和工作方法得到广大军民的拥护，经过艰苦的抗日战争、解放战争，建立了新中国。建立新中国后，我们的第一个五年计划执行得很好，但随着形势的好转，广大人民的拥护，威信的增高，主政者又头脑发热，拒听谏言。相继“反右”、“大跃进”、大炼钢铁发生。结果导致三年困难。要是主政者能认真听取 7000 人大会上的正确意见，不在意“三分天灾，七分人祸”的批评，也不能出现十年内乱，使国民经济走到崩溃边缘……

一个人，一个群体，一个国家，不可能没有缺点、失误，关键是要有批评和自我批评的精神，虚心接受各方意见，择善而从，修正错误，才能沿着正确的理念、路线、方式前进。使个人事业有成，群体强大，国家繁荣富强。所以，我们每一个从政者，尤其是主政者，一定要发扬批评与自我批评的优良传统。只有相互开展批评和自我批评，才会使自己能及时总结经验吸取教训，使自己耳聪目明，对客观事物看得更清楚，才能使事业趋于成功，个人受到群众拥戴。

（四）竭力奉献　永不停息

【发愤著《史记》】　西汉史学家、文学家、思想家司马迁，字子长，西汉左翊夏阳（陕西韩城南）人。他为了实现自己的志向："究天人之际，通古今之变，成一家之言"，完成《史记》（即《太史公书》），"隐忍苟活，幽于粪土之中而不辞"，身处逆境而穷且益坚。

司马迁的父亲是位博学多识的学者，担任太史令之职。父亲临终前，谆谆嘱咐他：要完成自己未完的历史编纂事业。元封三年（前108年）司马迁就担任了父职太史令。从此，司马迁一边以侍从身份随同武帝巡祭封坛等活动，一边继承父亲修史的遗业。每天办完公务，就进到书房一直写到深夜。

天汉二年（前99年）发生了"李陵事件"。骑都尉李陵本是名将李广之孙，武帝宠姬李夫人的哥哥李广利封为贰师将军，他随贰师将军李广利北击匈奴，主动请缨，率领五千兵深入匈奴腹地，屡创敌军。但因孤军深入，在浚稽战败而降。武帝闻报后，"食不甘味，听朝不怡"，十分恼恨。司马迁对李陵印象较好，就劝慰武帝说，李陵有"国士之风"，眼下虽陷身匈奴，终非己愿，日后还会伺机报效朝廷。武帝反认为司马迁为李陵辩护，一怒之下，判处他"诬罔主上"的死罪，关入大牢。按当时惯例，免除死罪，一则可以用钱赎出，二则接受宫刑。司马迁家贫，无钱可赎，只能受宫刑。他当时真想一死了之。但他又感到无辜而死有如"九牛亡一毛"，同蝼蚁没有区别。人总是要死的，而"死有重于泰山，有轻于鸿毛"。为了完成父亲遗愿和自己的理想，他只得忍辱含恨于天汉三年（前98年）“就极刑而无愠色”，被迫受宫刑。太史元年（前96年）司马迁获释出狱后，以宦官身份充任中书令，执掌内廷侍奉皇帝和传递诏书奏疏。除了正常事务外，他抓紧一切业余时间，续写《史记》……他强忍屈辱，以惊人的毅力终于完成了史学著作《史记》。

《史记》全书52.65万字，分十二本纪、十表、八书、三十世家、七十列传，共130篇。它从传说的黄帝时写起，至武帝天汉年间（公元前100年~前97年）为止，计约3000年之久。是我国第一部纪传体史书，又是我国第一部规模宏大，内容广博的百科全书式的通史。他进步的历史观，“不虚美，不掩恶”的实事求是态度，以及写人物时栩栩如生的文字技巧，一直受到后人的极高评价。鲁迅先生就认为，《史记》这部著作是“史家之绝唱，无韵之《离骚》”。而今，《史记》已被译成许多国家的文字，成为中国和世界千古不朽的名著。

【不停的追求者】 1916年，张闻天考上了南京河海工程专科学校，开始了他追求真理的漫漫征途。在学校里，张闻天最爱读《新青年》杂志。渐渐地，他接受了民主革命的思想，产生了反对封建专制的意识，他立志要改变黑暗的旧中国，建设一个光明、幸福的新中国。

1919年，五四运动爆发后，张闻天积极投入到这场伟大的反帝爱国运动之中，他同南京数千名学生一起喊出了“拥护国权，发扬民主，协心同力，死生与共”的口号。

五四运动之后，各种社会思潮纷纷传入中国。在令人眼花缭乱的各种思潮面前，张闻天如饥似渴地吸吮着各种营养。执着地追求着救国救民的真理。终于，他发现了社会主义这条路。

从此，张闻天投入到救国救民的革命政治斗争中。这时，悲壮的五卅反帝爱国运动爆发了，张闻天终于看到了无产阶级的力量，找到了拯救祖国的真理。1925年，张闻天加入了中国共产党，为党的事业奋斗终生……临终时还把节俭下的 4 万元作为党费交给了组织……

【我等着第三枪】 1917 年，爱国教育家陶行知从美国留学归来后，立即投入到平民教育中……平民教育失败了。陶行知不气馁，他发现中国的贫穷落后，乡村比城市更甚。于是他又提出“教育必须下乡，知识必须给予农民”的口号，开办乡村教育。谁知 1930 年 4 月，陶行知学校师生因参加一次反帝示威大游行，惹恼了蒋介石，学校被查封，陶行知被通缉，乡村教育又失败了，陶行知被迫流亡国外。

1935 年，日本强盗加紧侵略中国，民族危机进一步加深，陶行知终于认识到单纯靠科学和教育是不能救国的。他开始积极地投入到抗日救亡运动中，把教育事业同抗日救亡运动紧密地结合起来。

抗日战争胜利后，陶行知又参加了反内战、反独裁的革命活动，成为一个坚强的民主战士。面对日益高涨的民主运动，国民党反动派进行了血腥的镇压。1946 年 7 月，国民党特务在昆明暗杀了著名民主人士李公朴、闻一多。黑名单上第三名就是陶行知。一天，在夜深人静时，陶行知的好友打来电话，要他提防“无声手枪”。陶行知淡然一笑，镇静地说：“我等着第三枪！”他整理好自己的文稿，留下遗言：“我提议，为民主死了一个，就要加紧号召一万个人来顶补。”表现出一个爱国者不畏强暴、视死如归的英雄气概。

【左权过家门而不入】 左权将军是八路军杰出的指挥员，抗日战争中曾任八路军副参谋长。

左权将军早年就投身革命，曾立下“壮志未酬不回家”的誓言。1930 年 7 月上旬，他在福建龙岩担任红军军官学校第一分校校长时，奉命北上江西，进攻长沙。行军途中，部队路过他湖南醴陵县黄猫岭的家门口。当时他的侄女就站在门口，他 7

年没有回家了，也十分想念家中的亲人，本想进入家中去看看家人。可一想到革命尚未成功，眼下军情紧迫，作为一个革命军人决不能萦怀于私欲离队探家。于是，他便默默无言地走到侄女面前，将一枚银元放在侄女手中，什么也没说，又迈着坚定的步伐走进了行军队伍中……

民间几千年广为流传的大禹治水，三过家门而不入的故事，妇孺皆知。当代八路军的将领左权当年北上行军路过家门而不进的事却鲜为人知。

左权将军参加过第二次国内革命战争、二万五千里长征、抗日战争，参与百团大战，粉碎了日寇的铁壁合围，为中国革命立下了汗马功劳。1942 年日寇向太行革命根据地进行扫荡。6 月 2 日左权将军在山西辽县麻田指挥反“扫荡”作战中牺牲，时年 36 岁。为了纪念左权将军，将辽县改为左权县。八路军朱德总司令在左权牺牲的当天，心情十分沉痛地挥笔写下了“悼左权同志”一诗：“名将以身殉国家，愿拼热血卫中华。太行浩气传千古，留得清漳吐血花。”

【赵树理与金钱】 著名作家赵树理曾经说过：“……钱是人民币，来自人民，再交到人民手里就行了。”他这样说，也是这样做的。他许多著名小说不仅在国内大量发行，而且还被苏、美、日、法等国家翻译出版。他的许多稿费连取都不取，就直接交了党费，而他自己的生活却很俭朴。

一次，他去买手表，表拿在手里，心里直嘀咕，觉得一块表的价格，农民就可以买 5 头好毛驴，于是就不忍心买这么贵重的东西，便到旧货摊上买了一块旧手表。可是一旦家乡群众、好友来找他解决生活上的困难时，他总是十分慷慨大方。他的挚友王春不幸逝世后，他主动承担起王春家的部分负担，按时把钱送到王春老伴手里。他常对人说：“人家找我开一次口不容易，多替人着想，自己克紧一些嘛！”

十年“文革”动乱中，那些想借机发财的人，总以为赵树理家里肯定有大笔存款，他们对赵树理拳打脚踢，却只搜出了600元。1970年9月，赵树理含冤离世后，老伴和孩子清理他的遗物时，才发现赵树理除了残留的书籍和2角7分钱，既没有金，也没有银，没有一幅名人字画，更没有一件古玩玉器……

赵树理同志一生把人民的利益看得很重很重，对个人的利益看得很轻很轻，特别是他对金钱的态度，不仅值得我们学习，而且也映衬出他是一个不负时代的人。

“春蚕到死丝方尽，蜡烛成灰泪始干。”这两句名诗后人多用来形容品格高尚，为祖国、为人民终生竭力奉献或以身殉职的爱国为民者。

在我们中华民族几千年的文明史中，最耀眼的是那些竭力奉献的杰出人物，最醒人的是那些无私奉献的志士。他们之所以耀眼、醒人，就在于他们把自己的聪明才智，竭力无私地奉献给了国家和人民。在他们中间，有为祖国捐躯者，有埋头苦干者，有为民请命者，有舍己为人者。我们中华大地，就是依靠这无数前贤志士的热血和汗水滋润着，使神州的道德苑里，开放着洁白无瑕的雪莲花、情暖人心的杜鹃花、傲雪斗寒的红梅花、不娇不艳施人暗香的桂花……我们每一个从政者，都应吸吮中华民族道德苑中的精神营养，使自己成为一个自强不息，竭力奉献，不负时代的人。以自己不懈的努力，使我们中华民族荣立于世界民族之林！

众所周知，中华民族十分推崇自强不息的精神。纵观人类发展史，不论是移山填海向大自然的开战，还是改朝换代对颓废势力的革新；还是华夏灿烂文化的远播弘扬，面对列强“生当扬威，死当血食”浩然正气的抒发；或是干一行爱一行，坚守岗位，做一个永不生锈、松动的螺丝钉。都展示出中华民族自强不息、不负时代的奋斗精神。

自强不息、不负时代的奋斗精神，不但是在艰难困苦时需要发扬光大，在舒适的和平环境中更需要发扬光大。在改革进入攻坚期，开放进入新阶段，发展进入新常态的时下，我们一定要把这种精神注入十八大提出实现国家富强、民族振兴、人民幸福的不懈追求之中。每一个从政者，一定要紧密团结在以习近平为首的党中央周围，按照中央的决策部署，在各自岗位上既要严以修身、严以用权、严以律己；又要谋事要实、创业要实、做人要实。实实在在践行核心价值观，一心为公，兢兢业业，敢于担当，尽职尽责，竭力奉献，带领广大人民群众为实现两个一百年的宏伟目标，出好力，出尽力，做一个不负时代的从政人。

跋

“位卑未敢忘忧国。”我退休后，面对现实，反思经历，决定写三本书，现在第三本书定稿付印，欣慰之感，油然而生……

强国先强人，强人先强魂。第一本书《人生九品》于2010年由中国社会出版社出版。孩子是祖国的未来，孩子强，国家就强。第二本书《教子九则》于2012年由中国社会出版社出版。从政理民必须贵德、敬慎、明辨。第二本书出版后，自感身体不如以前，就更不敢有一点懈怠，立即着手第三本书《从政九鉴》的编写……

事在人为，治国理政重在于人。从政者不仅要有坚定的理想、信念，坚守从政原则，更要随时加强从政修养，注意统筹兼顾科学发展，否则，目标再明确也会走偏，动机再好，也会误政损民……

我是一个退休十多年，身“处江湖之远”的人，但总希望我们的国家一天天地富强、民主、文明、和谐，希望我们的人民一天天走上幸福康庄大道。所以，总想把自己在基层从政经历中的一些看法、认识、感悟，说给世人，留给后代。不管自己的看法认识正确与否，好让后来者做个参考。使过去的一些病案，不再重现。使在任的主权者了解历史上一些主权者的荒唐和错误后而变得明智与正确。但，心有余而力不足。本人经历有限，学识肤浅，境界不高，孤陋寡闻，疏漏难免，谬误定有。诚望各位专家学者和广大读者批评指正、见谅。

党的十八大后，一系列事关全局的重大改革取得了突破性进展，依法治国按下快进键，反腐倡廉抓铁有痕，民怨在化解，人民得实惠……国家在变，政风也在变……国人有幸，我们国家正向全面建成小康社会宏伟目标迈出坚实的步伐！

本书资料、故事大部分来源于《人民日报》《人民代表报》《中国青年报》《生活文摘报》《报刊文摘报》《人生》《读者》《知音》《中华经典故事》《人生宝鉴》《炎黄春秋》《法制晚报》《左今明镜300篇》《待人处事之道》《治国古鉴》《从政史鉴》《群书治要360》等报刊书籍中，对报刊书籍的编辑及相关作者表示感谢。

本书在编写中，得到很多同志的支持帮助，在此再次向他们表示感谢。

荆孔荣

2014.6.6